Denk(t)räume wagen 2

Praktische Philosophie

Herausgegeben von
Prof. Dr. Barbara Brüning
Dr. Roland W. Henke

Erarbeitet von
Prof. Dr. Barbara Brüning
Frederick Brüning
Martina Denda
Elisabeth Engel
Dr. Roland W. Henke
Daniel Nachtsheim
Helen Florentine Oppen
Julia Robert
Sogol Younessi

Didaktische und interkulturelle Beratung
Simone Dürbeck
Cemile Niron

Cornelsen

Impressum

Redaktion: Dr. Martin Kloke
Bildassistenz: Anja Schwerin
Illustrationen und Comics: Roland Beier, Bernd Kissel, Jörg Peter, Hans Wunderlich
Gesamtgestaltung: Ungermeyer, grafische Angelegenheiten

www.cornelsen.de

1. Auflage, 2. Druck 2023

Alle Drucke dieser Auflage sind inhaltlich unverändert und können im Unterricht nebeneinander verwendet werden.

Druck und Bindung: Livonia Print, Riga

ISBN 978-3-06-065813-8
ISBN 978-3-06-065816-9 (E-Book)

PEFC/12-31-006

PEFC zertifiziert
Dieses Produkt stammt aus nachhaltig bewirtschafteten Wäldern und kontrollierten Quellen.

www.pefc.de

Liebe Schülerinnen und Schüler,

Ihr habt sicherlich schon entdeckt, dass durch unser Buch ein dünner roter Faden führt. Es ist ein Denkfaden, der euch beim Philosophieren über die verschiedenen Themen begleiten soll. Wir haben diesen Faden der griechischen Götterwelt entnommen. Er wurde dem Seefahrer Theseus von Prinzessin Ariadne geschenkt und sollte ihn aus dem Labyrinth des Ungeheuers Minotauros herausführen. Seitdem gilt der Ariadnefaden als Werkzeug, schwierige (Denk-)Aufgaben zu lösen.

Auch die Eule der Minerva stammt aus Griechenland, der Wiege der europäischen Philosophie. Sie war die Beschützerin der griechischen Göttin Athene, die auch Minerva genannt wurde. Die Eule war sehr klug und wird deshalb als Zeichen für Weisheit betrachtet. Ihr findet sie vor einigen Texten und Aufgaben in unserem Buch, die einen erhöhten Schwierigkeitsgrad haben. Die Eule der Minerva soll euch helfen, eure Denkanstrengungen zu bündeln – denn Eulen sind Tiere, die in der Dunkelheit das Licht suchen.

Wir wünschen euch viel Spaß beim gemeinsamen Philosophieren sowie viele gute Ideen und Lösungen für die großen Fragen der Philosophie. Kennt ihr den Philosophen neben Theseus?

Schau mal auf Seite 104!

Eure Autorinnen und Autoren

Inhalt

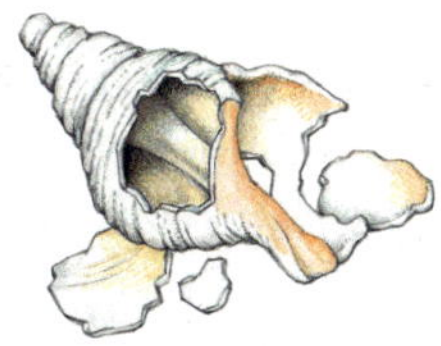

AB SOFORT MACHST DU, WAS ALLAH SAGT...

5. Die Frage nach Natur, Kultur und Technik 122

6. Die Frage nach Wahrheit, Wirklichkeit und Medien 150

IHR KÖNNT MICH RUHIG SCHLAGEN, ICH BIN TROTZDEM STÄRKER ALS IHR!

1. Die Frage nach dem Selbst

Erwachsen werden / Gefühl und Verstand

1. Gibt es eine Verbindung zwischen dem Bild von Marc Chagall und dem Lied von Mark Forster? Begründet eure Meinung.

2. Wie versteht ihr den Gedanken: „Wir können das Buch selbst schreiben?“

Marc Chagall: Der Spaziergang, 1917

Wir sind groß

Immer da, wenn alle Stricke reißen
Einfach so, wir müssen nichts beweisen
Ich tret' in die Pedale, du hältst mein' Rücken
Fahrrad aus'm Park, erst morgen früh zurückbring'
Zeit ist knapp, wir sind verschwenderisch
Man sagt, nichts hält für immer, doch ey, warum denn nicht?
Was sagt der Rest der Bande? Macht es Sinn?
Wie's war, weiß ich morgen okay, Komm, lass da hin

Wir können das Buch selber schreiben
Es gibt genug freie Seiten
Für immer bunteste Zeiten
Ich weiß, für uns wird's so bleiben

Wir fliegen weg, denn wir leben hoch
Gewinnen alles und gehen K. O.
Wir brechen auf, lass sie leiden, los
Die Welt ist klein und wir sind groß
Und für uns bleibt das so
Für immer jung und zeitlos
Wir fliegen weg, denn wir leben hoch
Die Welt ist klein und wir sind groß!
[…]

Mark Forster

In diesem Kapitel lernst du
- verschiedene Lebensphasen des Menschen kennen
- über die Spaßgesellschaft nachzudenken
- Gefühl und Verstand zu unterscheiden

Du nutzt als Methode
- die Standpunktrede
- eine Pro- und Kontra-Debatte führen

… und beurteilst und bewertest
- das Verhalten in deiner Clique
- ob es in der Schule Kleiderregeln geben sollte
- den Einfluss von Vorbildern
- was zu einem schönen Leben gehört
- die Rolle von Vernunft und Gefühl beim Handeln

Verschiedene Lebensphasen des Menschen

Spuren des Lebens

Im Kreislauf der Lebenszeit

Bereits in der Antike wurden die Lebensabschnitte eines Menschen zur Natur in Beziehung gesetzt. So verglich der griechische Philosoph Heraklit (ca. 540–480 v. Chr.) das Werden und Vergehen des Menschen mit dem Frühling und Herbst.

Der Lebenskreislauf der Natur ist ähnlich wie bei den Menschen. Die Jahreszeiten beschreiben das sehr gut. Im Frühling erwacht die Natur zu neuem Leben, indem Tiere aus ihrem Winterschlaf erwachen oder aus dem Süden zurückkehren, und bei den Pflanzen die Knollen und Knospen sprießen. Zusätzlich entsteht im Frühling auch neues Leben, denn Tiere paaren sich, es werden Nester gebaut und Jungtiere auf die Welt gebracht. Im Sommer entwickeln sich Sprösslinge, Blüten und Jungtiere. Die Sommerzeit kann man mit unserem Leben zwischen Geburt und Tod vergleichen.
In der Herbstzeit werden die Pflanzen alt und sterben langsam ab. Die Blätter der Bäume fallen zu Boden, und die Blumen verblühen. Bis zum Winter verkriechen sich Tiere und halten ihren Winterschlaf oder fliegen wieder in den Süden. Herbst und Winter kann man mit dem Altwerden und dem Tod der Menschen vergleichen.

Cora, *15 Jahre*

Caspar David Friedrich: Lebensstufen, um 1835

Caspar David Friedrich[1]*: Lebensstufen, 1835*

1: Caspar David Friedrich (1974–1840) war ein deutscher Maler der Romantik. In seiner Landschaftsmalerei spielen Themen wie Tod, Einsamkeit und Erlösungsvorstellungen eine wichtige Rolle.

2: Hermann Hesse (1877–1962) wurde in Deutschland geboren und lebte später in der Schweiz. 1946 erhielt er den Nobelpreis* für Literatur. Er hat u. a. ein Buch über das Alter geschrieben: „Mit der Reife wird man immer jünger." Berühmt wurde Hesse mit dem „Steppenwolf", der die seelische Krise eines Mannes erzählt.

Wissen und Merken: Verschiedene Lebensphasen des Menschen

Als Altersstufen oder Lebensphasen werden verschiedene Entwicklungsabschnitte im Leben eines Menschen bezeichnet. Nach Ansicht des griechischen Philosophen Aristoteles durchläuft der Mensch mindestens drei Entwicklungsstufen: Kindheit und Jugendalter, Erwachsenenalter und „die Zeit der Reife bis zum Tod". Jede Station ist durch verschiedene Aufgaben in der Gemeinschaft und spezielle Interessen gekennzeichnet.

Wie jede Blüte welkt und jede Jugend
Dem Alter weicht, blüht jede Lebensstufe,
Blüht jede Weisheit auch und jede Tugend*
Zu ihrer Zeit und darf nicht ewig dauern. […]

Hermann Hesse[2]

1. Erklärt die verschiedenen Entwicklungsstufen eines Menschen anhand der Fotos auf der Seite 10. Bezieht auch die Gedanken von Cora in eure Überlegungen mit ein.

2. Überlegt, warum Cora ihren Text „Im Kreislauf der Lebenszeit" genannt hat. Welche Überschrift würde noch passen?

3. Beschreibt das Ostsee-Bild von Caspar David Friedrich.

4. Die Lebensstufen im Bild spiegeln sich sowohl in den Personen als auch in den Booten wieder. Findet heraus, auf welche Weise.

Stellt euch vor, man könnte den „Herbst eines Menschen" medizinisch hinauszögern. Wäre dies eine gute Idee? Begründet euren Standpunkt mit Beispielen und berücksichtigt auch die Gedanken von Hermann Hesse.

Meine Clique

„Das große Abenteuer“

Hendrik hält die Sprühdose fest in der Hand. Gleich, wenn die Bahn vorbeigerauscht ist, soll er an den Gleisen entlang rennen und das Logo seiner Freizeitclique an die Wand vor dem Tunnel sprühen. So hat er es mit den anderen besprochen. Nur wer etwas Außergewöhnliches macht, darf bei der Clique mitmachen. Und da Hendrik gut malen kann, hat sich der Boss seiner Gruppe dieses „große Abenteuer“ für ihn ausgedacht. Die anderen liegen schon auf der Lauer, um das Spektakel zu beobachten. Doch Hendrik spürt plötzlich, wie ihm Schweißperlen auf die Stirn treten. Seine Finger werden weich und halten die Sprühdose nicht mehr richtig fest. Sie fällt zu Boden. Die Bahn rauscht vorbei, jetzt müsste er loslaufen. Doch Hendrik steht wie gelähmt da …

Wissen und Merken: Eine Mutprobe bestehen

Der Begriff „Mutprobe“ setzt sich aus dem althochdeutschen Wort *muot* („Kraft des Wollens“) und dem lateinischen Wort *proba* („Probe“, „Prüfung“) zusammen. Er bringt zum Ausdruck, dass jemand bereit ist, etwas zu wagen und eine Herausforderung auf sich zu nehmen. Es gibt verschiedene Arten von Mutproben:

Mutproben

- **Physische Mutproben** *(z. B. Schmerzen ertragen)*
- **Psychische Mutproben** *(z. B. sich einer unangenehmen Situation stellen)*
- **Soziale Mutproben** *(z. B. anderen imponieren)*
- **Persönliche Mutproben** *(z. B. sich selbst etwas beweisen)*

Akzeptiert werden

Im Lexikon steht, dass Gleichaltrige denselben Status im Sinne von „gleichgestellt“ haben. Die Jugendzeit wird oftmals als diejenige Periode bezeichnet, in der Jugendliche wenig Interesse für die Meinungen der Erwachsenen zeigen, jedoch zunehmendes Interesse für die Ansichten, Urteile und Wertvorstellungen ihrer Altersgenossen. Es ist wahrscheinlich sehr wichtig für dich, von den anderen akzeptiert zu werden. Deshalb richtest du dich in deinen Umgangsformen, deinem Sprach- oder deinem Kleidungsstil nach „Gleichgesinnten“ (das Wort „gleich“ stammt von dem lateinischen Wort „parus“).
Wenn du die Normen[1] einer bestimmten Gruppe erfüllen willst, dann prüfst du, inwieweit du in der Lage bist, mit den anderen gleichzuziehen. Der Vergleich mit anderen erlaubt dir, verschiedene Möglichkeiten abzuwägen: Du möchtest so sein wie die anderen – das ist eine wichtige Stufe im Prozess der Selbstfindung. Um jemand zu sein, musst du bestimmte Sachen erledigen bzw. gewisse Fähigkeiten entwickeln. Du kannst deine Kompetenz allerdings nur überprüfen, indem du deine Fähigkeiten und Fertigkeiten mit anderen misst. Das erklärt auch, warum Jugendliche so viel von den Urteilen Gleichaltriger halten. Es ist deshalb unheimlich wichtig, mit anderen eine Gruppe zu bilden, an einem Spiel teilzunehmen und nicht ausgeschlossen zu werden, wenn ein Abenteuer geplant ist. Irgendwann während der Jugendzeit erkennst du, dass die Gruppe Gleichaltriger die wichtigste Gruppe für dich ist. Unabhängig davon, wie sehr du deine Eltern liebst, wird dir bewusst oder unbewusst klar, dass die Aufgabe der Eltern darin besteht, dich erfolgreich auf eine Gruppe Gleichaltriger vorzubereiten. Deine Eltern geben dir eine bestimmte Orientierung. Sie führen dich in die Welt ein und helfen dir, dich im Leben zurechtzufinden. Im Laufe der Zeit nimmt jedoch ihre Bedeutung ab, weil du deinen eigenen Weg inmitten gleichaltriger junger Leute gehst. Die Orientierung an jungen Leuten wird für dich zunehmend wichtiger. Du beginnst, dich in allen Lebensbereichen mit anderen zu messen: körperliche Fertigkeiten, geistige Fähigkeiten, Charaktereigenschaften, emotionale Selbstkontrolle und intellektuelle Größe. Diese Grundzüge erwirbst du nur mit anderen, manchmal allerdings auch im Wettbewerb gegen sie. Du beginnst zu begreifen, dass diese Fähigkeiten vor allem für deine Zukunft eine große Bedeutung haben. Was du heute oder morgen in der Gemeinschaft mit Gleichaltrigen lernst, kann später als Erwachsener für dich wichtig werden, zum Beispiel bei sozialen Aktivitäten wie Studium, Sport oder Hobbys.

Konstantin Kolenda[2]

1: Eine Norm – manchmal wird auch der Begriff „Gebot“ verwendet – ist eine Vorschrift oder Regel für das Verhalten in Gruppen bzw. generell für moralisches Handeln.

2: Konstantin Kolenda (1928–2001) war ein amerikanischer Philosoph, der viele Bücher für Jugendliche geschrieben hat, u. a. „Ethik für die Jugend“.

1. Begründet, warum Hendrik nicht losläuft. Tauscht euch darüber aus, was ihr an seiner Stelle getan hättet (hierzu auch die Seiten 30/31).
2. Welche Rolle spielen Cliquen und Mutproben in eurem Leben? Ergänzt das Schema auf der Seite 12 durch weitere Beispiele.
3. Sucht Stellen aus dem Text heraus, wo ihr Konstantin Kolenda widersprechen würdet. Führt dazu eine Pro- und Kontra-Debatte (dazu Seite 89).
Diskutiert in kleinen Gruppen darüber, ob die Urteile Gleichaltriger für euch wichtiger sind als die Urteile von anderen. Begründet euren Standpunkt.

Immer online?

Klick

„Marek, was soll das? Mach die Tür auf und komm essen", ruft Mutter aus der Küche. Als sie den Schlüssel schnappen hört, läuft sie schnell zu Mareks Zimmer und öffnet die Tür. Im Halbdunkel flimmern ihr alle möglichen Geräte entgegen, aus denen verschiedene Stimmen ertönen. „Ich habe keinen Hunger", antwortet Marek ohne aufzublicken. „Du störst mich und meine Freunde."
Mareks Mutter erkennt auf den Bildschirmen Avatare und Roboter, und plötzlich bringt ein ohrenbetäubendes Geräusch sie fast zur Verzweiflung. Aus einem der Geräte wird geschossen. „Lass mich in Ruhe und geh raus", faucht Marek Mutter an, die sich die Hände vors Gesicht hält. Ich habe Wichtigeres zu tun als zu essen."
Plötzlich macht es „Klick", und alle Bilder und Stimmen sind verschwunden. Mareks Vater steht in der Tür. „Ich habe die Sicherung herausgedreht, damit wir endlich mal wieder vernünftig miteinander reden können!"

Wissen und Merken: Süchtig sein

Beratung und Hilfe für Internetsüchtige bietet die Onlineambulanz Oasis: *www.onlinesucht-ambulanz.de*

Wenn Menschen wie Marek ein unstillbares Verlangen nach Gegenständen wie Handys oder Rauschmitteln wie Alkohol und Drogen haben, dann sprechen wir von einer Abhängigkeit oder Sucht. Alle Gedanken, Gefühle oder Handlungen werden diesem Verlangen untergeordnet. Und wenn es nicht befriedigt werden kann, zeigen sich die Süchtigen ruhelos, gereizt, launisch und werden krank. Von der Onlinesucht sind in Deutschland mehr als eine halbe Million Menschen betroffen; in der Altersgruppe zwischen 14 und 24 Jahren gelten 2,4 Prozent als internetabhängig. Sie vernachlässigen ihre Freunde und Hobbys, schlafen nicht mehr regelmäßig und finden Avatare wichtiger als den Kontakt zu anderen Menschen.

Genervt?

Warnsignale einer Online-Sucht

Jemand ist online-süchtig, wenn er von sich selbst den Eindruck hat, dass er sein Internetverhalten nicht mehr kontrollieren kann. Ein Verzicht auf das Handy oder das Tablet sind ohne massive Mangelerscheinungen und Unruhe nicht mehr möglich. Folgende Warnsignale solltest du beachten:

- Deine Freunde beschweren sich, weil dein Handy ständig besetzt ist.
- Deine Kosten für Spiele und Apps (z. B. Klingeltöne) steigen.
- Besuche deiner Freunde sind dir eher lästig, weil du viel lieber am Computer sitzt.
- Deine Konzentration in der Schule lässt nach, weil du zu wenig schläfst.
- Deine Kondition lässt merklich nach, da dir die Bewegung an der frischen Luft fehlt.
- Du fühlst dich nicht mehr in die Klasse integriert, sondern eher als Außenseiter.
- Du hast das Gefühl, von Freunden und Mitschülern nicht mehr verstanden zu werden.
- Du kapselst dich von deiner Familie und dem echten Leben ab und gehst nicht mehr auf Geburtstagsfeiern oder andere Partys.
- ???

1. Wie beurteilt ihr das Verhalten von Marek, Eva und ihren Eltern? Notiert Stichworte an der Tafel und sprecht anschließend untereinander darüber.

2. Ergänzt in Partnerarbeit die Warnsignale einer Online-Sucht. Diskutiert anschließend darüber, ob diese Warnsignale auch für andere Suchtprobleme gelten. Begründet euren Standpunkt.

3. Stellt euch vor, ihr bemerkt, dass jemand aus eurem Freundeskreis Anzeichen einer Sucht zeigt. Was unternehmt ihr? Erarbeitet Vorschläge in kleinen Gruppen.

4. **Projektvorschlag:** Gestaltet zum Thema „Online-Sucht" eine Wandzeitung für eure Schule.

Warum werden Menschen süchtig? Schreibt dazu einen Blogeintrag*.

Philosophisches Forum:
Eine Kleiderordnung in der Schule?

Rote Liste für Hotpants

Jugendliche sollen im Unterricht keine bauchfreien Oberteile und keine zu kurzen Hotpants tragen. Eine Schule in Baden-Württemberg hat ein Jahr nach ihrem bundesweit diskutierten Hotpants-Verbot eine Rote Liste erarbeitet. „Die Schüler haben Kleidungsstücke daraufgesetzt, die nicht in die Schule passen“, erklärte die Schulleiterin. Dazu gehören bauchfreie Oberteile, Stöckelschuhe oder die extrem weiten Baggy pants. [...]

Die Rote Liste entstand während einer Projektwoche. Auf ihr steht nun in jedem Klassenzimmer, was Schüler als unangemessen betrachten. Dazu zählen neben „zu kurzen Hotpants“ und zu tiefen Ausschnitten auch Kleidungsstücke, die einen zu „entspannten“ Eindruck machen, also Bademäntel oder Hausschuhe. Aber auch zu schicke Kleidung lehnen die Schülerinnen und Schüler ab, etwa Kostüme oder High Heels, weil sie zu unbequem sind.

Nach dem Hamburger Abendblatt vom 7. 7. 2016

„Hotpants haben in der Schule nichts zu suchen“

Ich finde die Rote Liste aus Baden-Württemberg richtig. Warum sollen Jugendliche in der Schule aufreizende Kleidung tragen? Und vor allem: Wo fängt das an und wo hört das auf? Darf ich zum Beispiel auch im Bikini in die Schule kommen oder in einer durchsichtigen Bluse?

Die Schülerinnen und Schüler haben selbst die Rote Liste aufgestellt, und nun müssen sie dafür sorgen, dass sie eingehalten wird. Die Erwachsenen sollten sich da raushalten.

Ilva, *14 Jahre*

„Kleider machen Leute"

Wenn wir davon ausgehen, dass Kleidung nicht nur ein praktisches, sondern auch ein ästhetisches Bedürfnis befriedigt, welchen Platz nimmt sie dann in unserem Leben ein? Welche Maßstäbe müssen wir anlegen?
Es ist nicht so leicht, auf diese Frage zu antworten und festzulegen, wie viel Geld man für Kleidung ausgeben sollte, um seinen Schönheitssinn zu befriedigen. Dabei spielen viele Faktoren eine Rolle. Das Sprichwort „Kleider machen Leute" ist nicht so ganz von der Hand zu weisen, weil die Kleidung oftmals die Anziehungskraft eines Menschen beeinflusst. Denn jeder von uns will ja bei seinen Mitmenschen einen guten Eindruck hinterlassen. Wie hoch du dein Aussehen bzw. die Qualität deiner Kleidung einschätzt, bleibt allerdings dir überlassen. Wenn du das nötige Geld hast, um besonders modische und teure Kleidung zu kaufen, weil du hohe ästhetische Maßstäbe anlegst, so gibt es keinen Grund, diese Anforderungen nicht zu erfüllen. Du musst selbst entscheiden, welche Dinge du lieber sein lässt, um dir dafür modische Sachen zu kaufen. Wenn jedoch eine Person ihr gesamtes Geld und ihre Energie dazu verwendet, sich die neuesten Klamotten zu beschaffen und andere Dinge dabei vernachlässigt, so besteht ein Grund zur Kritik an ihrem teuren Geschmack. Jeder Mensch muss für sich selbst entscheiden, wie er das richtige Verhältnis zwischen den Ausgaben für Kleidung, Bildung und gemeinnützige Zwecke findet.

Konstantin Kolenda, *amerikanischer Philosoph*[1]

1: Zu **Konstantin Kolenda** siehe Seite 13.

„Jugendliche können selbst entscheiden"

Warum sollen Mädchen keine Hotpants tragen, wenn sie nicht zu eng sind? Wieso muss das in der Schule geregelt werden? Mit 14 Jahren ist man alt genug, um selbst zu entscheiden, was man anzieht. Und wer sich zu hip anzieht, mit dem oder der sollten die Klassensprecher reden. So eine Rote Liste ist für mich der erste Schritt zur Einheitskleidung in der Schule, und Schuluniformen lehne ich ab. Darin sehen alle Schülerinnen und Schüler gleich aus – die Welt ist aber bunt!

Marwin, *14 Jahre*

1. Unterstützt ihr eher die Meinung von Ilva oder von Marwin? Begründet euren Standpunkt und notiert euch vorher Stichworte dazu.

2. Kleider machen Leute – warum? Arbeitet nach der Placemat-Methode*.

3. **Projektvorschlag:** Macht Interviews in eurer Schule und konfrontiert eure Mitschülerinnen und Mitschüler mit der Frage, was sie von einer „Roten Liste für Hotpants" halten. Wertet die Antworten gemeinsam aus.

4. Schreibt einen fiktiven Brief* an Ilva oder Marwin, in dem ihr euch kritisch mit ihren Meinungen zur Kleiderordnung auseinandersetzt. Achtet dabei darauf, euren eigenen Standpunkt gut zu begründen. Lest eure Briefe anschließend in der Philosophiegruppe vor.

Stellt euch vor, jemand kleidet sich in eurer Schule ungewöhnlich und fällt deshalb auf. Ist das ein Grund, sie oder ihn zu kritisieren? Begründet euren Standpunkt.

Wer kann für mich ein Vorbild sein?

„Wie der Hirt, so die Herde."
Petronius Gajus Arbiter (10–66), römischer Dichter

„Vorbilder im Leben sind auch Vorbilder im Leiden."
Russisches Sprichwort

„Kinder, als strebende Naturen, wählen sich gewöhnlich im Hause das Beispiel dessen, der am meisten zu leben und zu genießen scheint."
Johann Wolfgang von Goethe* (1749–1832), deutscher Dichter

„Lieber nacheifern als beneiden."
Sprichwort

Der Weltmeister

Ich trainiere in der Jugendmannschaft von Borussia Dortmund. Mein großes Vorbild ist Mats Hummels. Als Jugendlicher hat er beim FC Bayern trainiert und war damals schon Innenverteidiger, wie ich auch. Wir sind beide in Bergisch Gladbach geboren. Von 2008–2015 hat Mats bei der Borussia gespielt, dann war er beim FC Bayern, und seit 2019 ist er wieder in Dortmund. Ich möchte eines Tages genau wie er in der Nationalmannschaft spielen und den Weltmeistertitel gewinnen. Mats wurde mit der Nationalmannschaft der Herren 2014 in Brasilien Weltmeister.
Aber Mats macht auch andere Sachen. So unterstützt er UNICEF, das Kinderhilfswerk der Vereinten Nationen. Außerdem spendet er mit anderen Profis ein Prozent seines Jahresgehaltes für Projekte mit Jugendlichen, die einen Bezug zum Fußball haben.

Ynola, *13 Jahre*

Mats Hummels, geb. 1988, gehört zu den bekanntesten deutschen Fußballspielern.

Wissen und Merken: Was sind Vorbilder?

Vorbilder sind Personen, mit denen sich Menschen identifizieren und denen sie nacheifern wollen. Sie genießen aufgrund von besonderen Leistungen oder Rollen in bestimmten Gemeinschaften hohes Ansehen. Dazu gehören beispielsweise Sportler und Sportlerinnen, Schauspieler und Schauspielerinnen oder Popstars. 60 Prozent der Jugendlichen in Deutschland haben Vorbilder, so wie Ynola und Marius. Soziale Netzwerke eröffnen im digitalen Zeitalter die Möglichkeit, in direkten Kontakt mit den Stars zu treten und sich beispielsweise durch Klicks oder kurze Statements als „Follower" zu outen.

Die Sängerin

Ich bin Gitarrist unserer Schulband in Bochum. Und unsere Sängerin sieht fast so aus wie Amy Winehouse; sie hat sogar ihre Beehive-Frisur. Nur so eine soulige Stimme wie Amy hat sie noch nicht. Amy konnte wirklich toll singen, ihre Stimme ging mir schon, als ich noch klein war, unter die Haut. Meine Eltern haben immer Amys Musik gehört. Ich kenne sie so gut wie manche Kinderlieder. Als Amy so alt war wie ich, flog sie von der Schule, hat sich dann aber wieder aufgerappelt. Leider ist sie nur 27 Jahre alt geworden, denn sie hat zu viel Alkohol getrunken und auch harte Drogen genommen. Dennoch möchte ich so eine Karriere machen wie sie. Immerhin hat Amy in nur acht Jahren 25 Millionen CDs verkauft, und ihre Konzerte waren immer brechend voll.

Marius, *14 Jahre*

Amy Winehouse bei einem Konzert

Die Eltern?

Nach Ansicht von Sigmund Freud[1] haben die Eltern insbesondere für jüngere Kinder eine Vorbildfunktion. „Der kleine Knabe legt ein besonderes Interesse für seinen Vater an den Tag, er möchte so werden und so sein wie er, in allen Stücken an seine Stelle treten. Sagen wir ruhig: Er nimmt den Vater zu seinem Ideal." Jüngere Mädchen wählen nach Freud eher die Mutter zum Vorbild, während sich Jugendliche später sowohl mit dem Vater als auch der Mutter identifizieren wollen.

1: Sigmund Freud (1856–1939) war ein österreichisch-jüdischer Arzt und Philosoph. Er ist der Begründer der Psychoanalyse. Diese geht davon aus, dass viele seelische Probleme von Erwachsenen in der Jugend entstehen.

1. Sprecht darüber, wodurch sich die Vorbilder von Ynola und Marius unterscheiden. Gestaltet in eurem Heft dazu eine Tabelle und stellt verschiedene Eigenschaften gegenüber.
2. Können Vorbilder auch negativen Einfluss auf Menschen ausüben? Wenn ja, wie; wenn nein, warum nicht? Begründet eure Standpunkte.
3. Führt eine Pro- und Kontra-Debatte darüber, ob auch Eltern Vorbilder sein können (Methode siehe Seite 89).

Vergleicht die Sinnsprüche von der Seite 18 über Vorbilder. Welcher gefällt euch am besten und warum? Arbeitet dazu in kleinen Gruppen. Ihr könnt zu den Aussagen auch Standbilder* bauen.

Exklusiv:

Spitzensport und Schule – wie passt das zusammen?

Schülerinnen und Schüler befragen die Tennisspielerin Sibel Demirbaga

Sibel Demirbaga[1] war Schülerin an einem Hamburger Gymnasium. Sie wurde 2001 in Hamburg geboren und hat trotz sportlicher Belastungen mit 14 Jahren die neunte Klasse übersprungen. Sie ist in ihrem Jahrgang die Nummer 7 der Tennis-Rangliste im DTB[2].

Lucy und Paul, Schüler/innen einer 8. Klasse in Münster, haben Sibel Demirbaga vier Fragen gestellt:

1. Du bist Spitzensportlerin und Schülerin, die eine Klasse übersprungen hat. Hast du überhaupt noch Freizeit und wie gestaltest du sie?

Durch ein gutes Zeitmanagement ist es für mich möglich, meine Freizeit zu genießen. Hierfür war es für mich zunächst wichtig, Prioritäten[3] im Leben zu setzen und meine Zeit dementsprechend einzuteilen. Ich musste mir also zunächst einmal eingestehen, dass ich nicht alles gleichzeitig machen kann. Ich trainiere jeden Tag bis zu drei Stunden und gehe regelmäßig in die Schule.

Meine Freizeit verbringe ich dann am liebsten mit meinen Freunden und meiner Familie, gleichzeitig ist mir aber auch wichtig, dass ich genug Zeit für mich selbst habe, um am Ende des Tages noch einmal über viele Dinge nachdenken zu können.

1: Sibel Demirbaga interessiert sich auch für das Fach Philosophie bzw. Ethik*, weil es ihr hilft, ihren Geist zu trainieren. In einer längeren Arbeit beschäftigte sie sich mit dem Begriff „Politik" in den Büchern der deutsch-jüdischen Philosophin Hannah Arendt*.

2: Abkürzung für den Deutschen Tennisbund

3: Im Sinne von Zielen oder Schwerpunkten: das Wichtigste zuerst.

2. Gibt es für dich Vorbilder und welche Rolle spielen sie in deinem Leben?
Ich habe durchaus Vorbilder. Allerdings würde ich diese nicht als Personen bezeichnen, denen ich komplett gleichen möchte. Es sind eher Menschen, deren gute Charaktereigenschaften[1] ich bewundere und die ich deswegen auf meine Art und Weise übernehmen möchte. Eine solche Charaktereigenschaft kann schon das fröhliche Lächeln meiner Freunde am Morgen sein, die damit alle Menschen in ihrem Umfeld in eine bessere Stimmung versetzen.

1: Der Philosoph **Aristoteles** (siehe Seite 57) hat vor mehr als 2000 Jahren in seinem Buch „Die Nikomachische Ethik" empfohlen, wir Menschen sollten Charaktereigenschaften wie Mut, Ausdauer oder Selbstbeherrschung entwickeln. Sie würden uns helfen, ein gutes Leben zu führen.

3. Brauchen Jugendliche überhaupt Vorbilder?
Meiner Meinung nach können Vorbilder hilfreich sein, um zum Beispiel herauszufinden, wer man sein möchte. Ein Beispiel hierfür sind die Eltern. Sie leben ihren Kindern gerade im jüngeren Alter ein Ideal vor, wie man in der Familie zusammenleben und sich gegenseitig unterstützen kann.
Dies lässt sich auch auf allgemeine Vorbilder übertragen. Die Erlebnisse und Erfolge anderer Menschen können uns Jugendlichen eine Orientierung geben. Allerdings denke ich auch, dass Vorbilder nur so lange hilfreich sind, wie sie eine positive Wirkung auf uns haben. Wenn man versucht einem Vorbild komplett zu gleichen, kann man unglücklich werden. Ein Beispiel hierfür sind die in den Medien verbreiteten Schönheitsideale, die zur Unzufriedenheit mit dem eigenen Körper führen können.
Im sportlichen Bereich können Vorbilder wie Steffi Graf[2] als Motivation dienen. Wer ein Vorbild hat, dessen Erlebnisse und Erfolge man durchleben möchte, setzt sich konkrete Ziele und weiß, wofür sie oder er trainiert. Hierdurch kann das harte Konditionstraining am Ende der Woche leichter erscheinen.

2: Steffi Graf (geb. 1969) war eine erfolgreiche deutsche Tennisspielerin, die 22 größere internationale Turniere gewonnen hat. Sie lebt heute in den USA.

4. Wie stellst du dir deine Zukunft vor?
Meine Zukunft stelle ich mir spannend und voller Überraschungen vor. Als Kind habe ich immer davon geträumt, die Welt zu verbessern. Damals habe ich mir große Ziele gesetzt. Heute weiß ich, dass schon die kleinen Dinge, zum Beispiel jemandem zu helfen, der etwas im Unterricht nicht verstanden hat, eine große Wirkung haben. Sie können das Leben eines anderen Menschen bereichern und somit auch „die Welt verbessern".
Nächstes Jahr werde ich für eine Weile an einer kalifornischen Universität Politikwissenschaft studieren und strebe danach ein Medizinstudium in Deutschland an. Gleichzeitig möchte ich mit dem Tennissport weiterhin meiner Leidenschaft nachgehen und auf dem für mich höchstmöglichen Niveau trainieren.

1. Sammelt in einer Kartenabfrage*, welche Charaktereigenschaften von Vorbildern euch wichtig sind und einigt euch in der Diskussion auf die drei wichtigsten.
2. Deutet den Gedanken von Sibel, dass Vorbilder Jugendlichen Orientierung geben können.
3. Stimmt ihr Sibel zu, dass man auch mit kleinen Dingen „die Welt verbessern" kann. Begründet euren Standpunkt.
Sibel meint, wer versucht, einem Vorbild komplett zu gleichen, könne unglücklich werden. Erklärt diesen Gedanken anhand von Beispielen aus eurem Alltagsleben.

Der besondere Text:

So stelle ich mir mein Leben vor

Mein Lebensmotto ist ...

Ich möchte später an der Uni studieren und eine Familie haben. Aber mein schönster Traum ist es, einfach nur glücklich zu sein und andere daran teilhaben zu lassen. Ich weiß zwar, dass das ein einfacher Satz ist, aber ich meine ihn so, wie ich ihn gesagt habe.

Nellie

[...] möglichst ohne große Sorgen ein gutes Leben zu führen. Ich möchte immer Freunde haben, so wie jetzt, mit denen man über alles reden kann. Viel Freizeit wäre mir auch wichtig, denn ich bin ein großer Kinofan. Über Familie und Kinder denke ich noch nicht nach.

Niklas

Ich möchte später Ärztin werden, um anderen Menschen zu helfen, wie es viele Ärzte während der Pandemie[1] getan haben. Vielleicht gehe ich dann nach Afrika, so wie mein Onkel, weil sie dort zu wenig Ärzte haben. Musik machen möchte ich später auch noch. Vielleicht singe ich ja als Oma noch in unserem Kirchenchor.

Yasmin

Mein Traum ist es, ein tolles Auto zu haben, vielleicht ja sogar mit Elektromotor. Damit möchte ich mit meinen Freunden durch die Welt fahren und fremde Länder kennen lernen. Aber zu Weihnachten möchte ich immer bei meiner Familie sein und Geschichten über meine Reisen erzählen. Und Kochen möchte ich auch lernen, weil ich so gern esse.

Joshua

1: Siehe auch Seite 168.

Ich träume

Ich träume …
heute mehr als früher.
Ich träume von einer Welt:
Wo jeder Mensch gleichberechtigt ist,
wo jedes Tier ein Recht auf Leben hat,
wo niemand mehr um die Macht kämpft,
wo Frieden herrscht.
Wo sich nicht alles nur ums Geld dreht,
wo jeder so sein kann, wie er möchte.
Vielleicht ist das irgendwann kein Traum mehr!

Hannah, 13 Jahre

Mach dir ein schönes Leben

Du willst Dir ein schönes Leben machen – wunderbar. Aber Du willst auch, dass dieses schöne Leben nicht das eines Blumenkohls oder eines Käfers ist, bei allem Respekt für beide Arten, sondern ein schönes menschliches Leben. Das ist, was Dir entspricht, glaube ich. Und ich bin sicher, dass Du darauf für nichts auf der Welt verzichten würdest. Mensch zu sein, das haben wir bereits erwähnt, besteht in erster Linie darin, mit den anderen Menschen Beziehungen zu haben. Wenn Du einen Haufen Geld haben könntest, ein Haus, viel prächtiger als ein Palast aus Tausendundeiner Nacht, die besten Klamotten, das teuerste Essen (Berge von Linsen!), die modernste Elektronik, aber dies alles zu dem Preis, dass Du niemals wieder Menschen siehst – wärst Du dann glücklich?
Wie lange könntest Du so leben, ohne verrückt zu werden? Ist es nicht die größte Dummheit, Sachen haben zu wollen auf Kosten der Beziehung zu Menschen? Aber wenn genau der Vorzug all dieser Dinge darin besteht, dass sie Dir zu erlauben scheinen, eine bessere Beziehung zu den anderen zu haben? Mit Hilfe des Geldes hofft man, die anderen blenden oder kaufen zu können; die Klamotten sollen helfen, dass wir ihnen gefallen oder dass sie uns beneiden […]. Ganz zu schweigen von den E-Geräten: […] Das schöne Leben des Menschen ist ein schönes Leben unter Menschen – das Gegenteil könnte auch Leben sein, aber es wird weder schön noch menschlich sein.

Fernando Savater[1]

1: Fernando Savater (geb. 1947) ist ein spanischer Philosoph, der auch Bücher für Jugendliche schreibt. Das bekannteste ist: „Tu, was du willst" (siehe auch Seite 189).

1. Was versteht ihr unter einem schönen Leben? Vergleicht eure Auffassungen mit denen der Jugendlichen und der Einschätzung von Fernando Savater.

2. Von welcher Zukunft träumt ihr? Schreibt ein ähnliches Gedicht wie Hannah.

3. **Projektvorschlag:** Führt ein Interview auf der Straße durch und fragt die Passanten, was sie unter einem schönen Leben verstehen. Wertet die Antworten gemeinsam aus.

Besprecht, was Fernando Savater zu Menschen sagen würde, die bewusst als Einsiedler leben.

Gefühl trifft Verstand

Verstand und Vernunft werden im Alltagsleben oft synonym (gleichbedeutend) verwendet. In der Philosophie unterscheiden sie sich (siehe auch die Seiten 30/31).

Wissen und Merken: Gefühl und Verstand unterscheiden sich

Seit dem Beginn der philosophischen Tradition vor ungefähr 2500 Jahren in Griechenland wird über Gefühl und Verstand und ihre Beziehungen zueinander gestritten: Wie verhalten sich die Empfindungen eines Menschen zu seinen Überlegungen und zu seinem Geist? Ist das Eine mehr wert als das andere? Lassen sich Gefühl und Verstand gegeneinander „ausspielen"?

Gefühle sind eine Reaktion unseres Körpers und unserer Seele auf bestimmte Erlebnisse; sie ist erst einmal nicht dem Willen eines Menschen unterworfen. Deshalb kann ich auch nicht wütend oder fröhlich sein wollen. Nur wenn es einen Anlass gibt, wenn mir beispielsweise jemand mein Handy weggenommen hat, dann empfinde ich Wut und mein Herz klopft oder meine Beine zittern.

Der *Verstand* bezeichnet demgegenüber die Fähigkeit zu denken, zu erkennen und zu urteilen. Er verallgemeinert Beobachtungen und Erfahrungen und bringt sie auf den Begriff. Das heißt: Wenn es im Bauch kribbelt, dann sagt der Verstand zum Beispiel: „Du bist verliebt!" (zum Begriff der Vernunft siehe Seite 31). Auch die Tätigkeit des Verstandes hat eine körperliche Grundlage besonders in Gehirnprozessen; sie kann aber eher vom Willen gesteuert werden.

Gefühl und Verstand gehören zusammen

1: Charlotte Casiraghi (geb. 1986), Tochter von Prinzessin Caroline von Monaco, studierte in Paris Philosophie und ist Gründungsdirektorin eines philosophischen Instituts im Fürstentum Monaco.

2: Robert Maggiori (geb. 1947) unterrichtete Philosophie am Gymnasium und war auch der Lehrer von Charlotte Casiraghi. Beide veröffentlichten gemeinsam das Buch „Archipel der Leidenschaften. Kleine Philosophie der großen Gefühle."

Jeder kennt diese Erfahrung: Was man spürt, eröffnet bei seinem Ausbruch Felder unterschiedlicher Stärke in uns und vor uns, die sich weder eindeutig benennen noch beherrschen lassen. [...] Nichts steht lediglich klar umrissen für sich. Ein Schmerz beispielsweise ist niemals rein, denn im selben Moment, da man ihn verspürt, wird er bereits vom Denken erfasst, das ihm seine subjektive Wirkung verleiht oder auch nicht und daraus, anders gesagt, sofort ein Leiden macht: Ich weiß noch gar nicht, ob bei diesem Sturz mein Arm gebrochen wurde, doch stelle ich mir schon vor, dass ich verletzt bin, und schreiend vor Schmerz denke ich an die Probleme, die ich haben werde.

Ebenso ist kein Denken jemals völlig abstrakt; es denkt nur, wenn es durch Schmerz, Erinnerungen, Müdigkeit, Lust oder Krankheit berührt, also befreit, behindert, beschwert, verfinstert oder erhellt wird.

Charlotte Casiraghi[1] *und* **Robert Maggiori**[2]

1. Schreibt den Dialog zwischen Gefühl und Verstand in eurem Heft oder auf einem Extra-Blatt weiter, und vergleicht eure Ideen in der Philosophiegruppe.
2. Fasst mit eigenen Worten zusammen, wodurch sich Gefühl und Verstand unterscheiden und wie sie zusammenhängen.
3. Gebt den beiden Absätzen im Textauszug von Charlotte Casiraghi und Robert Maggiori eine Überschrift. Sucht ein weiteres Beispiel für den Zusammenhang zwischen Gefühl und Verstand.

Erklärt anhand von eigenen Beispielen, warum das Denken niemals völlig abstrakt sein kann.

Moralische Gefühle: Mit anderen mitfühlen

„Dass moralisches Verhalten auch schon früh in der Individualentwicklung sichtbar wird, bildet ebenso wie das moralische Verhalten von Tieren ein Argument für die biologische Grundlage dieses Verhaltens. Kleine Kinder trösten Familienmitglieder, die Schmerzen haben, auch schon, bevor sie sprechen oder über moralische Normen nachdenken können, genau wie Menschenaffen einander trösten."
Dick Swaab, Hirnforscher

Wissen und Merken: Verschiedene Arten von Gefühlen

In der Philosophie werden Gefühle in verschiedene Gruppen unterteilt: zum Beispiel ästhetische Gefühle (jemand empfindet etwas als schön), religiöse Gefühle (jemand fühlt sich dem Göttlichen nahe) oder moralische Gefühle (das Empfinden für Gut und Böse).

Sympathie und Empörung

Auch wenn der Verstand […] dafür ausreicht, um uns über die schädliche und nützliche Tendenz von Eigenschaften und Handlungen aufzuklären, genügt er dennoch nicht, irgendeine moralische Ablehnung oder Zustimmung hervorzurufen. […] Es ist erforderlich, dass sich hier ein Gefühl einstellt, damit den nützlichen gegenüber den schädlichen Tendenzen einer Handlung der Vorzug gegeben wird. Dieses Gefühl kann kein anderes sein als Sympathie mit dem Glück der Menschheit und Empörung über ihr Elend. Das Gefühl der Sympathie fördert die Entwicklung des guten moralischen Handelns.

Nach **David Hume**[1]

1: David Hume (1711–1776) war ein schottischer Philosoph. Für ihn beruht die Ethik* nicht auf Wissen und Vernunft, sondern auf Gefühlen (siehe auch Seite 96).

Mitleid empfinden

Menschenliebe gab es zu jeder Zeit. Sie wurde aber zuerst vom Christentum zur Sprache gebracht und als die größte Tugend* betrachtet. Sogar auf die Feinde wurde sie ausgedehnt, allerdings nur in Bezug auf Europa. In Asien rühmte man schon tausend Jahre früher die unbegrenzte Liebe zum Nächsten, sowohl in der Lehre als auch in der praktischen Ausübung[1] [...].
Mitleid hält mich nicht bloß davon ab, den Andern zu verletzen, sondern treibt mich sogar an, ihm zu helfen. Je nachdem, ob die fremde Not groß und dringend ist, werde ich durch jenes moralische Motiv bewogen, ein größeres oder geringeres Opfer dem Bedürfnis oder der Not des Andern zu bringen. Dabei kann ich meine körperlichen oder geistigen Kräfte für ihn opfern, mein Eigentum, meine Gesundheit, meine Freiheit, ja sogar mein Leben. Hier also, in der unmittelbaren, auf keine Argumentation gestützten Hilfe, liegt der Ursprung der Menschenliebe. Wie ist es nun aber möglich, dass ein Leiden, welches nicht meines ist und nicht mich betrifft, [...] mich zum Handeln bewegen soll? Wie gesagt, nur dadurch, dass ich es [...] mitempfinde, es als meines fühle, und doch nicht in mir, sondern in einem Andern. Dies aber setzt voraus, dass ich mich mit dem Andern gewissermaßen identifiziert habe.

Arthur Schopenhauer[2]

1: Gemeint ist hier der Buddhismus (siehe die Seiten 220/221).

2: Arthur Schopenhauer (1788–1860) war ein deutscher Philosoph. Für ihn war Mitleid die Grundlage moralischen Handelns (siehe Seite 77).

Wir

Ich bin Mitglied einer Gruppe und trauere zum Beispiel um einen lieben Menschen. Aber ich fühle mich nicht allein mit meiner Trauer, sondern ich fühle sie als unsere Trauer. Ein Erlebnis wird wesentlich davon geprägt, dass andere daran teilhaben, oder vielmehr, dass ich nur als Glied einer Gemeinschaft daran teilhabe. Wir sind von dem Verlust betroffen. Die anderen fühlen mit mir, und ich fühle mit ihnen. Moralisches Handeln* beruht auf Einfühlung und Gegenseitigkeit.

Nach **Edith Stein**[3]

3: Edith Stein (1891–1942) entwickelte das Konzept der Einfühlung. Das Ich muss auf das Du zugehen und umgekehrt, damit ein Wir entsteht (siehe auch die Seiten 206/207).

1. Schreibt zu allen drei philosophischen Texten dieser Doppelseite den Hauptgedanken in euer Heft. Lest hierzu auch noch einmal die Seite 75 zum Altruismus.
2. Entwerft eine Skizze für das vierte Bild (Seite 26) und tragt eure Ideen in der Philosophiegruppe vor.
3. Stimmt ihr David Hume zu, dass Sympathie für einen Menschen moralisches Handeln fördert? Begründet euren Standpunkt.
4. Arbeitet heraus, wie David Hume, Arthur Schopenhauer und Edith Stein das Handeln des Mädchens und des Jungen aus der Bildgeschichte interpretieren würden.
5. Erarbeitet Kurzreferate über das Leben und Wirken von David Hume und Arthur Schopenhauer; zu Edith Stein siehe die Seiten 206/207.

Lästern kann gefährlich werden

Ich möchte schön sein!

Laura steht vom Spiegel und betrachtet sich in ihrem neuen Kleid. Sie möchte einfach nur schön sein, denn Schönheit ist für sie sehr wichtig. Sie isst nur wenig, damit ihr Körper kein Gramm Fett zu viel bekommt, und die Muskeln trainiert sie dreimal in der Woche in einem Fitness-Studio.
Laura bewundert die vielen Hollywood-Stars, die schlank in ihren Glitzerkleidern sind. Ihre Freundin Sarah mag auch Glitzer-Kleider. Beide Mädchen verabreden sich sehr oft, um sich über die neusten Modetrends auszutauschen. Dann stehen sie oft sehr lange vorm Spiegel und geben sich gegenseitig Ratschläge.
Als Sarah eines Abends zu Laura kommt, ruft diese begeistert. „Schau mal, hier kommt der neuste Trend aus Hollywood – Megasonnenbrillen, mit denen man die Welt in verschiedenen Farben sehen kann.“ Laura setzt sich die Sonnenbrille auf und schaut in den Spiegel. Ihre Freundin macht ein Handyfoto davon, und beide Mädchen tauschen am Abend noch Schönheitsrezepte aus.
Als Laura am nächsten Morgen auf ihr Handy schaut, traut sie ihren Augen nicht. Ihr Bild mit der Sonnenbrille vorm Spiegel geht im Netz herum – versehen mit Mega-Kommentaren ihrer Mitschüler/innen. Sie machen sich über Laura, die neue Hollywood-Prinzessin, lustig und lästern, was das Zeug hält.

Barbara Brüning

Wissen und Merken: Cybermobbing rund um die Uhr

Die mobile Internetnutzung begünstigt auch die Verbreitung unangenehmer oder nicht-autorisierter Inhalte oder Fotos. So werden beispielsweise Messenger-Dienste mithilfe des Mobiltelefons zunehmend auch zu Mobbing-Zwecken genutzt. Peinliche und nur für private Zwecke geschossene Fotos wie im Fall von Laura verbreiten sich so in Windeseile. Auf derartigen Kommunikationskanälen können die Täter ihre Mobbing-Opfer auf Schritt und Tritt verfolgen: Die Betroffenen sind zu keiner Zeit mehr sicher vor Belästigungen im Internet, da junge Leute das Smartphone meistens überall dabei haben (siehe hierzu auch die Seiten 174/175).

Bösartige Gefühle zeigen: Lästern

Lästerei ist nie direkt. Man kann sie nicht mit einem Pfeil vergleichen, der vom Bogen ausgeht und sein Ziel mitten ins Herz trifft. Es handelt sich um eine Boshaftigkeit mit verzögerter Wirkung, sie nimmt Umwege und ist zwiespältig, wie die Zunge der Schlange. Ehe sie die Person erreicht, deren Ruf ruiniert werden soll, geht sie durch tausend Windungen der Mundpropaganda von Mund zu Ohr und Ohr zu Mund und so fort, hallt verzerrt wider, verwandelt sich, wird vom Geschwätz zum Klatsch, vom Tuscheln zum brodelnden Gerücht, verstärkt sich, bis sie sich zur Meinung verfestigt. Sie erhält das Gewicht eines Urteils, das als wahrscheinlich und schließlich als wahr gilt. Von nun an umgibt es die diffamierte[1] Person wie eine klebrige Masse, wie Pech, und kein Dementi[2] kann diese Beschmutzung je wieder abwaschen. [...] Wie bei der Kommunikation per Buschtrommel gibt es unendlich viele Vermittler, und sie verwischen die Verbindung zwischen dem, der das Gift der Verunglimpfung in die Welt gesetzt hat, und dem, dessen Leben davon verdorben wird.

Charlotte Casiraghi *und* **Robert Maggiori**[3]

1: verunglimpfte, herabgesetzte

2: Widerruf

3: Zu **Charlotte Casiraghi** und **Robert Maggiori** siehe Seite 25

1. Tauscht euch darüber aus, warum Sarah das Foto ins Netz gestellt hat. Was kann Laura dagegen unternehmen? Sammelt eure Ideen an der Tafel.
2. Erklärt anhand der Geschichte von Laura, von welchen bösartigen Gefühlen Lästerei herkommt.
3. Deutet die Überschrift „Lästern kann gefährlich werden."

Der holländische Philosoph Baruch Spinoza (1632–1677), der sich als jüdischer Humanist intensiv mit unterschiedlichen Arten von Gefühlen beschäftigt hat, meinte, dass Menschen mehr zu bösartigen Gefühlen neigen als zu moralischen. Stimmt ihr aufgrund eurer Erfahrungen zu? Begründet euren Standpunkt.

Sei vernünftig!

Vernunft – ein unverzichtbarer Kompass

Was ist, wenn ein Leben ohne Vernunft einer Achterbahnfahrt gleicht, weil es sich kaum noch steuern und kontrollieren lässt? Wenn es sich anfühlt, als würden wir ungebremst in die Tiefe stürzen, ohne zu wissen, ob unser Gefährt tatsächlich wieder zum Stehen kommt? Wenn der nächste Stopp nur ein Produkt des Zufalls oder der Schwerkraft ist, wenn wir haltlos durch unser Leben taumeln, in dem es scheinbar keine verlässlichen Werte mehr gibt? Wo ist dann die Vernunft geblieben, die doch so tief und fest in unserer Persönlichkeit verankert sein soll? Die uns sicheren Schrittes über diese Erde gehen lässt, die uns mit Klarheit ausstattet und die uns manchmal sogar klug erscheinen lässt. […]
Mit den Lebensjahren wächst die Vernunft in uns und wir wachsen durch sie. In stillen Augenblicken haben wir sogar das Glück, ihr beim Werden und Gedeihen zusehen zu dürfen. Besonders dann, wenn wir schwierige Situationen zu meistern und dabei die richtigen Entscheidungen getroffen haben. Oder wenn es uns gelungen ist, die Attacke eines Gegners ins Leere laufen zu lassen, ohne dass wir das vorher so erwartet hätten. […]
Von der eigenen Vernunft Gebrauch zu machen bedeutet auch, einmal dagegen zu halten, gegen eine Sache zu sein und die Auseinandersetzung in dieser Sache nicht zu scheuen. Wenn wir herausgefordert werden und diese Herausforderung annehmen, dann willigen wir in den Widerstreit der unterschiedlichen Ansichten ein. Entscheiden wir uns dafür, dann sollten uns keine falsche Scheu oder Zweifel wankelmütig werden lassen. Nur wer es sich wert ist, gegen eigene und fremde Widerstände anzukämpfen, wird unabhängig vom Ausgang seinen eigenen Wert erhöhen.
Wenn sich die eigenen Ansichten durchsetzen, dann nur, weil die sich als tragfähiger und vernünftiger erwiesen haben. Und warum sollte der edleren Vernunft

nicht zu ihrem Recht verholfen werden? Nicht als Dienst an der eigenen Eitelkeit, das wäre zu billig. Bei genauerer Betrachtung ist das vielmehr eine Frage von Anstand und Wahrhaftigkeit. Denn nur was vernünftig ist, wird letztendlich auch für das gesamte Umfeld von Nutzen sein.

Holger Grimm[1]

1: Holger Grimm (geb. 1969) studierte in Potsdam Philosophie und Kulturwissenschaften. Bekannt wurde er mit seinem Buch „Was ist, wenn … Kleine Gedankenspiele zu großen Themen“.

Wissen und Merken: Was ist Vernunft?

Die Vernunft ist nicht etwas, das mir die anderen erzählen, und sie ist auch nicht das Ergebnis meines Lernens oder meiner Erfahrung, sondern ein kritisches intellektuelles Verfahren. Ich benutze es, um die Nachrichten, die ich erhalte, die Studien, die ich betreibe oder die Erfahrungen, die ich mache, zu organisieren, indem ich bestimmte Dinge akzeptiere – zumindest vorläufig, in Erwartung besserer Argumente –, andere dagegen nicht. Dabei versuche ich immer, meine Annahmen untereinander in Einklang zu bringen. Und die erste Anstrengung der Vernunft in diese Richtung ist der Versuch, meinen rein persönlichen oder subjektiven Standpunkt mit einem objektiveren oder intersubjektiven (zwischen verschiedenen Personen anerkannten) Standpunkt in Harmonie zu bringen – einem Standpunkt, von dem aus jedes andere rationale Wesen die Wirklichkeit betrachten kann.[2]

Fernando Savater[3]

2: Siehe Seite 76

3: Zu **Fernando Savater** siehe Seite 23.

Wir philosophieren: Meinen Standpunkt argumentativ vertreten

Eine Standpunktrede hat das Ziel, dass du dir eine eigene Position erarbeitest. Probiere es mit folgender Frage aus: Sollte man sich bei wichtigen Entscheidungen von der Vernunft leiten lassen?

1. Schritt › den eigenen Standpunkt formulieren:	*Ich bin der Meinung, dass …*
2. Schritt › eine Begründung geben:	*weil …*
3. Schritt › ein Beispiel anführen:	*So kann zum Beispiel …*
4. Schritt › Ergebnis formulieren (Fazit ziehen):	*Deshalb komme ich zu dem Ergebnis,*
Abschließender Appell:	*Daher sollte …*

1. Positioniert euch auf einem Standpunktstrahl* zu der Mutprobe auf dem Felsen und vertretet eure Positionierung in einer Standpunktrede. Berücksichtigt in eurem abschließenden Appell den Vernunftbegriff von Fernando Savater.

2. Begründet mit eigenen Worten, warum die Vernunft ein unverzichtbarer Kompass für unser Leben ist.

3. Diskutiert darüber, warum Menschen trotz ihrer Vernunftfähigkeit dennoch in manchen Situationen unvernünftig handeln.

Handeln durch gute Gründe stützen

Wissen und Merken: Gründe als Motor der Vernunft

Wenn Menschen handeln oder Urteile über die Welt formulieren, so können sie mithilfe der Vernunft (siehe Seite 31) gute Gründe dafür angeben. Dadurch können andere Menschen rational nachvollziehen, warum sie so (und nicht anders) gehandelt oder geurteilt haben. Die Rechtfertigung einer Handlung oder Meinung (M) durch einen Grund (G) heißt „Argumentation".

M: Ich habe dem Mädchen nicht geholfen → **G:** ... weil es mich ausgelacht hat.

Begründungen für moralische Handlungen

[Im Alltag] ist es oft der Fall, dass eine geschehene Handlung moralisch unterschiedlich beurteilt oder die Ausführung einer geplanten Handlung von dem einen bejaht, von dem anderen verneint wird. In derartigen Fällen, in denen eine Handlung moralisch umstritten ist, aber auch jedes Mal dann, wenn sich jemand für sich allein über eine vergangene oder zukünftige Handlung seiner selbst oder eines Andren Gedanken macht, um sich ein moralisches Urteil zu bilden, wird Bezug auf „gute" Gründe genommen, die geeignet sind, die Handlung und das darin sich äußernde moralische Urteil des Handelnden zu rechtfertigen. Solche Gründe, [mit denen] sich jemand von der Rechtmäßigkeit der Handlung überzeugt oder einen anderen zu überzeugen sucht, lassen sich grob in sechs Klassen von Begründungsstrategien unterteilen.

Annemarie Pieper[1]

1: Zu **Annemarie Pieper** siehe Seite 180.

1. Tatsachen als Begründungen: Die häufigste und typischste Form einer moralischen Begründung stützt sich auf eine Tatsache, die sich anhand von Fakten überprüfen lässt: Ich bin der Frau zu Hilfe geeilt, denn sie war im Eis eingebrochen.

2. Gefühle als Begründungen: Zur Begründung der Rechtmäßigkeit einer Handlung oder eines Urteils wird auf ein Gefühl verwiesen, zum Beispiel Dankbarkeit oder Mitgefühl.

3. Regeln und Normen als Begründungen: Begründungen können sich auch auf einen von vielen Menschen anerkannten Regel- oder Normenkatalog beziehen, z. B. die Zehn Gebote oder die Fünf Säulen des Islam (Seiten 196, 198/199 und 212/213).

4. Autoritäten als Begründungen: Argumente lassen sich auch auf eine von vielen Menschen anerkannte moralische Kompetenz einer Persönlichkeit stützen, z. B. auf den Dalai-Lama (Seite 203) oder auf Mahatma Gandhi (Seiten 218/219).

5. Gewissen als Begründung: Das Ausführen oder Nicht-Ausführen einer Handlung kann auch mit dem Bezug zum eigenen Gewissen gerechtfertigt werden (Seite 209).

Nach **Annemarie Pieper**

1. Diskutiert: Auf welchen Typ der Argumentation stützt sich der Junge aus der Bildgeschichte?

2. Schreibt die Geschichte in eurem Heft so um, dass der Junge dem Mädchen hilft. Wählt zwei Argumentationstypen für die Begründung der Hilfe aus und vergleicht eure Ergebnisse in Partnerarbeit.

3. Bildet kleine Gruppen. Sucht zu jedem Argumentationstyp ein Beispiel aus eurem Alltagsleben und nutzt dafür das Schema von Seite 33.

Gibt es noch weitere Argumentationstypen? Diskutiert in eurer Gruppe darüber und unterbreitet Vorschläge.

Wissen und Können:
Die Frage nach dem Selbst

Das kann ich: Begriffe erklären und zuordnen

1. Erklärt[1] in Partnerarbeit anhand der Begriffe, mit welchen philosophischen Problemen ihr euch in diesem Kapitel beschäftigt habt. Schreibt anschließend zu einem ausgewählten Begriff einen Miniaturtext*.
2. Bildet Kleingruppen. Jede(r) sucht sich einen der folgenden Philosophen aus und erarbeitet anhand der entsprechenden Kapitelseiten dessen Empfehlung zur Orientierung in wichtigen Entscheidungen: Holger Grimm, David Hume, Konstantin Kolenda, Arthur Schopenhauer, Fernando Savater.
   Entwerft in der Gruppe ein Gespräch unter ihnen über Maßstäbe für richtige Entscheidungen und stellt es in einem Rollenspiel vor.

1: Wenn du bei der Erklärung eines Begriffs unsicher bist, kannst du im Anhang unter „Hilfen und Tipps“ (Seite 226/227) nachschlagen, auf welcher Kapitelseite der Begriff im Mittelpunkt steht. Bearbeite diese Seite dann nochmals – am besten mit einer Partnerin oder einem Partner.

Das kann ich: Stellung nehmen und argumentieren [2]

- zur Frage, ob man Mutproben durchführen sollte und wenn ja, wovon das abhängt (siehe die Seiten 12/13).
- zur Frage, warum das Leben nicht nur aus Genuss und Fun besteht (siehe die Seiten 14/15).
- zur Frage, ob es in der Schule (k)eine Kleiderordnung geben sollte (siehe die Seiten 16/17).
- zur Frage, welche Menschen Vorbilder sein können und welchen Einfluss Vorbilder haben (siehe die Seiten 18–21).
- zur Frage, warum sich Gefühl und Verstand unterscheiden und wie sie doch zusammenhängen (siehe die Seiten 24/25).
- zur Frage, weshalb moralische Gefühle das Handeln der Menschen beeinflussen (siehe die Seiten 26/27).
- zur Frage, ob und warum die Vernunft ein Kompass fürs Leben sein sollte (siehe die Seiten 30/31).
- zur Frage, welche Gründe für moralisches Handeln am überzeugendsten sind (siehe die Seiten 32/33).

2: Suche dir ein oder zwei dich interessierende Fragen aus und schreibe einen Miniaturtext dazu. Stütze deine Meinung durch Argumente und gehe auf Positionen ein, die du kennengelernt hast. Hinweise zum Abfassen von Miniaturtexten findest du im Anhang, Seite 235 (Einen Miniaturtext schreiben).

Das probiere ich aus: Mir ein Leben ausdenken

Der französische Philosoph Roger-Pol Droit [2] entwickelte die Idee, alle Menschen sollten einmal ausprobieren, sich ein neues Leben auszudenken. Er schlägt vor, anderen Menschen zu erzählen, was man sich schon immer mal gewünscht hat: Weltumsegler zu sein, auf einen hohen Berg zu steigen oder Popstar zu werden. „Leistet gründliche Arbeit. Begnügt euch nicht damit, die Geschichten zusammenzubasteln. Kommt immer wieder auf sie zurück. Schmückt eure Anekdoten aus, fügt Einzelheiten hinzu, füllt die Lücken, beseitigt Unwahrscheinlichkeiten, sofern vorhanden. […] Macht euch Notizen, falls nötig, legt Karteikarten an, dokumentiert euer imaginäres Leben. Und haltet hartnäckig fest an euren Geschichten." Roger-Pol Droit ist überzeugt: Wer nach einigen Monaten selbst an diese Geschichten glaubt, bekommt dadurch die Kraft, das Unmögliche möglich zu machen.

2: Roger-Pol Droit (geb. 1949) ist ein französischer Philosoph. Für Jugendliche hat er das Buch geschrieben: „Wie ich meiner Tochter die Philosophie erkläre" (siehe auch die Seite 163).

1. Führt das Experiment durch. Prüft nach einiger Zeit, ob das Experiment geklappt hat.

2. Die Frage nach dem Anderen

Freundschaft – Liebe - Partnerschaft / Begegnung mit dem Fremden

All you need is love!

*Die Beatles**

Hört euch das Lied der Beatles an. Überlegt, in welchem Zusammenhang der Ausspruch mit den beiden Bildern steht. Notiert Stichworte dazu.

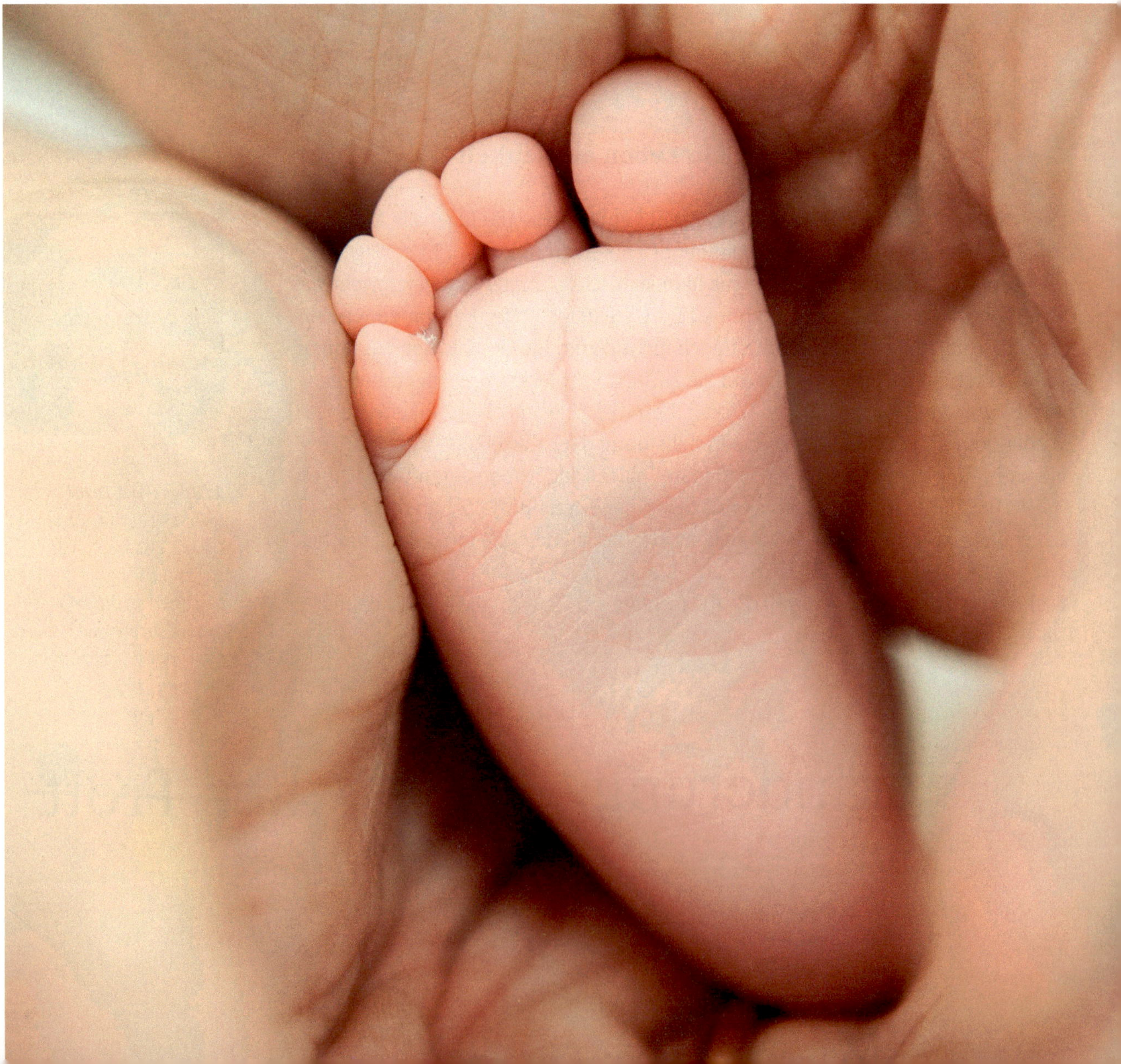

In diesem Kapitel lernst du
- verschiedene Formen der Liebe zu unterscheiden
- unterschiedliche sexuelle Orientierungen kennen
- die Bedeutung von Freundschaft und Fremdsein für das menschliche Leben kennen

Du nutzt als Methode
- die Dilemma-Methode
- die Methode des fremden Blicks
- Internet-Recherchen

Du beurteilst und bewertest
- ob Freundschaft auch nützlich sein darf
- wodurch sich Fremde und Gäste unterscheiden
- warum es manchmal schwierig ist, tolerant zu sein

Liebe kann verschieden sein

Jede Liebe ist ein Geheimnis

Die Philosophin und Mystikerin Mechthild von Magdeburg (siehe Seite 205) hat vor fast 1000 Jahren in ihrem Buch „Das fließende Licht der Gottheit" 16 verschiedene Arten der Liebe beschrieben.

Die Liebe ist die Quelle der Lebenskraft eines Menschen, die sich in viele kleine Bäche verzweigt. Sie kann beispielsweise zur Gewohnheit werden, als gleichförmiges Dahinplätschern. In dieser Form ermöglicht sie ein müheloses Leben, ohne große Höhen und Tiefen. Die rufende Liebe hingegen verzehrt sich vor Ungeduld und fragt nicht danach, ob sie Schuld auf sich lädt oder nicht. Diese Situation können nur Verliebte nachempfinden, die um einander werben. Irgendwann im Leben stellt sich dann aber die herrliche Liebe ein, die von großer Gewalt geprägt ist. Sie verjüngt die Seele, auch wenn der Körper immer älter wird.
Die Jugend dagegen erlebt die plötzlich entfachte Liebe aus Übermacht, die keiner zu deuten vermag. Sie lässt das Herz höherschlagen, bis der ganze Körper bebt. [...] Jede Liebe stellt letztendlich ein Geheimnis dar, weil keiner weiß, wie sie so plötzlich ins Herz gekommen ist.

Nach **Mechthild von Magdeburg**

Das beliebteste Thema des Menschen

Die Liebe ist das beliebteste Thema des Menschen. Romane ohne Liebe sind selten, Filme ohne Liebe noch seltener. Auch wenn wir nicht immer über die Liebe reden, so ist sie uns gleichwohl immer wichtig. Möglicherweise war das nicht immer so in der Geschichte der Menschheit Aber heute, so scheint es, ist dies der Stand der Dinge. Kein Deo wandert ohne Liebesversprechen über den Ladentisch, und keinem Popsong fällt noch ein anderes wichtiges Thema ein.
Das Thema „Liebe“ ist gewaltig. Es umfasst nahezu alles. Von „Warum gibt es überhaupt Mann und Frau?“ bis „Was muss ich tun, um meine Ehe zu retten?“ Und es ist uferlos. Man kann Frauen mit schiefergrauen Augen lieben und Vollmondnächte in der Taiga. Man kann seine Gewohnheiten lieben und Männer, die Zahnpasta-Tuben ordentlich ausdrücken. Man kann Siamkatzen lieben und blutige Steaks, den Kölner Karneval und buddhistische Klosterstille, Bescheidenheit, einen Sportwagen und seinen Herrgott. Man kann all dies getrennt lieben. Man kann es parallel lieben. Und manches sogar gleichzeitig.

Richard David Precht[1]

1: Richard David Precht (geb. 1964) ist ein deutscher Philosoph. Er hat ein dickes Buch über die „Liebe“ geschrieben.

Warum-Fragen stellen – ein Spiel

Ihr bildet Paare. Eine(r) von euch beginnt und gibt ein Statement zum Thema „Liebe oder Freundschaft“ ab, zum Beispiel: „Lieben kann man eigentlich nur Menschen.“ Anschließend stellt dazu der andere Partner eine Warum-Frage, wie: „Wieso soll man nur Menschen lieben können? – Ich liebe auch den Karneval.“ Dadurch wird der erste Partner gezwungen, erneut nachzudenken und seine Antwort durch Argumente zu stützen bzw. Details seines Statements zu benennen. Der Kern der ersten Antwort darf dabei allerdings nicht aus den Augen verloren werden. Nach etwa fünf Minuten wechselt ihr – es sei denn, der Fragesteller war schon vorher mit den Begründungen zufrieden.

1. Ordnet Mechthilds verschiedene Formen der Liebe den Bildern zu. Gestaltet zu den nicht illustrierten Formen eigene Zeichnungen. Vergleicht eure Ergebnisse in der Lerngruppe.

2. Erklärt, warum Richard David Precht die Liebe für das beliebteste Thema des Menschen hält. Tragt dann in einer Kartenabfrage* zusammen, was Menschen alles lieben können. Wenn euch nicht sofort etwas einfällt, sucht entsprechende Stellen aus dem Text heraus.

3. Wertet das Spiel „Warum-Fragen“ in der Philosophiegruppe aus: Haben die Fragen eurer Partnerinnen und Partner euch dazu angeregt, intensiver über eure Statements nachzudenken? Begründet eure Standpunkte.

Schreibt in Anlehnung an Mechthild einen Aphorismus (Sinnspruch), z. B.: „Brennende Liebe ist wie …“ oder „Vergessene Liebe ist wie …“

Liebe und Partnerschaft in der Familie

„Bei uns geht's hoch her“

„Liebe und Vertrauen sind die wichtigsten Bausteine für eine glückliche Familie.“
Konstantin Kolenda

„Hast du wieder den leeren Karton Milch zurück in den Kühlschrank gestellt!“, regt sich Emma beim Frühstück über ihren jüngeren Bruder auf. „Immer musst du an mir rummeckern.“, erwidert Tim. So oder so ähnlich geht es fast jeden Morgen vor der Schule zu. Mutter Karin regt das schon lang nicht mehr auf. Sie überhört das allmorgendliche Gezanke. Ihr Mann ist bereits zur Arbeit gefahren und auch sie muss zusehen, dass alle fertig werden, da sie ebenfalls bald zur Arbeit muss. Erst kurz vor dem Abendessen findet sich die Familie wieder zusammen. Wie üblich wird es dann zu einem Wirrwarr an Gesprächen kommen. Emma erzählt von ihrem Fußballtraining und regt sich über die Lehrer auf, die immer zu viele Hausaufgaben geben. Tim erzählt von der Kindertagesstätte, in die er nach der Schule geht und von der sein Vater ihn jeden Tag abholt. Die Stimmung ist ausgelassen, denn alle freuen sich auf morgen. Achim kommt dann fürs Wochenende zu ihnen. Er ist der älteste der drei Geschwister und wohnt größtenteils bei seiner Mutter. Allerdings besucht er regelmäßig seine Halbgeschwister. Früher, als sie noch jünger waren, hat es Emma und Tim immer sehr mitgenommen, wenn er nur für ein paar Tage vorbeigekommen war, doch mittlerweile haben sie sich daran gewöhnt. Morgen werden sie mittags zu den Großeltern zum Essen gehen, dann zum Schwimmen und nachher ins Kino; darauf freuen sich schon alle; nur über den Film werden sie sich wohl wieder streiten. Aber Streit gehört zu unserer Familie wie Essen und Trinken. Wenn es ihn nicht gäbe, würden wir uns wahrscheinlich nicht wohlfühlen.

Liz Engel

Wissen und Merken: Liebe als Familien-Bindung

Weitere Informationen zum Thema findet ihr unter *www.blinde-kuh.de* unter den Suchworten „Liebe“ und „Partnerschaft“

Liebe ist eine emotionale Beziehung zwischen zwei oder mehreren Menschen. Neben der heterosexuellen und gleichgeschlechtlichen Liebe (Seiten 50–53) gibt es weitere Formen: beispielsweise die Liebe zur Weisheit (Seite 38) und die Liebe in der Familie. Liebe beruht nach Ansicht von Aristoteles (Seite 57) auf wechselseitiger Anerkennung, Hilfe in der Not und dem Gefühl, bei dem anderen geborgen zu sein.

Eltern sorgen für ihre Kinder

Die Bereitschaft von Eltern, die Interessen ihrer Kinder über ihre eigenen zu stellen, ist ein schlagendes Gegenbeispiel zu der allgemeinen Behauptung, die Menschen seien egoistisch. Wenn Eltern ein weinendes Baby trösten, dann tun sie es nicht im Gedanken an die Zeit in 20 oder 30 Jahren, wenn das Kind sie im Alter unterstützen könnte. Sie reagieren unmittelbar aus ihrer Liebe zu dem Kind heraus und ihrem Mitgefühl mit dem Bild des Jammers, das ein weinendes Baby bietet – vor allem, wenn es das eigene ist. Für das Wohlbefinden ihrer Kinder verzichten Eltern auch auf Dinge, die sie brauchen. Sie verzichten auf Urlaub oder ein neues Auto, wenn das nötig ist, um die Kinder gut zu ernähren und zu kleiden und ihnen eine gute Ausbildung zu ermöglichen. „Ich habe immer dein Bestes gewollt", sagen sie ihren Kindern als Erklärung, und gewöhnlich stimmt das auch. In vielen Ländern schließen umsichtige Menschen Lebensversicherungen ab, damit ihre Familie im Falle ihres Todes etwas Geld hat. Die laufenden Beiträge gehen von ihrem Einkommen ab, und sie haben somit weniger Geld, das sie ausgeben können. Daran ist nichts Merkwürdiges – außer dass diese Umsicht überhaupt nicht ihnen selbst zugutekommt. Diese weit verbreitete Vorsorgemaßnahme ist nur dann sinnvoll, wenn wir davon ausgehen, dass wir uns um das Wohl mindestens eines anderen Lebewesens sorgen.
Gute Eltern müssen wissen, was ihre Kinder brauchen, und sie müssen bereit sein, ihnen zu geben, was sie brauchen. Vielleicht liegt gerade eine reichhaltige Mahlzeit hinter mir, und beim Gedanken, noch mehr zu essen, wird mir übel; stelle ich aber fest, dass mein Kind hungrig ist, versuche ich, mehr Essen zu bekommen. Das ist der erste Schritt über den Egoismus hinaus. Der englische Philosoph John Stuart Mill*, der im 19. Jahrhundert lebte, nannte die Familie „eine Schule der Sympathie, der Zärtlichkeit, des liebevollsten Selbstvergessens."

Peter Singer[1]

1: Peter Singer (geb. 1946) ist ein australischer Philosoph. Er beschäftigt sich insbesondere mit Fragen der Medizin- und Tierethik. Sein Buch „Wie sollen wir leben?" würdigt auch die Familie als kleinste Gemeinschaft in der Gesellschaft.

1. Beschreibt oder baut ein Standbild*, wie ihr in eurer Familie miteinander partnerschaftlich zusammenlebt.

2. Klärt den Begriff der Familie (Methode: siehe Seite 81) und stellt eure Definitionen anschließend untereinander vor.

3. Diskutiert darüber, ob und warum die Familie eine „Schule der Sympathie und Zärtlichkeit" ist.

4. Wie versteht ihr den Gedanken, dass gute Eltern wissen, was ihre Kinder brauchen? Sprecht darüber in der Philosophiegruppe.

Peter Singer vertritt eine altruistische Position (siehe oben). Leben eurer Meinung nach alle Familien altruistisch? Begründet euren Standpunkt.

Freundschaft – das Größte, Schönste und Beste?

Mia schweigt

Mia geht mit ihrer Freundin Lilly in ein Warenhaus. Sie schauen sich neugierig um. Lilly entdeckt ein Playstation-Spiel, das sie sich schon lange wünscht. „Das möchte ich haben!“, sagt sie. Inzwischen schaut sich Mia nebenan die neuesten Handys an. Plötzlich sieht sie Lilly auf sich zukommen. Dann dreht sich Lilly um und verlässt schnell das Geschäft. Wenig später kommt der Kaufhaus-Detektiv und will Mias Tasche sehen: „Wer war das Mädchen, mit dem du die ganze Zeit zusammen warst. Sie hat ein PS4-Spiel gestohlen. Du musst uns ihren Namen nennen, sonst kannst du wegen Mithilfe bei einer kriminellen Tat bestraft werden!“ Mia überlegt kurz – und schweigt.

Liz Engel

Falsche Freunde

Falsche Freunde versuchen immer, sich auf deine Kosten zu profilieren. Sie nutzen dich aus, wenn sie dich brauchen. So etwas wie „Geben und Nehmen“ kennen sie nicht. Und wenn es ihnen mal schlecht geht, möchten sie, dass man nur für sie da ist. Wenn es dir aber schlecht geht, haben sie keine Zeit für dich.
Falsche Freunde möchten auch nicht, dass du dich entwickelst und deine Ziele verwirklichst. Sie haben Angst davor, dass du sie überholen könntest. Und wenn du erfolgreich bist, gönnen sie es dir nicht, und wären am liebsten an deiner Stelle.

Christabel, *14 Jahre*

Wir philosophieren: Dilemmata bearbeiten

Ein Dilemma ist eine moralisch schwierige Situation, in der sich ein Mensch befindet. Er weiß nicht, wie er sich entscheiden soll. Und wenn er entscheidet, kann seine Handlung so oder so negative Folgen haben.

1. Schritt › Ihr beschreibt den Kern des Konflikts: Worum geht es? Warum fällt die Entscheidung so schwer?

2. Schritt › Jeder überlegt sich, wie er in dieser Situation handeln würde und schreibt die Begründung auf.

3. Schritt › Ihr diskutiert über den Konflikt und trefft eine Entscheidung.

4. Schritt › Ihr bildet zwei Gruppen und sucht Argumente für oder gegen die Entscheidung und stellt eine Reihenfolge der Wichtigkeit eurer Argumente auf.

5. Schritt › Ihr stellt die Argumente vor und diskutiert.

6. Schritt › Jeder kann am Schluss der Diskussion seine Entscheidung überdenken.

Freundschaft als Hilfe in der Not

Wenn Menschen heute gefragt werden, was ihnen im Leben am wichtigsten ist, dann rangieren Freundschaft und Liebe weit vor Gesundheit oder Geld und Erfolg. Zuletzt hat die Freundschaft die Liebe sogar vom Thron gestoßen, sodass der Eindruck entsteht, wir setzten für unser Lebensglück auf keine andere Beziehung und kein anderes Gut so große Hoffnungen wie auf unsere Freundschaften. Viel stärker noch als früher gelten sie heute als das Größte, Schönste und Beste, was es gibt auf der Welt. [...]
Die Vorstellung, echte Freunde zeichneten sich dadurch aus, dem anderen nicht nur in guten, sondern auch in schlechten Zeiten zur Seite zu stehen, ist immer noch die populärste Vorstellung in Deutschland. Das besagt zumindest die vom Allensbacher Institut für Meinungsforschung 2014 durchgeführte Jacobs-Studie. In ihr hatten die Befragten „Verlässlichkeit“, „Rat und Hilfe“ und „Ehrlichkeit“ als die drei wichtigsten Qualitäten genannt, die sie von einem Freund erwarten.

Björn Vedder[1]

1: Björn Vedder (geb. 1976) ist Philosoph und freier Autor. Viel diskutiert wurde sein Buch aus dem Jahr 2017 „Neue Freunde. Über Freundschaft in Zeiten von Facebook“.

1. Diskutiert Mias Dilemma: Hat sie sich richtig oder falsch verhalten? Begründet eure Meinungen in Standpunktreden (siehe Seite 31).

2. Erstellt eine Tabelle mit Argumenten für beide Handlungsvarianten: Schweigen oder den Namen nennen? Bezieht in eure Diskussion die Gedanken von Christabel ein.

3. In dem Text von Björn Vedder werden drei Eigenschaften von Freundschaft genannt. Stellt weitere Eigenschaften zusammen und diskutiert darüber, welche für eine gute Freundschaft die wichtigsten sind.

Woran erkennt man nach eurer Meinung falsche Freunde? Schreibt dazu einen Miniaturtext* als Antwort an Christabel.

Philosophisches Forum:

Darf Freundschaft auch nützlich sein?

Freundschaften können unvollkommen sein

Diejenigen Menschen, die aus einer Freundschaft[1] einen Nutzen ziehen, lieben nicht einer den anderen an sich, sondern nur insofern, als ihnen voneinander Gutes widerfährt. Und ebenso ist es mit denen, die, um Spaß zu haben, miteinander befreundet sind: Man hat den Freund gern, nicht wegen seiner persönlichen Eigenschaften, sondern weil man Spaß miteinander hat. […] Diese Freundschaften sind nicht vollkommen. […]
Da die Leute sowohl diejenigen, die der Nutzen zusammenführt, Freunde oder Freundinnen nennen […], als auch diejenigen, deren Zuneigung auf der Lust beruht, wie das oft bei den Kindern der Fall ist, so müssen auch wir solche Menschen Freunde nennen und mehrere Arten der Freundschaft unterscheiden.[2]

Nach **Aristoteles**[3]

1: Freundschaft kommt von dem althochdeutschen Wort *fruintscaf*. Damit wurde bereits im 8. Jahrhundert das Vertrauensverhältnis zweier Personen beschrieben.

2: Ergänzend siehe dazu auch Seite 47.

3: Zu **Aristoteles** siehe die Seiten 21 und 57.

Miteinander verbunden

Die Naht verschwindet

Überhaupt sind alle die Freundschaften, die aus sexueller Anziehung, Vorteil oder Nutzen [...] errichtet werden, weniger schön und uneigennützig; sie sind daher auch nicht als wirkliche Freundschaften zu bezeichnen, weil sich bei ihnen andere Gesichtspunkte als Motive, Ziele und Gewinnerwartungen einmischen, die mit der Freundschaft selbst nichts zu tun haben. [...]
Was wir gewöhnlich Freunde und Freundschaften nennen, sind eigentlich nur durch Zufall zustande gekommene nähere Bekanntschaften, an die man sich gewöhnt hat und durch die ein gewisser eher oberflächlicher Austausch stattfindet. Aber in einer wirklichen Freundschaft, wie ich sie meine, verschmelzen zwei Seelen so ineinander, dass an dem Punkt, wo sie sich treffen, keine Naht mehr zu entdecken ist.

Nach **Michel de Montaigne**[1]

1: Michel de Montaigne (1533–1592) war Rechtsanwalt, Philosoph und Bürgermeister von Bordeaux. Er entwickelte die Form des philosophischen Essays*.

1. Fasst die Gedanken von Aristoteles und Montaigne schriftlich zusammen. Erklärt dabei Montaignes Gedanken, dass bei einer Freundschaft die Seelen von zwei Menschen verschmelzen.

2. Erörtert, worin sich die Auffassungen beider Philosophen unterscheiden.

3. Führt eine Pro- und Kontra-Debatte darüber, ob Freundschaft einen Nutzen haben darf. Berücksichtigt dabei auch die Comic-Szene auf der Seite 44 und bezieht ebenso das Foto der Mädchenhände ein.

Diskutiert darüber, ob sich die Positionen von Aristoteles und Montaigne verbinden lassen (siehe Seite 47).

Gibt es Freundschaft auch im Netz?

Freundschaft mit Snapchat

Clara und Sophie nutzen soziale Netzwerke, um sich mit ihren Freunden auszutauschen. Irgendwann sind sie auf einen neuen Instant Messaging-Dienst gestoßen und haben sich die App heruntergeladen. Hier sind sie täglich online und senden sich gegenseitig Fotos und Videos. Sie kommentieren ihre Posts und chatten über Schule, Freunde und Familien. Clara und Sophie haben sich noch nie persönlich getroffen oder jemals zusammen Musik gehört oder zusammen gekocht und gegessen. Die beiden haben sich lediglich online getroffen und angefreundet. Clara wohnt in Hannover und Sophie kommt aus Freiburg. Die beiden Mädchen sind ungefähr 500 Kilometer voneinander entfernt.

Digitale Freunde?

Den Freund, dem ich Briefe schreibe, wird es wohl irgendwo tatsächlich geben, und in den meisten Fällen ist er mir auch vor meinem Briefwechsel bereits begegnet. Das, was die Gänsefeder oder das Briefpapier so wichtig werden lässt, ist also das Gefühl, darüber eine Beziehung aufrechterhalten zu können, die es ohnehin gibt. Auch diese Möglichkeit bietet sich natürlich im Internet, und es gibt unzählige Freundschaften, die ohne Kontakt bei Facebook vielleicht eingeschlafen wären. [...]

Darüber hinaus gibt es aber auch die neue Möglichkeit, direkt im Netz Verbindungen zu knüpfen. Das wäre ungefähr so, als würden wir per Flaschenpost einen Brieffreund suchen und davon ausgehen, dass daraus eine wirkliche Freundschaft entsteht. Das mag merkwürdig erscheinen, aber wenn wir uns klarmachen, wie wenig wir oftmals über unser virtuelles Gegenüber[1] wissen, dann ist ein solcher Austausch weit von dem entfernt, was vor 2500 Jahren von dem Philosophen Aristoteles[2] als Freundschaftsmerkmal der „Seelenverwandtschaft" gedacht wurde. Dies bedeutet nicht, dass ein solcher Austausch nicht gut tun, hilfreich sein oder einen Zweck erfüllen kann. Er trägt aber lediglich dazu bei, einen Nutzen zu bedienen und keine Freundschaft im eigentlichen Sinne zu beginnen. Das eine vom anderen zu unterscheiden, das ist die eigentliche Herausforderung im Umgang mit einer digitalen Welt[3].

Nach **Ina Schmidt**[4]

1: Künstliches Gegenüber aus dem Internet

2: Seite 57

3: Zur digitalen Welt siehe auch die Seiten 170–181.

4: Ina Schmidt (geb. 1973) ist eine deutsche Philosophin. Sie schreibt Bücher und hält auch Vorträge, um möglichst viele Menschen mit Themen der Philosophie bekannt zu machen.

„Vollkommene Freundschaft"

Der griechische Philosoph Aristoteles (siehe Seite 57) meinte, dass vollkommene Freundschaft auf einer Art Seelenverwandtschaft beruht:

Solche Freundschaft ist natürlich selten, denn Menschen dieser Art gibt es nur wenige. Ferner braucht sie auch Zeit und gegenseitiges Vertraut-werden. [...] Auch kann man sich erst dann gegenseitig anerkennen und Freund sein, wenn sich einer dem anderen als liebenswert erwiesen hat und das Vertrauen befestigt ist.

1. Sind Clara und Sophie richtige Freunde? Führt eine Vierecken-Abstimmung* durch und erarbeitet dazu eine Standpunktrede (siehe Seite 31).

2. Was würde Ina Schmidt zu ihrer Beziehung sagen? Sucht Argumente aus dem Text und führt anschließend eine Pro- und Kontra-Debatte (siehe Seite 89).

3. Was meint Aristoteles damit, dass vollkommene Freundschaften Zeit brauchen? Sprecht darüber in der Philosophiegruppe.

Überlege, wodurch sich deine Freundschaften auszeichnen und ob du ähnliche Erfahrungen wie Clara und Sophie gemacht hast. Schreibe hierzu eine E-Mail oder einen Brief an die beiden.

Der besondere Text:
Der Kugelmensch greift nach dem Himmel

Aus eins mach zwei

Der griechische Philosoph Platon ließ vor 2400 Jahren in seinem Dialog „Das Gastmahl" den Komödiendichter Aristophanes und den Philosophen Sokrates (siehe Seite 162) über die Liebe streiten. Aristophanes erzählt darin in einem frei erfundenen Mythos, wie er sich die Entstehung von zwei Geschlechtern und der Liebe vorstellt.*

[…] Früher war jeder Mensch von ganz kugelrunder Gestalt, wobei der Rücken und die Seiten einen Kreis bildeten, und jeder hatte vier Arme und genauso viele Beine sowie zwei Gesichter auf einem kreisrunden Hals, die einander in jeder Hinsicht ähnlich waren, und einen einzigen Kopf für die beiden in entgegengesetzte Richtungen blickenden Gesichter, weiterhin vier Ohren und zwei Geschlechtsteile und auch alles andere so, wie man es sich danach wohl vorstellen kann. Er ging aber auch wie jetzt aufrecht, wohin immer er wollte, und sooft er sich anschickte, schnell zu laufen, eilte er wie die Leute, die Rad schlagen […] schnell im Kreis dahin, wobei er sich auf seine damals acht Gliedmaßen stützte. […] Sie besaßen nun gewaltige Stärke und Kraft, hatten ein ausgeprägtes Selbstbewusstsein und legten sich mit den Göttern an […], sodass sie nämlich versuchten, einen Zugang zum Himmel zu schaffen, um die Götter anzugreifen. Zeus und die anderen Götter beratschlagten nun, was sie mit ihnen anstellen sollten, und waren ratlos. […]

Nach anstrengenden Überlegungen kam Zeus schließlich auf eine Idee und sagte: „Ich glaube, einen Ausweg zu haben, wie einerseits die Menschen weiter existieren können, andererseits aber von ihrem Übermut ablassen würden, nämlich dadurch, dass sie geschwächt werden. Ich werde sie nämlich jetzt, jeden Einzelnen, in zwei Teile zerschneiden, und sie werden dadurch schwächer werden […]. Und sie werden aufrecht auf zwei Beinen gehen. […]" Sprach es und schnitt die Menschen auseinander […]. Nachdem nun ihre ursprüngliche Form auseinandergeschnitten war, sehnte sich eine jede Hälfte nach der ihr zugehörigen anderen und versuchte, mit ihr zusammenzukommen. […] Seit so langer Zeit also ist den Menschen das Liebesverlangen zueinander eingepflanzt, führt die ursprüngliche Natur zusammen und versucht, eins aus zweien zu machen und die menschliche Natur zu heilen.

Platon[1]

1: Platon (siehe Seite 163)

„Unsere bessere Hälfte“

Gustav Klimt: Der Kuss, 1908/09

Gustav Klimt (1862–1918) war ein österreichischer Maler, der sich insbesondere mit Themen wie Liebe, Alter und Tod beschäftigte.

Aristophanes' Mythos gehört mit Sicherheit zu den schönsten und romantischsten Werken der Weltliteratur. Auch wirkte er nachhaltig kulturprägend. Bis heute stellen wir unseren Lebenspartner als unsere „bessere Hälfte“ vor.
Sodann greift Aristophanes die klassischen Motive der mythischen Überlieferung auf. Zu nennen sind die positive Bewertung von Lust und Sexualität, die Ohnmacht gegenüber der Willkür der Himmlischen und schließlich die Toleranz für individuelle Neigungen und Bedürfnisse. Niemand konnte mitbestimmen, ob er bzw. sie einem zweigeschlechtlichen oder eingeschlechtlichen Kugelwesen entstammt. Niemanden trifft daher Verantwortung für seine sexuelle Orientierung[1] [...].
Aristophanes geht aber noch einen Schritt weiter, indem er versucht, eine philosophische Definition der Liebe zu leisten. Liebe ist nach Aristophanes die Sehnsucht nach Vollkommenheit. Die zerschnittenen Wesen seiner Erzählung vergingen unter dem Eindruck einer auf sich selbst zurückgeworfenen Einsamkeit.
Markus Tiedemann[2]

1. Zeichnet den Kugelmenschen und den geteilten Menschen. Sprecht darüber, wie sich der Mensch nach Aristophanes (Platon) verändert hat.
2. Erklärt anhand der Gedanken von Markus Tiedemann den Ausspruch „meine bessere Hälfte“.
3. **Projektvorschlag:** Sammelt Mythen über die Liebe und stellt sie einander vor.
Warum ist Liebe „Sehnsucht nach Vollkommenheit“? Begründet euren Standpunkt.

1: Hierzu auch die Seiten 52–55

2: Markus Tiedemann (geb. 1970) lehrt Philosophie an der Technischen Universität Dresden. Er schrieb das Buch „Liebe, Freundschaft und Sexualität: Fragen und Antworten der Philosophie“.

Schmetterlinge im Bauch

Verknallt

„Ich kann nicht von der Liebe lassen.
Ich muss mich ihr gefangen geben,
ich kann anders nicht mehr leben.
Wo sie ist, da muss ich sein."
Mechthild von Magdeburg
(siehe die Seiten 38 und 205)

Ich habe mich total in den Typen aus der Parallelklasse verknallt. Er ist so süß … Super Haare, schöne Zähne, sportlicher Body und ein megaschönes Lächeln. Jedes Mal wenn ich ihn im Flur sehe, pumpt mein Herz wie verrückt und die Schmetterlinge in meinem Bauch drehen total durch. Ich kann an nichts anderes mehr denken als ihn. Ständig verfolge ich seinen Facebook-Account und schau mir seine Fotos an. Was soll ich nur machen, damit er mich anschaut und mit mir redet? Spricht er mit Leuten aus meiner Klasse, habe ich sofort einen Kloß im Hals und kann gar nichts sagen. Er denkt bestimmt, ich wär so 'ne Tussi, die nur blöd rumkichert. Ich habe total Angst, mich vor ihm zu blamieren. Bei dem Gedanken wird mir total übel. Was, wenn jeder mitkriegt, dass ich auf ihn stehe!? Das wäre voll die Blamage. Anja meint, ich soll mich nicht so anstellen und einfach mit ihm quatschen. „Hast ja nichts zu verlieren!", meinte sie gestern noch. Eigentlich hat sie Recht, aber was ist, wenn er mich abblitzen lässt, oder mich sogar auslacht? Oh Mann, verliebt sein ist überhaupt nicht so toll, wie jeder immer tut! Was soll ich nur tun?

Meike, *14 Jahre*

Warum verliebe ich mich?

Eros (griechisch) gilt in der antiken Sagenwelt als Gott der Liebe (lateinisch: *Amor*).

Ungeahntes Glück

Vielleicht ist Liebe nur ein Wort, das tausend Begriffe in sich vereint, die eigentlich nichts miteinander zu tun haben. Diese Erklärung wäre bequem, aber leider trifft sie nicht zu. Denn so unterschiedlich die Formen der Liebe sind, haben sie doch eins miteinander gemeinsam. Wo immer Liebe ins Spiel tritt, bringt sie ihre Opfer auf Trab: die Liebe zu einem Schnuller genauso wie die Liebe zu einem Fußballverein oder einer Frau. Sie befreit die Menschen aus dem Panzer ihrer Ich-Bezogenheit, steigert ihr Empfinden, treibt sie aufeinander zu, jagt sie auf ungeahnte Höhen der Glückseligkeit und stürzt sie in tiefste Konflikte und Katastrophen.

Peter Prange[1]

1: Peter Prange (geb. 1955) studierte Philosophie und Romanistik. Er lebt als freier Schriftsteller in Tübingen. In seinem Buch „Werte" gibt es auch ein großes Kapitel über die Liebe. Berühmt wurde Prange mit dem Buch „Die Philosophin".

Wozu?

Wozu der Lärm? Wozu das Drängen, Toben, die Angst und die Not? Es handelt sich ja bloß darum, dass jeder Hans seine Grete finde: Weshalb sollte eine solche Kleinigkeit eine so wichtige Rolle spielen und unaufhörlich Störung und Verwirrung in das wohlgeregelte Menschenleben bringen? – Aber dem ernsten Forscher enthüllt allmählich der Geist der Wahrheit die Antwort: Es ist keine Kleinigkeit, worum es sich hier handelt […]; das nämlich, was dadurch entschieden wird, ist nichts Geringeres als die Zusammensetzung der nächsten Generation.

Arthur Schopenhauer[2]

2: Siehe Seite 27

1. Schreibt einen Blogeintrag* und gebt Meike einen Rat, was sie jetzt tun soll.

2. Fasst die Gedanken von Peter Prange und Arthur Schopenhauer über den Sinn der Liebe zusammen. Wie würden beide wohl den Zustand von Meike bewerten und welchen Rat könnten sie ihr geben?

3. Fragt eure Eltern, Freunde oder Verwandte, wie es kam, dass sie sich in ihre Partner/innen verliebt haben. Schreibt dazu einen Miniaturtext*.

Interpretiert die Comic-Szene mit Amor. Informiert euch über den griechisch-römischen Gott im Internet.

Mädchen oder Junge – Hauptsache Liebe

Lukas

Weitere Informationen über Homosexualität findet ihr unter *www.blinde-kuh.de* (Suchwort „Homosexualität").

In der Pause stehen die Jungs aus meiner Klasse auf dem Schulhof und tuscheln über die Mädchen. Sie sind total aufgeregt und reden darüber, wer mit wem zusammen sein könnte.
Über Snapchat werden geheime Botschaften ausgesendet. Ich stehe nicht mit bei der Gruppe und beteilige mich auch nicht an den Gesprächen. Denn irgendwie gefällt mir keines der Mädchen. Mich interessiert eher Lukas aus der Parallelklasse. Er hat schöne blonde Locken und lächelt immer so nett. Ich würde mich gern mal mit ihm treffen, aber ich trau mich nicht, ihn zu fragen!

Wissen und Merken: Liebe und sexuelle Orientierung

Es gibt verschiedene Formen sexueller Orientierung. Heterosexualität[1] umfasst die Liebe zwischen verschiedenen Geschlechtern, also zwischen Mann und Frau. Homosexualität[2] betrifft die Liebe zwischen Angehörigen des gleichen Geschlechts, also zwischen Mann und Mann (schwule Liebe) oder zwischen Frau und Frau (lesbische Liebe). Das Wort „lesbisch" hat mit der griechischen Insel Lesbos zu tun. Dort lebte die Dichterin und Philosophin Sappho[3], die Frauen, aber auch Männer liebte. Sappho war bisexuell. Die Bisexualität bezieht sich sowohl auf das gleiche als auch auf das andere Geschlecht. So schrieb Sappho: „Ich weiß nicht warum, ich bin entzweigerissen. Ich liebe, was mich liebt".
In der griechisch-römischen Antike war es völlig akzeptabel, dass Menschen sowohl hetero- als auch homo- oder bisexuell waren. So wurde beispielsweise in Athen der schöne Jüngling Alkibiades von fast allen Philosophen angehimmelt; er versuchte, auch das Herz des berühmten Philosophen Sokrates[4] zu erobern.
Darüber hinaus gibt es Menschen, die sich weder als Männer noch als Frauen begreifen. Sie zählen zum sogenannten dritten Geschlecht (Queer).

1: „Hetero" bedeutet im Griechischen „der Andere".

2: „Homo" bedeutet auf lateinisch „Mann" bzw. „Mensch".

3: Sappho (ca. 630–570 v. Chr.) lebte in Mytilene auf Lesbos. Sie gründete dort eine Mädchenschule. Ihre Gedichte handeln von Liebe und schönen Göttinnen, z. B. der Liebesgöttin Aphrodite.

4: Zu **Sokrates** siehe Seite 162.

Vergiss nicht

Ehrlich – ich wollte, ich wäre tot.
Sie hat geweint …

als sie mich verließ und zu mir
sagte: „Wirklich, ich wollte, ich
wäre tot – wie ungern verlasse
ich dich, Sappho!“

Und ich sagte zu ihr: „Sei nicht
traurig, du weißt ja, wie sehr ich,
wie sehr wir dich liebten – traurig
ist nur, wenn man das vergisst. […]

Sappho

James Pradier: Sappho (versilberte und vergoldete Bronze-Skulptur), 1848

Knabenliebe

Wie bei Epikur[1] zu lesen ist, gehörten sowohl Frauen als Knaben[2] zu einem gelungenen Festmahl in Griechenland und Rom […]. In Athen waren es Knaben der Mittel- und Oberschicht, die von den reifen Bürgern umschwärmt wurden. Es gab immer einen reifen Liebhaber (*Erastes*) und einen Liebling (*Eromenos*). Vor allem aber hatte der Liebhaber pädagogische und intellektuelle Verantwortung für seinen „Schützling“ zu übernehmen und dessen Ausbildung und Reife zu befördern.

Nach **Markus Tiedemann**[3]

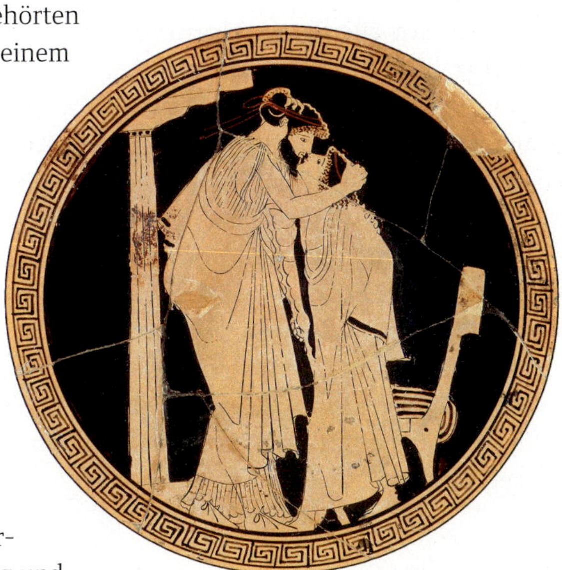

Medaillon aus dem Louvre

1: **Epikur** (341–270 v. Chr.) war ein griechischer Philosoph, der vor allem über Lust, Leidenschaften und Liebe nachdachte. Die innere Ruhe der Seele war für ihn die höchste Form der Lust.

In der Antike gab es noch keine klare Trennung zwischen Erwachsenen und Kindern. Um seelische und/oder körperliche Schäden bei den Betroffenen zu vermeiden, sind bei uns sexuelle Beziehungen zu Jugendlichen unter 18 Jahren gesetzlich verboten.

2: Altes Wort für Junge – in der Antike waren damit Kinder und Jugendliche im Alter von 12 bis 18 Jahren gemeint.

3: Siehe Seite 49

1. Welchen Rat würdet ihr dem Jungen aus der Geschichte auf Seite 52 geben? Tauscht darüber Ideen in der Philosophiegruppe aus.

2. Recherchiert über Sappho und ihre Liebesgedichte: Ihr könnt dazu auch ein Kurzreferat halten und weitere Gedichte von ihr vorstellen. Bezieht auch die Mädchenschule von Lesbos in eure Recherchen mit ein.

3. Überlegt, warum sexuelle Beziehungen zwischen Erwachsenen und Kindern/Jugendlichen schädlich und damit verboten sind.

Warum haben viele Menschen Angst, zum Beispiel der Junge aus der Geschichte, offen über ihre Homo- oder Bisexualität zu sprechen? Sammelt Gründe und wertet sie gemeinsam aus (siehe auch die Seite 54/55).

Exklusiv:
Unerlaubte Liebe

Wissen und Merken: Homosexuelle wurden und werden verfolgt

Homosexualität wurde seit dem Mittelalter verfolgt und unter Strafe gestellt. Auch heute noch ist Homophobie[1] in über 70 Staaten staatlich verordnet; dort gilt gleichgeschlechtliche Liebe immer noch als „unnormal", sodass schwul-lesbische Paare ihre Beziehung geheim halten müssen. Bis 1969 war Homosexualität auch in der Bundesrepublik Deutschland strafbar und wurde erst seit 1974 erlaubt; den entsprechenden Paragrafen 175 hat der Bundestag im Jahr 1994 aus dem Strafgesetzbuch gestrichen.
Dennoch können sich auch heute viele Menschen in der Öffentlichkeit nicht outen, weil ihnen ihre sexuelle Orientierung zum Beispiel berufliche Nachteile bringen könnte.

1: „Homophobie" setzt sich zusammen aus den griechischen Wörtern „homós" (gleich) und „phobós" (Angst). Gemeint ist die pauschale Ablehnung von Lesben und Schwule.

Ich muss mich täglich verleugnen

[...] Niemand darf von diesem Treffen wissen, denn ihn gibt es nicht. Trotz vieler Bedenken spricht er das erste Mal über seine Sexualität, die in der Welt des Fußballs nichts verloren hat.

Du kommst gerade aus einem Interview für einen öffentlich-rechtlichen Fernsehsender. Was wäre, wenn dort deine Homosexualität zur Sprache käme?
Ich würde leugnen, ganz klar. Versuchen, das Thema komplett aus der Öffentlichkeit zu halten. Je mehr geredet wird, desto höher ist auch der Druck auf mich. Die große Diskussion um meine Person kann ich mir einfach nicht erlauben.

Ist der Druck nicht ohnehin schon immens?

Natürlich. Der Preis für meinen gelebten Traum von der Bundesliga ist hoch. Ich muss täglich den Schauspieler geben und mich selbst verleugnen. Am Anfang war es ein großes Spiel und kein Problem, doch mit der Zeit zehrt es sehr an mir. Ich weiß nicht, ob ich den ständigen Druck zwischen dem heterosexuellen Vorzeigespieler und der möglichen Entdeckung noch bis zum Ende meiner Karriere aushalten kann.

Aber was wäre so schlimm daran, wenn es rauskäme? Es schaltet auch niemand ab, wenn im Showgeschäft der schwule Entertainer eine Sendung moderiert.

Ich denke, Fußball und die Medien sind komplett verschieden. Auch wenn ich es natürlich dumm finde, passt das Klischee des „Standard-Schwulen" irgendwie in die bunte Welt des Fernsehens. Fußballer dagegen sind das männliche Stereotyp[1] schlechthin. Sie müssen Sport lieben, aggressiv kämpfen und gleichzeitig das große Vorbild sein. Schwule sind das alles einfach nicht. Punkt. Oder soll jemand eine aufgebrachte Menge von Fans vor dem Spiel aufklären, dass „die Schwulen" eigentlich auch nur ganz normale Männer sind und gleich mitspielen? Unvorstellbar. In der Situation im Stadion oder nach dem Spiel wird jeder kleine Anlass in der Gruppe zu einer ganz großen Angelegenheit. Ich wäre nicht mehr sicher, wenn meine Sexualität an die Öffentlichkeit käme. […]

Adrian Bechtold[2]

1: Verhaltensmuster, Klischee

2: Der Journalist **Adrian Bechtold** hat den ungenannten Profifußballer für die Zeitschrift „Fluter" interviewt.

Der Profi-Fußballer Thomas Hitzelsperger outete sich 2014 nach dem Ende seiner Karriere als erster deutscher Fußballer. Er hieß im Stadion wegen seiner Schusskraft „der Hammer" und hatte Angst vor Schmährufen.

Am 17. Mai wird jedes Jahr der „Internationale Tag gegen Homophobie" gefeiert. Recherchiert im Internet: www.tag-gegen-homophobie.de

1. Könnt ihr nachvollziehen, dass der Fußballer seine Homosexualität geheim hält? Welche Gründe sprechen dafür und welche dagegen? Sammelt die Motive an der Tafel.
2. Diskutiert in der Philosophiegruppe, in welchen Bereichen des gesellschaftlichen Lebens es weiterhin schwierig ist, sich zu „outen".
3. Arbeitet nach der Placemat-Methode* heraus, warum vor allem Fußballspieler Probleme haben, wenn sie homosexuell sind.
4. **Projektvorschlag:** Recherchiert im Internet über Politiker/innen, Künstler/innen und Sportler/innen, die sich geoutet haben. Erforscht auch die Gründe ihres Outings.

Wenn die Welt plötzlich anders ist

Von München nach Köln

Sina ist mit ihrer Familie von München nach Köln umgezogen, weil ihre Eltern einen neuen Job angenommen haben. Heute ist Sinas erster Schultag. Sie wohnt schon ein paar Tage in der Stadt und hat mit ihrem Vater bereits den Kölner Dom und das Schokoladenmuseum besucht. Aber in Köln ist so vieles anders: Die Menschen sprechen einen anderen Dialekt als in München, und ein bisschen vermisst Sina auch die Berge. „Aber dafür feiern sie hier ganz ausgelassen Karneval“, sagt Sinas großer Bruder und zwinkert mit den Augen. „Und die Leute essen dann Muuzemändelcher[1]!“

„Ja, aber mich interessiert eigentlich, wie die Jugendlichen in meiner neuen Klasse sind“, sagt Sina zu ihrem Bruder. „Vielleicht lachen sie mich aus, weil ich das „R“ rolle?“

„Ich bin überzeugt“, sagt Sinas Mutter und klopft ihrer Tochter auf die Schulter, „dass sie dich so nehmen wie du bist. „Aber ein bisschen mulmig ist mir schon“, antwortet Sina und kaut an ihren Fingernägeln. „Du machst das schon“, sagt Sinas Vater, „ich habe ja auch eine neue Arbeit und neue Kollegen. Glaubst du, dass ich nicht auch aufgeregt gewesen bin an meinem ersten Arbeitstag gestern?“

Sina nimmt ihre Schultasche und verlässt langsamer als sonst die Wohnung. Irgendwie kommt sie sich in Köln noch ziemlich fremd vor.

Barbara Brüning

1: Gemeint sind „Mutzemandeln“ – ein Süßgebäck in Tropfenform, das vor allem zum Karneval gegessen wird.

Wissen und Merken: Fremd-Sein ist kein modernes Thema

Die Frage nach dem Umgang mit Anderen und Fremden stellt sich nicht erst in der heutigen Zeit. Die Begegnung mit anderen Menschen gehört seit Jahrtausenden zu unserem Leben. Der griechische Philosoph Aristoteles[1] bezeichnete den Menschen deshalb als ein „von Natur aus in Gemeinschaft lebendes Wesen", als *Zoon politikon*. Jeder Mensch, so Aristoteles, kennt als Zoon politikon die Erfahrung von Andersheit und Fremdheit, wenn er zum Beispiel in eine neue Gemeinschaft kommt. Aristoteles machte diese Erfahrung selbst auch. Er wurde in Stageira an der Ostküste der Halbinsel Chalkidiki geboren – und nicht in Athen; deshalb betrachteten ihn die Athener zeit seines Lebens als einen „Fremden", der für sie nicht „richtig dazugehörte".
Seit der Antike gibt es innerhalb der Philosophie auch die Diskussion, ob die Begegnung mit fremden Menschen und Kulturen die eigene Kultur bereichert oder ob sie eher eine Bedrohung darstellt.

1: Aristoteles (384–322 v. Chr.) war einer der berühmtesten griechischen Philosophen. Sein wichtigstes Buch zur Ethik* heißt „Die Nikomachische Ethik". Er soll es seinem 12-jährigen Sohn Nikomachos gewidmet haben.

Wir philosophieren: Der fremde Blick

Der fremde Blick ist eine Methode der Philosophie. Er soll Menschen helfen, sich in die Sichtweise von anderen hineinzuversetzen und die Welt mit ihren Augen zu sehen: Was wäre, wenn ich in ein fremdes Land ziehen würde, wo eine andere Sprache gesprochen wird? Was wäre, wenn ich krank wäre? Wie sähe die Welt aus, wenn ich ein Hund wäre? Wie bei einem Gedankenexperiment* stellt man sich vor, welche Gedanken und Gefühle dem anderen dabei durch den Kopf gehen.
Der fremde Blick wurde in der philosophischen Tradition insbesondere von Voltaire[2] in seinem Roman „Micromégas" (Kleiner Großer) angewendet. Micromégas stammt von einem Planeten, der den Sirius umkreist, und betrachtet die Erdbewohner mit den Augen eines Riesen. Der fremde Blick umfasst zwei Aspekte:

1. Schritt > Ich betrachte die Welt durch eine Lupe oder Brille und entdecke Dinge, die ich vorher nicht gesehen oder anders gesehen habe: z. B. äußere Dinge wie Farben, Formen, Licht und Schatten oder innere Dinge wie Charaktereigenschaften, Verhaltensweisen, Werte.

2. Schritt > Ich sehe die Welt mit fremden Augen: Ich versetze mich in eine Blume, einen Hund oder einen Außerirdischen und beurteile aus seiner Sicht unsere Welt.

2: Voltaire (1694–1778) war ein französischer Philosoph, der den fremden Blick insbesondere dazu benutzte, den französischen König Ludwig XVI. mithilfe außerirdischer Gestalten zu kritisieren. Eine direkte Kritik am König hätte ihn ins Gefängnis gebracht.

1. Tauscht Erfahrungen darüber aus, wie es ist, irgendwo fremd zu sein. Welche Ratschläge für ihr neues Leben in Köln würdet ihr Sina geben? Sammelt Ideen an der analogen oder digitalen Tafel.

2. Erklärt anhand eines Beispiels, warum der Mensch ein „Zoon politikon" ist.

3. Wendet den fremden Blick an und versetzt euch in Sinas Lage: Wie würdet ihr euch an ihrer Stelle fühlen? Schreibt dazu eine kleine Geschichte.

Diskutiert darüber, warum Fremdes manchmal als Bedrohung und manchmal als Bereicherung empfunden wird.

Fremde und Gäste

Der Clan der Sesshaften

Zwei Passagiere in einem Eisenbahnabteil. Wir wissen nichts über ihre Vorgeschichte, ihre Herkunft oder ihr Ziel. Sie haben sich häuslich eingerichtet, Tischchen, Kleiderhaken, Gepäckablagen in Beschlag genommen. Auf den freien Sitzen liegen Zeitungen, Mäntel, Handtaschen herum.
Die Tür öffnet sich und zwei neue Reisende treten ein. Ihre Ankunft wird nicht begrüßt. Ein deutlicher Widerwille macht sich bemerkbar, zusammenzurücken, die freien Plätze zu räumen, den Stauraum über den Sitzen zu teilen. Dabei verhalten sich die ursprünglichen Fahrgäste, auch wenn sie einander gar nicht kennen, eigentümlich solidarisch. Sie treten den neu Hinzugekommenen gegenüber als Gruppe auf. Es ist ihr Territorium, das zur Disposition steht. Jeden, der neu zusteigt, betrachten sie als Eindringling. […] Dennoch kommt es so gut wie nie zu offenen Auseinandersetzungen. […] Also werden nur Blicke getauscht und Entschuldigungsformeln zwischen den Zähnen gemurmelt. Die neuen Fahrgäste werden geduldet.
Nun öffnen zwei weitere Passagiere die Tür des Abteils. Von diesem Augenblick an verändert sich der Status der zuvor Eingetretenen. Eben noch waren sie Eindringlinge, Außenseiter; jetzt haben sie sich mit einem Mal in Eingeborene verwandelt. Sie gehören zum Clan der Sesshaften, der Abteilbesitzer, und nehmen alle Privilegien[1] für sich in Anspruch, von denen jene glauben, dass sie ihnen zustünden.

Hans Magnus Enzensberger[2]

1: Vorteile

2: Hans Magnus Enzensberger (geb. 1929) ist ein deutscher Schriftsteller. Er lebte und arbeitete als junger Mann zeitweise in anderen europäischen Ländern und auch in Amerika.

Wir brauchen Andere, um uns selbst zu verstehen

Fremde und Gäste sind eine merkwürdige Spezies[1]. Sie stehen im Spannungsfeld von Intimität und Ferne, Vertrautheit und Unheimlichkeit, Nähe und Distanz. Sie gelten als heilig und göttlich oder als gefährlich und böse. Dabei können eigentlich alle zum Gast und zum Fremden werden. Fremdes findet man überall, jenseits territorialer Grenzen, innerhalb des eigenen Landes, der eigenen Gemeinschaft [...]. Fremdes findet man auch in sich selbst. Fremdheit, soviel steht fest, ist unvermeidbar, denn wir brauchen das andere bzw. den anderen, um uns selbst zu verstehen. Der andere, als Gast oder Fremder, ist für das Eigene bestimmend, insofern ich nur etwas in Abgrenzung und in Bezug auf den anderen über mich selbst sagen kann [...]. Wer macht sich nicht Gedanken über sich, wenn er beabsichtigt, Gäste einzuladen? Und die Griechen machten die anderen zu Barbaren, weil jene nicht in der Lage waren, diese zu verstehen, und ihre Sprache sich lediglich in unverständlichen Geräuschen des „bla-bla" bzw. „bara-bara" äußerte.

Andreas Brenner[2] *und* **Jörg Zirfas**[3]

1: Art

2: Andreas Brenner (geb. 1964) lehrt Philosophie an der Universität Basel.

3: Jörg Zirfas (geb. 1961) lehrt Erziehungswissenschaft an der Universität Köln.

Alle Menschen sind meine Landsleute

Nicht weil Sokrates[4] das Gleiche gesagt hat, sondern weil es in Wahrheit meine eigene (von Überschwang vielleicht nicht ganz freie) Auffassung ist, betrachte ich alle Menschen als meine Landsleute. Ich umarme einen Polen genauso herzlich wie einen Franzosen, denn gegenüber den nationalen Banden haben die uns alle verbindenden für mich Vorrang. Ich neige kaum dazu, mich nach der Heimaterde zu verzehren. Völlig neue, völlig auf eigenem Entschluss gründende Bekanntschaften scheinen mir ebenso viel wert wie die alltäglichen, die sich aus zufälliger Nachbarschaft ergeben.

Michel de Montaigne[5]

4: Sokrates (siehe Seite 162)

5: Michel de Montaigne (siehe Seite 45)

1. Füllt die Sprechblase des Jungen in der Tür in eurem Heft aus: Was könnte er antworten?

2. Spielt die Situation im Eisenbahnabteil nach und erklärt, was sie mit der Situation des Jungen auf der Party zu tun hat.

3. Berichtet von eigenen Erlebnissen bei ersten Begegnungen mit Fremden und einem späteren Wandel.

4. Michel de Montaigne spricht von verbindenden „Banden" zwischen allen Menschen. Welche könnten das sein? Sammelt Ideen in Partnerarbeit. Berücksichtigt in euren Überlegungen auch Montaignes Gedanken, dass er alle Menschen als seine Landsleute betrachtet. Positioniert euch zu dieser Aussage.

Fasst die wesentlichen Aussagen des Textes von Andreas Brenner und Jörg Zirfas zusammen und erläutert den Gedanken, dass wir andere brauchen, um uns selbst zu verstehen.

Doppelte Heimat

Abgewiesen

1: Ali Can (geb. 1993) ist ein deutsch-türkischer Autor. Er gründete 2019 in Essen das „VielRespektZentrum“, wo er interkulturelle Workshops durchführt. Für sein Engagement wurde er mehrfach ausgezeichnet, u. a. mit dem Jugenddemokratiepreis. Sein vielbeachtetes Buch heißt: „Mehr als eine Heimat – Wie ich Deutschsein neu definiere“.

Ich war sechzehn und mit einigen Mitschülern in einem Club verabredet. Sie waren vermutlich schon drinnen, während ich noch alleine in der Schlange auf den Einlass wartete. Als ich endlich an der Reihe war, musterte einer der Türsteher ungewöhnlich lange meinen türkischen Personalausweis und wies mich schließlich mit einem Kopfschütteln ab. Ich war baff und wollte wissen, warum er mich nicht reinließ. „Zu voll“, antwortete er bloß und schob mich vom Eingang weg, um sich den nächsten Gästen zu widmen. Die Mädchen und Jungen nach mir ließ er rein. Ich war der Einzige, der abgewiesen wurde!
Vollkommen perplex stand ich auf einmal mutterseelenallein da. Ich merkte, wie manche Jugendliche aus der Schlange sich umdrehten und tuschelten. Am liebsten wäre ich im Erdboden versunken. Doch ich versuchte, mir meine Verletztheit nicht anmerken zu lassen. Fast hätte ich den Türsteher noch einmal angesprochen, ließ es dann aber doch bleiben, aus Angst, er könnte mich wieder bloßstellen oder sogar aggressiv werden. Mein Herz raste. Ich schwitzte und fühlte mich sehr unwohl in meiner Haut. Ich entfernte mich von der Menge und ging ein paar Schritte um das Gebäude herum auf einen verlassenen Parkplatz. So etwas wie eben war mir noch nie passiert! Statt mich zu beruhigen, verfluchte ich alle, die eben vor der Disco gestanden und einfach nur geschwiegen hatten, als ich abgewiesen wurde. Dabei hatte der Typ offensichtlich gelogen – der Club war ja gar nicht voll!

Ali Can[1]

Wissen und Merken: Hashtag „Me Two“

Ali Can rief 2018 das Hashtag „Me Two“ ins Leben. Dort können sich Menschen melden, mit und ohne Zuwanderungsgeschichte, um über Diskriminierungserfahrungen im Alltag zu sprechen. Für Can ist die deutsche Gesellschaft keine Einheitskultur, sondern sie wird durch die vielfältigen kulturellen Wurzeln ihrer Bürgerinnen und Bürger geprägt.

Ich habe verschiedene Wurzeln

Schon als Kind wünschte ich mir, ein Deutscher zu sein und als gleichwertiger Teil der Gesellschaft wahrgenommen zu werden. Ich empfand es als Makel, wenn mir durch Fragen oder Blicke vermittelt wurde, dass ich anders sei. Es war nicht einfach, mich zwischen den Stühlen zurechtzufinden. Da war die lange Zeit ungeklärte Asylsituation, aber eben auch immer wieder die Frage, ob ich nun Türke oder Kurde war, Deutscher oder Ausländer. Oft wusste ich selbst nicht, wohin ich nun eigentlich gehörte.
Manchmal wollte ich einfach nicht „der Ausländer" sein und habe es entsprechend genossen, wenn ich mit meinen deutschen Freunden etwas unternehmen konnte, ohne dass meine Herkunft thematisiert wurde. War ich wiederum mit meinen „ausländischen" Freunden zusammen, sahen wir uns selbst als Ausländer an, die irgendwie anders waren als Deutsche. Aufgrund dieser Gemeinsamkeit war da auch ein Gefühl von Zusammengehörigkeit, erst recht, wenn wir auf irgendeine Art mit Rassismus konfrontiert waren. Hatte ich mit türkisch-nationalistisch geprägten Leuten zu tun, war ich der Kurde. In der Schule wiederum war ich der Türke – ich hatte ja auch den türkischen Pass und bin in der Türkei geboren.

Ali Can

Die Verwurzelung des Menschen

Verwurzelung ist wohl das wichtigste und am meisten verkannte Bedürfnis der menschlichen Seele. Es zählt zu denen, die sich nur sehr schwer definieren lassen. Der Mensch hat eine Wurzel durch seinen wirklichen, aktiven und natürlichen Anteil am Dasein eines Gemeinwesens, in dem gewisse Schätze der Vergangenheit und gewisse Vorahnungen der Zukunft am Leben erhalten werden. Natürlicher Anteil heißt: automatisch gegeben durch den Ort, die Geburt, den Beruf, die Umgebung. Jeder Mensch braucht vielfältige Wurzeln. Fast sein gesamtes moralisches, intellektuelles und spirituelles Leben muss er durch jene Lebensräume vermittelt bekommen, zu denen er von Natur aus gehört.

Simone Weil

1: Simone Weil (1909–1943) war eine französische Philosophin. Sie kannte das Problem der Verwurzelung aus eigener Erfahrung, denn sie musste als Jüdin nach England fliehen, wo sie im 2. Weltkrieg verwundete britische Soldaten versorgte. Dort schrieb sie kurz vor ihrem Tod das Buch „Die Verwurzelung".

1. Versetzt euch in die Situation von Ali Can, der vor der Diskothek steht. Hätte er anders handeln können und sollen? Beurteilt auch das Verhalten der umstehenden Gäste. Bezieht in eure Diskussion das Foto mit ein.

2. Ali hat verschiedene Wurzeln. Erklärt, warum er sich immer gewünscht hat, ein „richtiger Deutscher" zu sein.

3. Deutet anhand von Alis Situation den Gedanken von Simone Weil, dass der Mensch vielfältige Wurzeln braucht.

Informiert euch im Internet über „Me Two" und das VielRespektZentrum in Essen und stellt die Ergebnisse in der Philosophiegruppe vor.

Toleranz ist manchmal schwierig

Intoleranz gestern und heute – zwei Beispiele

Die amerikanische Philosophin Martha Nussbaum (geb. 1947) traf in den 1950er Jahren auf dem Nachhauseweg von der Schule ein schwarzes Mädchen mit einer schwarzen Puppe, die ihr gefiel. Beide Mädchen gingen zu Martha nach Hause und tauschten ihre Puppen. Marthas Mutter zog zwar die Augenbrauen hoch, als sie Marthas neue Freundin sah, sagte aber nichts. Als der Vater am späten Nachmittag nach Hause kam, schlug er mit der Faust auf den Tisch und schrie seine Tochter an, warum sie mit einem schwarzen Mädchen spielen würde. Ein weißes Mädchen sollte doch wissen, mit wem sie spielt und mit wem nicht. Martha sah ihren Vater an und antwortete ihm, dass sie immer mit allen netten Kindern spielen werde.

Aydan und Sabrina sitzen in der Schulkantine und trinken einen Eistee. Sie tuscheln miteinander und schauen auch nach den Jungen aus der 8b, die am Nebentisch sitzen. Plötzlich kommt eine Gruppe anderer Jungen an den Tisch und umzingelt Aydan. „Warum schaust du nach den Jungen?“, fragt einer von ihnen. „Das macht ein anständiges Mädchen nicht!“ Sabrina wird rot vor Wut und schreit die Gruppe an: „Was geht euch das an, was Aydan macht? Das ist ganz allein ihre Sache!“ Einer der Jungen schlägt mit der Faust auf den Tisch. „Du mischst dich da nicht ein! Wir sagen nur unsere Meinung, das hast du zu akzeptieren!“

Barbara Brüning

Wissen und Merken: Warum Toleranz?

„Toleranz“ leitet sich ab vom Lateinischen *tolerare* (ertragen, aushalten, erdulden) und meint die Fähigkeit und Bereitschaft, das Anderssein des anderen zu akzeptieren oder wenigstens auszuhalten. Toleranz ist somit die Berücksichtigung von Differenz und Pluralität. Sie ist Teil der Wirklichkeit, man kann ihr nicht entfliehen, muss ihr vielmehr Rechnung tragen – unter Umständen zähneknirschend, aus Gründen der politischen Vernunft, vielleicht aber auch aufgrund von Respekt. [...] Toleranz lässt das andere und den anderen leben; ohne Toleranz hätte sich die Menschheit aufgrund ununterbrochener Kämpfe längst selbst vernichtet.

Nach **Joachim Gauck**[1]

1: Zu **Joachim Gauck** siehe die Seite 195.

„Wir wollen unseren eigenen Weg gehen“

Im folgenden Text berichtet der ehemalige Bundespräsident Deutschlands, Joachim Gauck, von Begegnungen mit zwei jungen Türkinnen.

Wie ein ganz normaler Druck innerhalb einer eingewanderten Community[1] aussehen kann, schildert in seltener Offenheit die junge Tuba Sarica, deren Eltern aus der Türkei einwanderten. Wenn sie abends ausgehen, wenn sie einen Minirock tragen, wenn sie eine eigene Wohnung anmieten oder einen deutschen Freund haben wollte: Immer stieß sie auf die deutliche Missbilligung von Familie und Verwandten. „Wenn du die Leitkultur des Landes leben willst, in dem du wohnst, wirst du beschuldigt, deine Familie nicht zu lieben und den Islam zu verschmähen.“ Nie war es nur die Mutter, die sie kritisierte. Hinter der Mutter standen die Verwandten und die Bekannten, letztlich die ganze „Community“, die voraussetzte, „dass jeder Deutschtürke so denkt wie sie, und sie glauben sogar, dass sie einen Anspruch auf dich haben“.
„Warum vertreibt ihr mich?“, fragte deswegen die Schauspielerin Sibel Kekilli[2] auf einer Veranstaltung, zu der ich 2015 als Bundespräsident gemeinsam mit der Frauenrechtsorganisation Terre des Femmes[3] ins Schloss Bellevue eingeladen hatte. „Warum muss ich weg, wenn ich nicht den mit Regeln vollgepflasterten Weg gehe, den ihr mir aussucht? Warum wollt ihr mir ein Korsett aus starren Regeln und Pflichten überstreifen und immer fester schnüren, wenn ich so doch nicht mehr atmen kann?“ Sie sprach damals keinen Text aus irgendeinem Drehbuch, sie sprach über sich, der die Familie jeden Kontakt aufgekündigt hatte, als sie sich zu einem eigenständigen Weg entschied. „Warum versteht ihr nicht, dass Freiheit nichts Bedrohliches hat, dass sie einem nichts tut, sondern nur eine Chance auf Selbstentfaltung bedeutet? Wie könnt ihr Toleranz erwarten, wenn ihr selbst nicht zu tolerieren imstande seid?“

Joachim Gauck

1: Gruppe von Menschen aus einem bestimmten Kulturkreis

2: Sibel Kekilli wurde 1980 in Heilbronn als Tochter türkischstämmiger Eltern geboren. Sie war u. a. die Hauptdarstellerin in dem preisgekrönten Film „Gegen die Wand“ von Fatih Akin, einem Beziehungsdrama in der deutsch-türkischen Community.

3: Der Verein „Terre des Femmes“ (französisch „Erde der Frauen“) wurde 1981 in Hamburg gegründet. Er setzt sich weltweit dafür ein, dass Frauen und Mädchen ein selbstbestimmtes Leben führen können. Schwerpunktthemen sind Zwangsheirat und Frauenhandel.

„In einer liberalen Gesellschaft müssen die Freiheitsrechte auch dem Schutz von Individuen vor dem Druck der eigenen Gruppe dienen. Diese Menschen, die den Weg in ihre Freiheit nicht selten mit dem Bruch mit der Familie bezahlen müssen, sollten unserer Solidarität und Unterstützung sicher sein können.“
Joachim Gauck

1. Diskutiert das Verhalten der Beteiligten bei den geschilderten Vorfällen (Seite 62): Wer war nach eurer Auffassung jeweils nicht tolerant? Hätten Martha sowie Sabrina und Aydan die Probleme auch anders lösen können? Bezieht das Foto mit ein, aber auch eigene Erlebnisse in ähnlichen Situationen.
2. Jede(r) schreibt auf, was sie oder er unter „Toleranz“ versteht. Bildet nach der Methode „Lerntempo-Duett“* Arbeitspaare und vergleicht eure Ergebnisse mit den Ausführungen zur Toleranz unter „Wissen und Merken“.
3. Tuba Sarica und Sibel Kekilli möchten ihren eigenen Weg gehen. Sucht nach Gründen im Text, warum sie ihre Entscheidungsfreiheit betonen (zu Freiheitsrechten eines jeden Menschen siehe auch die Seiten 112/113).
4. Diskutiert über Grenzen der Toleranz, auch in einem freiheitlichen Land. Bezieht dabei die Äußerung von Joachim Gauck in der Randspalte ein.

Überlegt, ob und inwiefern sich die Erfahrungen von Ali Can (siehe Seite 60/61), Tuba Sarica und Sibel Kekilli unterscheiden.

Wissen und Können:
Die Frage nach dem Anderen

Das kann ich: Begriffe erklären und zuordnen

1. Erklärt[1] in einem Frage- und Antwortspiel in Partnerarbeit die obigen Begriffe und die damit verbundenen philosophischen Probleme: Eine(r) von euch fragt, der oder die andere antwortet. Dann wechselt ihr. Das Spiel ist beendet, wenn ihr alle Begriffe geklärt habt.
2. Bildet kleine Gruppen. Ordnet die Begriffe den folgenden Philosophinnen und Philosophen und Persönlichkeiten zu: Aristoteles, Arthur Schopenhauer, Mechthild von Magdeburg, Markus Tiedemann, Richard David Precht, Platon, Sappho, Michel de Montaigne, Björn Vetter, Joachim Gauck, Ali Can, Simone Weil, Andreas Brenner und Jörg Zirfas.

1: Wenn du bei der Erklärung eines Begriffs unsicher bist, kannst du im Anhang unter „Hilfen und Tipps“ (Seiten 226/227) nachschlagen, auf welcher Kapitelseite der Begriff im Mittelpunkt steht. Bearbeite diese Seite dann nochmals – am besten mit einer Partnerin oder einem Partner.

Das kann ich: Stellung nehmen und argumentieren[2]

- zur Frage, warum Liebe ein wichtiges Thema für uns Menschen ist (siehe die Seiten 38/39).
- zur Frage, ob Platons bzw. Aristophanes' Vorstellungen von Liebe heute noch aktuell sind (siehe die Seiten 40–43).
- zur Frage, ob Familienmitglieder befreundet sein können (siehe die Seiten 38–41).
- zur Frage, ob Freundschaft auch nützlich sein darf (siehe die Seiten 44/45).
- zur Frage, ob Freundschaft im Internet möglich ist (siehe die Seiten 46/47).
- zur Frage, warum Menschen unterschiedliche sexuelle Orientierungen haben können (siehe die Seiten 52–55).
- zur Frage, warum sich Menschen manchmal fremd fühlen (siehe die Seiten 56/57).
- zur Frage, warum wir Fremde oft ablehnen, obwohl wir sie gar nicht kennen (siehe die Seiten 58–60).
- zur Frage, warum die Verwurzelung für den Menschen wichtig ist (siehe die Seite 61).
- zur Frage, warum es manchmal schwierig ist, tolerant zu sein (siehe die Seiten 62/63).
- zur Frage, wo die Grenzen von Toleranz liegen (siehe die Seite 63).

2: Suche dir eine Frage aus und schreibe einen Miniaturtext oder eine Erörterung dazu. Vergiss nicht, deine Meinung durch Argumente zu stützen. Hinweise zum Abfassen von Miniaturtexten sowie Stellungnahmen bzw. Erörterungen findest du im Anhang, Seiten 235 und 233.

Das probiere ich aus: Ein Liebesquartett entwerfen

Mechthild von Magdeburg hat auf der Seite 38 verschiedene Formen der Liebe vorgestellt. Ihr habt im Laufe des Kapitels noch weitere Formen kennen gelernt.

1. Stellt auf einem Extra-Blatt oder in eurem Heft die folgenden Formen der Liebe schriftlich in einem Satz dar:
   Elternliebe ist für mich …
   Liebe zwischen Mädchen und Jungen bedeutet …
   Nächstenliebe heißt …
   Nun setzt ihr noch eine selbstgewählte Form ein: …
2. Nachdem ihr die vier Formen der Liebe beschrieben habt, gestaltet ihr vier Gegenstände, die in der entsprechenden Form der Liebe eine Rolle spielen, z. B. bei der Elternliebe einen Kinderwagen. Ihr zeichnet die Gegenstände auf vier kleine Kärtchen.
3. Nun mischt ihr die Kärtchen und spielt in Vierergruppen Quartett nach den Spielregeln des Quartetts. Wer vier Karten von der gleichen Liebesform zusammen hat, sagt: „Halt" und erläutert die Liebesform. Gewonnen hat, wer am Schluss keine Karten mehr in den Händen hält.
4. Wertet euer Spiel gemeinsam aus und überlegt, welche Form der Liebe am schwierigsten zu erklären war.

3. Die Frage nach dem guten Handeln

Lust und Pflicht / Gewalt und Aggression

Handeln allein ist das ausschließliche Vorrecht des Menschen;
weder Tier noch Gott sind des Handelns fähig.

Hannah Arendt, deutsch-jüdische Philosophin*

1. Erörtert, warum Hannah Arendt das „Handeln" allein dem Menschen zuordnet und erweitert ihren Gedanken, indem ihr Handeln und Moral* in Beziehung setzt.
2. Betrachtet die Bilder. Überlegt euch, was in den dargestellten Situationen moralisch gutes Handeln wäre. Schreibt es auf und bewertet die Bilder am Schluss erneut.

In diesem Kapitel lernst du

- Pflichten und Rechte zu unterscheiden
- warum Arbeit eine Pflicht ist
- Egoismus und Altruismus zu unterscheiden
- verschiedene Auffassungen über den Ursprung der Moral kennen
- welche Folgen Gewalt für Opfer und Täter hat
- Lösungen für Konflikte zu finden

Du nutzt als Methoden

- Hinweise zur Erschließung philosophischer Texte
- Begriffe klären
- eine Pro- und Kontra-Debatte führen
- sich in andere hineinversetzen
- Internet-Recherchen

... und beurteilst und bewertest

- ob man eher nach Lust oder Pflicht handeln sollte
- ob Arbeit das Wichtigste im Leben ist
- ob moralisches Handeln aus Gefühl oder Vernunft geschieht
- ob Aggression zum Menschsein gehört
- ob man Konflikte immer gewaltfrei lösen kann

Alles nur Fun?

Spaß muss sein, aber ...

Der Begriff „Spaßgesellschaft“ stammt aus den 1990er Jahren. Er drückt aus, dass viele Menschen ein Höchstmaß an Genuss in ihrem Leben erreichen wollen.

Jugendliche können ihr Leben in vollen Zügen genießen. Gerade in den Ferien scheinen die verdiente Freizeit und der Spaß nicht enden zu wollen. Doch nach sechs Wochen schulfreier Zeit ist die Rückkehr ins Klassenzimmer doch halb so schlimm, oder? „Spaß muss sein, aber in Maßen“ lautet die Devise.
Auf Dauer machen wochenlanges „im Bett rumgammeln“, im Internet surfen, YouTube-Videos gucken und bis vier Uhr morgens Serien „suchen“ einfach nicht besonders viel Spaß. Man weiß nichts mit sich anzufangen. Irgendwann sehnt man sich nach einer Abwechslung, nach etwas Sinnvollem.
Jeder Mensch braucht meiner Ansicht nach eine sinnvolle Beschäftigung, ein Ziel im Leben, dem er oder sie nachgehen kann. Das eigene Leben sollte einen Sinn erfüllen. Wirkliche Zufriedenheit kann man meiner Meinung nach also ausschließlich dadurch erlangen, dass man seine Träume und Ziele verwirklicht. Für die meisten Menschen ist Schulbildung und eine geeignete Arbeit unerlässlich, um ein erfülltes Leben zu führen. Als Teenager muss man lernen, Verantwortung für sein Leben zu übernehmen.
Daher ist es wichtig, dass es ein ausgewogenes Verhältnis zwischen Freizeit, Spaß und Arbeitszeit gibt. Natürlich darf der Spaß im Leben eines Teenagers nicht zu kurz kommen; das ist selbstverständlich. Aber trotzdem sollte man sich darüber im Klaren sein, dass diese Art von Spaß allein einen Menschen auf Dauer nicht glücklich macht.

Marie, *14 Jahre*

Genuss um jeden Preis?

Bereits vor 2500 Jahren beschäftigte sich die griechische Philosophin Theano in einem Brief an ihre Freundin Eubule mit der Frage, ob und in welchem Maß Jugendliche ihr Leben genießen sollten. Da Mädchen keine freien Bürgerinnen waren, spricht sie in dem Brief nur von Jungen.

Ich höre, dass Du Deine Kinder verwöhnst. Es ist Sache einer guten Mutter, nicht die Genusssucht der Kinder zu fördern, sondern sie zur Besonnenheit zu erziehen. Sieh zu, dass Du nicht das Werk einer Mutter tust, die nicht liebt, sondern sich bei ihren Kindern einschmeichelt. Wenn Kinder zu viel genießen, neigen sie zu Übertreibungen. [...]

Man muss den Nachwuchs auch an das Fürchterliche gewöhnen, selbst wenn man ihm Schmerzen und Mühen zumutet. Wer alles leichtgemacht bekommt, ist auf Genüsse scharf und gegen Anstrengungen widerwillig. [...] Auch darf man den Nachwuchs nicht essgierig durch kostspielige Speisen und unbeherrscht durch mutwillige Spiele machen und ihn alles sagen und alles tun lassen. [...]

Du erziehst Deine Kinder [...], indem Du die Natur der Jungen durch Genüsse verweichlichst. Was wird wohl ein Junge leisten, der weint, wenn er nicht möglichst schnell zu essen bekommt, und der, wenn er isst, die Leckerbissen aus dem Essen herauspickt? Er wird wohl, wenn es heiß ist, erschlaffen und wenn es kalt ist zusammenbrechen. Und wenn ihn einer tadelt, dann wird er sich widersetzen, und wenn ihm jemand nicht zu seinem Vergnügen verhilft, dann wird er ihm das Übel nehmen. Kurzum: Ohne Genuss wird ihm langweilig werden [...]. Sieh zu, meine Liebe, dass es bei deinen Kindern nicht so ist wie bei schlechtversorgten Weinreben, die den Ertrag schuldig bleiben. Wer nur den Luxus liebt, wird das Übel der Überheblichkeit und der vollständigen Nutzlosigkeit hervorbringen. Leb wohl.

Nach **Theano von Kroton**[1]

1: Theano von Kroton lebte ungefähr im 5. Jahrhundert vor Christus. Sie gilt als die erste Philosophin der Weltgeschichte und war mit dem Mathematiker Pythagoras verheiratet.

1. Erläutert, welche Rolle Spaß und Genuss in eurem Leben spielen. Formuliert ein ähnliches Statement wie Marie.

2. Schreibt einen fiktiven Brief* an Theano. Begründet darin, welche ihrer Ansichten ihr teilt und welche nicht.

3. Luxus macht den Menschen nutzlos? Stimmt ihr Theano zu? Führt dazu eine Pro- und Kontra-Debatte (Seite 89).

Erläutert den Begriff „Spaßgesellschaft". Recherchiert dazu im Internet und klärt den Begriff durch eine Definition (siehe Seite 81).

Alles nur Pflicht?

Was ich später machen will[1]

Wenn ich mit meiner Schule fertig bin, dann will ich natürlich heiraten. Heiraten und dann Kinder kriegen, das will ich natürlich. Ich liebe Kinder.
weiblich, 15 Jahre

Mit 20? Ich werde heiraten. Ich arbeite.
weiblich, 14 Jahre

Erst mal die Schule fertig, dann Studium und dann einen Job finden. Irgendwann auch eine Freundin finden und die richtige, und, und, und.
männlich, 15 Jahre

Es gibt ja diese Diskussion: Ist es besser, wenn man früher Mutter wird, oder ist es besser, wenn man später Mutter wird, dann kann man davor Karriere machen? Ich möchte auf jeden Fall nicht so früh Mutter werden. Ich bin auch nicht die Art von Frau, die sagt, ich möchte unbedingt drei Kinder haben.
weiblich, 17 Jahre

1: Die vier Aussagen stammen von Jugendlichen, die anonym befragt worden sind.

Wissen und Merken: Arbeit und Pflicht

Arbeit (lateinisch *arvum* = „Ackerland“) kann einerseits als mühselige Pflicht angesehen werden; das Erledigen einer Aufgabe bedeutet viel Mühe, wenn sie als besonders beschwerlich empfunden wird. Andererseits ist Arbeit nötig, um den Lebensunterhalt zu verdienen. Wer Lebensziele verwirklichen will, muss, wenn er oder sie kein großes Vermögen besitzt, arbeiten.
Die Arbeit dient nicht nur der Umsetzung eigener Lebensziele, sie steigert und sichert auch den Wohlstand einer Gesellschaft insgesamt. Davon profitiert wiederum jedes ihrer Mitglieder, indem zum Beispiel mehr Konsumgüter zur Verfügung stehen oder Arbeitslose staatliche Unterstützung bekommen können. Dabei gilt das Prinzip der Arbeitsteilung, nach dem die Arbeitenden sich auf bestimmte Arbeiten spezialisieren. Je nützlicher oder angesehener eine Arbeit für die Gesellschaft ist, desto mehr Geld bekommt er oder sie im Allgemeinen dafür. Indem Menschen arbeiten, erfüllen sie eine wichtige Pflicht gegenüber der Gesellschaft. Das schließt auch die Vorbereitung auf die Arbeitswelt der Erwachsenen in der Schule ein, weshalb in den meisten Ländern der Welt eine Schulpflicht gilt.

Erst die Arbeit, dann das Vergnügen?

Fast jeden Schultag die gleiche Situation: Leo kommt nach Hause, wirft seine Schultasche in die Ecke seines Zimmers und dreht erst mal Musik auf. Dann setzt er sich an seinen Computer, um zu „zocken". Gegen 16:00 Uhr hat er Fußballtraining, dann muss er wieder los, und die paar Hausaufgaben, so denkt er, haben Zeit bis heute Abend.
Sein Vater lässt Leo erst mal in Ruhe, kommt dann aber in sein Zimmer und erinnert ihn an seine Pflichten: „Leo, du willst mal Jura studieren und eine Familie haben, wie soll das gehen, wenn du nicht lernst, dich erst mal an deine Hausaugaben zu setzen? Erst die Arbeit, dann das Vergnügen!"
Leo geht diese ewige Leier auf die Nerven: „Ich habe jetzt aber keine Lust, und außerdem gleich Fußball-Training. Die Aufgaben haben Zeit." – „Das sagst du jeden Tag, und dann werden die Aufgaben abends noch irgendwie hingeschmiert oder gar nicht mehr gemacht", antwortet sein Vater. „Erst letzte Woche musste ich eine Mitteilung deines Deutschlehrers unterschreiben, dass du dreimal keine Hausaufgaben gemacht hattest. Und daher haben sich deine Leistungen in Deutsch – auch in Mathe und Englisch – verschlechtert. Wie willst du so das Abitur schaffen und deine Lebenspläne umsetzen? Dazu musst du das, wozu du Lust hat, auch mal verschieben können, und erst mal deine Pflicht tun!"
„Ich bin alt genug, das selbst zu entscheiden, und ich lebe jetzt. Was später sein wird, weiß sowieso keiner." – „Dann könntest du wenigstens mal den Mülleimer rausbringen, und in deinem Zimmer muss auch noch aufgeräumt werden." – „Auch das hat Zeit, und wer sagt überhaupt, dass es immer ordentlich sein muss?" Entnervt verlässt Leo die Wohnung und fährt zum Training.

Roland W. Henke

1. Wisst ihr schon, was ihr später werden wollt? Schreibt eure Wünsche auf und stellt sie euch gegenseitig vor. Tragt zusammen, was ihr jeweils tun müsst, damit diese Wünsche in Erfüllung gehen.

2. Gebt die Aussagen über Arbeit und Pflicht (siehe Seite 70) wieder, indem ihr sie in zwei Spalten, bezogen auf den einzelnen Menschen und die Gesellschaft, ordnet und den Zusammenhang zwischen beiden Spalten erklärt.

3. Versetzt euch in die Lage des Vaters und in die von Leo: Schreibt jeweils einen inneren Monolog, wie er sich an die beschriebene Szene anschließen könnte. Diskutiert, inwieweit Leo oder sein Vater jeweils Recht hat.

4. Stellt weitere Pflichten zusammen und sprecht darüber, ob und inwiefern man sie erfüllen sollte, auch wenn man keine Lust dazu hat.

Beschreibt Tätigkeiten, die euch trotz anfänglicher Unlust schließlich doch Spaß gemacht haben. Was zeigt dieser Wandel über das Verhältnis von Pflicht und Lust?

Philosophisches Forum:
Muss ich arbeiten oder darf ich auch faul sein?

Arbeiten als Pflicht innerhalb der Gesellschaft

1: Existenzsicherung

2: Adjektiv von „Muße“, d. h. die Zeit, in der man in aller Ruhe eigenen Interessen nachgehen kann.

3: In der Biologie ist ein Schmarotzer ein Organismus, der sich an ein Lebewesen hängt und dessen Nahrung aufsaugt, also auf dessen Kosten lebt.

4: Jean-Jacques Rousseau (1712–1778) war ein Schweizer Philosoph. Er hat neben zahlreichen philosophischen Werken auch pädagogische Texte verfasst. In seinem Buch „Émile oder Über die Erziehung“ beschreibt er die Entwicklung eines Jungen von der Geburt bis zur Heirat.

Denken wir uns zehn Menschen, von denen jeder zehn Bedürfnisse hat. Jeder muss sich also zur Befriedigung seiner Bedürfnisse zehn verschiedenen Beschäftigungen widmen. Da aber jeder verschieden begabt und geschickt ist, so wird einer das, der andere jenes schlechter machen. [...] Und bilden wir aus den zehn Menschen eine Gesellschaft und jeder widmet sich für sich und für die neun anderen derjenigen Beschäftigung, die ihm am besten liegt. [...] Jeder vervollkommnet sein Talent durch dauernde Übung, und so kommt es dahin, dass nicht nur alle zehn vollkommen versorgt sind, sondern noch Überschuss für andere haben. [...]

Nach diesem Prinzip könnte ein Mensch, der sich als isoliertes Wesen betrachtet, an niemanden anschließt und völlig sich selbst genügen will, nur unglücklich sein. [...]

Der Mensch und Bürger, er sei, was er wolle, kann der Gesellschaft nichts anderes geben als sich selbst, denn seine anderen Güter gehören ihr ohnehin. [...] Ein Rentner, den der Staat für sein Nichtstun bezahlt, unterscheidet sich in meinen Augen nicht von einem Straßenräuber, der auf Kosten der Reisenden lebt. Wer außerhalb der Gesellschaft lebt, schuldet niemandem etwas und hat das Recht zu leben, wie es ihm gefällt. In der Gesellschaft aber lebt er notwendigerweise auf Kosten der anderen: Er schuldet ihnen Arbeit als Preis für seinen Unterhalt[1]. Das gilt ohne Ausnahme. Arbeiten ist also eine unerlässliche Pflicht des Menschen innerhalb der Gesellschaft. Arm oder reich, mächtig oder schwach, jeder müßige[2] Bürger ist ein Schmarotzer[3].

Jean-Jacques Rousseau[4]

Lob des Müßiggangs

Ich glaube […], dass in der Welt viel zu viel gearbeitet wird, dass die Überzeugung, Arbeiten sei an sich schon vortrefflich und eine Tugend*, ungeheuren Schaden anrichtet, und dass es nottäte, den modernen Industrieländern etwas ganz anderes zu predigen, als man ihnen bisher immer gepredigt hat. […]
Dank der modernen Technik braucht heute Freizeit und Muße, in gewissen Grenzen, nicht mehr das Vorrecht kleiner bevorzugter Gesellschaftsklassen zu sein, könnte vielmehr mit Recht gleichmäßig allen Mitgliedern der Gemeinschaft zugutekommen. […]
Wenn auf Erden niemand mehr gezwungen wäre, mehr als vier Stunden täglich zu arbeiten, […] wird es wieder Glück und Lebensfreude geben, statt der nervösen Gereiztheit, Übermüdung und schlechten Verdauung. Man wird genug arbeiten, um die Muße genießen zu können, und doch nicht bis zur Erschöpfung arbeiten müssen. Wenn die Menschen nicht mehr müde in ihre Freizeit hineingehen, dann wird es sie auch bald nicht mehr nach passiver und geistloser Unterhaltung verlangen. […] Die normalen Männer und Frauen werden, da sie die Möglichkeit haben, ein glückliches Leben zu führen, gütiger und toleranter und anderen gegenüber weniger misstrauisch sein. […]
Die Lust am Kriegführen wird aussterben, teils aus diesem Grunde und teils, weil Krieg für alle lang dauernde, harte Arbeit bedeuten würde. […] Bisher sind wir noch immer so energiegeladen arbeitsam wie zur der Zeit, als es noch keine Maschinen gab; das war sehr töricht von uns, aber sollten wir nicht auch irgendwann einmal gescheit werden.

Bertrand Russell [1]

1: Bertrand Russell (1872–1970) studierte im englischen Cambridge Mathematik und Philosophie. Ende der 1920er Jahre gründete er mit seiner Frau eine antiautoritär ausgerichtete Privatschule. 1950 erhielt er den Nobelpreis* für Literatur für sein Buch „Ehe und Moral“.

1. Vergleicht die Auffassungen von Jean-Jacques Rousseau und Bertrand Russell: Wie begründet Rousseau die Pflicht zur Arbeit und was setzt Russell dagegen?

2. Welche Position entspricht eurer Sichtweise? Verfasst einen fiktiven Brief* an den Philosophen, dessen Meinung ihr nicht teilt, und erklärt ihm eure eigene Position.

Stellt euch vor, ihr würdet eine Menge Geld erben und hättet bis ans Ende eures Lebens ausgesorgt. Würdet ihr trotzdem die Schule beenden, einen Beruf erlernen und arbeiten gehen wollen? Diskutiert: Was würden euch die beiden Philosophen raten?

Egoistisch oder altruistisch leben?

Weil im antiken Israel, wo schon vor über 2000 Jahren die meisten Juden lebten, sehr viele Menschen arm waren und wenig zu essen hatten, gestattete die Hebräische Bibel den Mundraub*[1].

1: Auch das deutsche Gesetz erlaubte bis 1975 die Entwendung von Lebensmitteln durch Bedürftige – in geringer Menge oder von geringem Wert zum alsbaldigen Verbrauch –, im Volksmund „Mundraub" genannt.

Zuerst die Grundbedürfnisse

Wenn du zum Weinberg deines oder deiner Nächsten kommst, kannst du so viele Trauben essen, bis du satt bist. Allerdings darfst du sie nicht in ein Gefäß tun. Wenn du in das Getreidefeld deines oder deiner Nächsten kommst, kannst du mit der Hand Ähren abreißen, aber die Sichel darfst du dort nicht schwingen.

5. Buch Mose, 23, 25f.

Jeder sucht sein eigenes Glück

Zweifellos – jeder ist von der Natur in erster Linie und hauptsächlich seiner eigenen Fürsorge anvertraut worden; und da er mehr dazu geeignet ist, für sich selbst zu sorgen als für irgendeinen anderen, so ist es recht und billig, dass er für sich selbst sorgt. Daher liegt jedermann weit mehr an demjenigen, was ihn selbst direkt betrifft, als an dem, was einen anderen angeht. Es wird in geringerem Grade unsere Anteilnahme erwecken, wenn wir etwa vom Tod eines Menschen hören, zu dem wir nicht in besonderer Beziehung gestanden sind, und es wird diese Nachricht weit weniger unsere Ruhe stören als irgendein ganz unbedeutender Unfall, der uns selbst zugestoßen ist. […]

Mag auch jeder, wie das Sprichwort sagt, sich selbst die ganze Welt sein, für die übrigen Menschen ist er ein recht unbedeutender Teil derselben. Mag ihm selbst seine eigene Glückseligkeit wichtiger sein als die der ganzen übrigen Welt, für die anderen ist sie doch nicht von größerer Bedeutung als die eines jeden sonstigen Menschen. […] Jeder fühlt, dass die anderen seinen Hang, sich selbst den Vorzug zu geben, niemals werden nachfühlen können, und dass er ihnen – so natürlich er auch für ihn selbst sein mag – doch immer als übertrieben erscheinen muss. […]

Die anderen aber werden ihm seine Selbstliebe so weit nachsehen, dass sie ihm gestatten werden, um sein eigenes Glück in höherem Maße besorgt zu sein und es mit mehr Ernst und Beharrlichkeit anzustreben als dasjenige irgendeiner anderen Person. Soweit werden sie seine Selbstliebe bereitwillig nachfühlen, sobald sie sich in seine Lage versetzen, denn auch sie sind in erster Linie um ihr Glück besorgt.

Nach **Adam Smith**[2]

2: Adam Smith (1723–1790) war ein schottischer Philosoph, der eine Theorie der moralischen Gefühle entwickelt hat. Die Selbstliebe ist für ihn die Grundlage jedes moralischen Handelns (siehe auch Seite 77).

Auch daran denken, wie es den anderen geht

Auch in einer Notsituation sollte man die Bedürfnisse von anderen Menschen beachten. Wenn ich anderen Kindern Lebensmittel wegnehme, dann müssen sie hungern. Man sollte sich immer die Frage stellen, was haben die anderen davon, wenn ich das jetzt mache? Es ist wichtig, auch die Interessen von anderen Menschen mit in den Blick zu nehmen.

Nellie

„Brot für die Welt" ist das Hilfswerk der Evangelischen Kirche. Es wurde 1959 nach einer Hungersnot in Indien gegründet. Siehe *www.brot-fuer-die-welt.de*

Für andere Menschen da sein

Wie merkwürdig ist die Situation von uns Erdenkindern. Für einen kurzen Besuch ist jeder da. Er weiß nicht, wofür, aber manchmal glaubt er, es zu fühlen. Von einem Standpunkt des täglichen Lebens, ohne tiefere Reflexion, weiß man aber: Man ist da für die anderen Menschen – zunächst für diejenigen, von deren Lächeln und Wohlsein das eigene Glück völlig abhängig ist, dann aber auch für die vielen Unbekannten, mit deren Schicksal uns ein Band des Mitfühlens verkettet.

Albert Einstein [3]

3: Albert Einstein (1879–1955) war ein deutscher Physiker, der 1921 für seine Forschungen zu Raum und Zeit den Nobelpreis* für Physik erhielt. Wegen seiner jüdischen Herkunft flüchtete er 1933 in die USA. Als Friedensaktivist veröffentlichte Einstein nach dem Zweiten Weltkrieg auch Essays* zur Ethik.

Wissen und Merken: Egoismus und Altruismus in der Ethik*

Altruistisch handeln (lateinisch *alter* „der andere") heißt, dass jemand sich in erster Linie am Wohlergehen von anderen orientiert, ehe er an sich selbst denkt. Eine solche Einstellung gilt als moralisch*. Dahingegen handelt jemand egoistisch (lateinisch *ego* „ich"), der seine eigenen Interessen in den Mittelpunkt seiner Aktionen stellt. Er ist sich in erster Linie selbst der Nächste. Offensichtlich hat der Mensch zu beiden Handlungsweisen eine Anlage.

1. Erörtert, warum der Mundraub bis heute in manchen Ländern von Rechts wegen erlaubt ist. Wenn ihr Gesetze erlassen könntet: Würdet ihr Mundraub erlauben?

2. Fasst die ethischen Positionen von Adam Smith und Albert Einstein zusammen. Lest hierzu auch die Seiten 196, 199 und 200/201 über Nächstenliebe in der Bibel.

3. Bestimmt den Zusammenhang zwischen dem Foto (Seite 74 unten) und den ethischen Positionen von Adam Smith und Albert Einstein.

4. Egoistisch oder altruistisch? – Wie lebt man richtig? Führt dazu eine Pro- und Kontra-Debatte (siehe Seite 89).

Adam Smith und Albert Einstein: Wie würden sie wohl jeweils den Mundraub beurteilen?

Hilfe für andere – aus Vernunft?

Wohltätigkeit ist Pflicht

Wohltätig, d. h. anderen Menschen in Nöten zu ihrer Glückseligkeit, ohne dafür etwas zu hoffen, nach seinem Vermögen[1] beförderlich zu sein, ist jedes Menschen Pflicht. Denn jeder Mensch, der sich in Not befindet, wünscht, dass ihm von anderen Menschen geholfen werde. Wenn er aber seine Maxime[2], anderen wiederum in ihrer Not nicht Beistand leisten zu wollen, […] zum allgemeinen Erlaubnisgesetz machte; so würde ihm, wenn er selbst in Not ist, jedermann gleichfalls seinen Beistand versagen oder wenigstens zu versagen befugt sein.

Immanuel Kant[3]

1: Nach seiner Fähigkeit

2: Grundsatz

3: Immanuel Kant (siehe auch Seite 104)

Vernunft als moralischer Maßstab

Kant geht davon aus, dass die Erkenntnis dessen, was moralisch geboten ist, der menschlichen Vernunft entspringt. Nach ihm wissen alle Menschen, dass sie zum Beispiel zur Hilfeleistung in Notfällen verpflichtet sind – und zwar nicht, weil sie es von anderen gelernt haben, sondern weil es ihnen ihre eigene Vernunft sagt. Dass sie dann auch wirklich tun, was sie mit Hilfe ihrer Vernunft einsehen, ist damit noch nicht entschieden: Ich kann etwas als meine Pflicht erkennen und es dennoch aus Willensschwäche, Egoismus oder negativen Gefühlen wie Hass, Missgunst oder Neid doch nicht ausführen. Daher unterscheidet Kant zwischen Pflichten, die unbedingt gelten, und ihrer Umsetzung, die von verschiedenen Bedingungen, wie dem Charakter eines Menschen oder auch seiner Gefühlslage, abhängt.[4]

Roland W. Henke

4: Siehe Seite 159

Empathie* als moralischer Maßstab

Mag man den Menschen für noch so egoistisch halten, es liegen doch offenbar gewisse Prinzipien in seiner Natur, die ihn dazu bestimmen, an dem Schicksal anderer Anteil zu nehmen, und die ihm selbst die Glückseligkeit dieser anderen zum Bedürfnis machen, obgleich er keinen anderen Vorteil daraus zieht, als das Vergnügen, Zeuge davon zu sein. Ein Prinzip dieser Art ist das Erbarmen oder das Mitleid, das Gefühl, das wir für das Elend anderer empfinden, sobald wir dieses entweder selbst sehen, oder sobald es uns so lebhaft geschildert wird, dass wir es nachfühlen können. Dass wir oft darum Kummer empfinden, weil andere Menschen von Kummer erfüllt sind, das ist eine Tatsache, die zu augenfällig ist, als dass es irgendwelcher Beispiele bedürfte, um sie zu beweisen; denn diese Empfindung ist wie alle anderen ursprünglichen Affekte des Menschen keineswegs auf die Tugendhaften und human Empfindenden beschränkt [...].
Da wir keine unmittelbare Erfahrung von den Gefühlen anderer Menschen besitzen, können wir uns nur so ein Bild von der Art und Weise machen, wie eine bestimmte Situation auf sie einwirken mag, dass wir uns vorzustellen suchen, was wir selbst wohl in der gleichen Lage fühlen würden. Mag auch unser eigener Bruder auf der Folterbank liegen – so lange wir uns selbst wohl befinden, werden uns unsere Sinne niemals sagen, was er leidet. Sie konnten und können uns nie über die Schranken unserer eigenen Person hinaustragen und nur in der Fantasie können wir uns einen Begriff von der Art seiner Empfindungen machen.

Adam Smith[1]

1: Adam Smith (siehe Seite 74)

Wir philosophieren: Philosophische Texte erschließen

Philosophische Texte sind manchmal schwer zu verstehen. Deshalb solltet ihr folgende Schritte der Texterschließung gehen:

1. Schritt › Formuliert die wichtigste Aussage des Textes: Welcher Gedanke steht im Mittelpunkt?

2. Schritt › Findet heraus, welche Argumente und Beispiele zur Begründung des Hauptgedankens verwendet werden.

3. Schritt › Untersucht, ob die Argumente und Beispiele sinnvoll sind.

4. Schritt › Bewertet den Text abschließend, ob und warum er euch überzeugt.

1. Beschreibt die Comic-Szenen und verwendet dabei die Begriffe „egoistisch" und „altruistisch" (Seite 75).
2. Erklärt, wie Immanuel Kant begründet, dass Hilfe für andere in Not eine Pflicht für jeden ist (siehe Methode oben).
3. Erklärt, wie Adam Smith begründet, dass der Mensch zum moralischen Handeln fähig ist (siehe Methode oben).
4. Wie würden Kant und Adam Smith das Handeln des Rollstuhlfahrers und des Joggers erklären? Welche Rolle spielen hier jeweils Vernunft und Gefühl?

Sind Rechte wichtiger als Pflichten?

Was heißt Recht?

Das Wort Recht kennt ihr durch Ausdrücke wie „Er hat Recht“ im Sinne von „das ist richtig“. In Bezug auf den Staat ist damit gemeint, dass einem Menschen etwas zusteht; er hat einen Anspruch auf bestimmte Sachen. Kinder haben zum Beispiel einen Anspruch auf Bildung. Der Staat muss deshalb Schulen bauen, damit dieser Anspruch eingelöst werden kann.

Das Wort „Recht“ hat aber auch etwas mit Gerechtigkeit zu tun. In diesem Sinne meint es Gleichheit. So muss ein Staat alle Bürgerinnen und Bürger gleich behandeln und Gesetze festlegen, die diese Gleichbehandlung garantieren. Dies wird zum Beispiel im Grundgesetz[1] der Bundesrepublik Deutschland in Artikel 3 garantiert: „Alle Menschen sind vor dem Gesetz gleich.“

Das Grundgesetz gilt nur für Deutschland. Weltweit gibt es die Allgemeinen Menschenrechte, die 1948 in einer Charta der Vereinten Nationen[2] für alle Menschen in allen Ländern festgelegt wurden. Dazu gehören zum Beispiel das Recht auf Bildung oder das Recht auf Gesundheit. 1989 hat die UNO auf der Grundlage der allgemeinen Menschenrechte in einer Kinderrechtskonvention 56 Rechte für alle Kinder und Jugendliche der Welt festgeschrieben. Im Jahr 2002 prüfte die UNO auf einem Weltkindergipfel in New York, ob sie auch umgesetzt werden.

1: So wie ihr eine Schulordnung habt, enthält das Grundgesetz die Staatsordnung der Bundesrepublik Deutschland. Sie wurde im Mai 1949 beschlossen.

2: Die Vereinten Nationen (UNO) sind ein Zusammenschluss von 193 Staaten mit dem Ziel, den Weltfrieden zu erhalten. Sie wurden 1945 gegründet und haben ihren Sitz in New York.

Jedes Kind hat ein Recht auf:

Was heißt Pflicht?

Das Wort „Pflicht“ hängt eng mit dem Wort „Recht“ zusammen. Pflichten sind Gebote. Sie sollen Menschen dazu bewegen, etwas zu tun, das nicht nur für den Einzelnen, sondern auch für die Gemeinschaft gut ist (siehe auch die Seiten 76/77). Im ersten Teil der Bibel gibt es beispielsweise die Zehn Gebote (siehe die Seiten 196 und 200/201). Sie sagen Juden und Christen, was sie tun oder nicht tun sollen.
Im Grundgesetz steht zum Beispiel in Artikel 6, dass Eltern die Pflicht haben, sich um ihre Kinder zu kümmern.
In der UNO wird seit einiger Zeit darüber diskutiert, ob es auch wichtig ist, zu den allgemeinen Menschen- und Kinderrechten Pflichten hinzuzusetzen. Dadurch sollen Menschen motiviert werden, ihre Rechte gegenseitig zu achten.

1: Helmut Schmidt (1918–2015) regierte von 1974 bis1982 als Bundeskanzler die Bundesrepublik Deutschland.

Der ehemalige Bundeskanzler Helmut Schmidt[1] *und der Theologe Hans Küng*[3] *haben über Menschenpflichten nachgedacht:*

„Wenn wir ein Recht auf Leben haben, dann haben wir die Pflicht, Leben zu respektieren[2].
Wenn wir ein Recht haben auf Meinungs-, Gewissens- und Religionsfreiheit, haben wir auch die Pflicht, die Meinungen oder religiösen Überzeugungen anderer zu respektieren.
Wenn wir ein Recht haben auf Bildung, haben wir auch die Pflicht, so viel, wie es unsere Fähigkeiten erlauben, zu lernen und, wo es möglich ist, unser Wissen und unsere Erfahrung mit anderen zu teilen.“

3: Hans Küng (1928–2021) war Theologe und der „Vater“ des Projekts „Weltethos“. Auf der Basis der Goldenen Regel soll eine gemeinsame Ethik* aller Religionen entwickelt werden.

Mirjam Wilson: Pflichten in der Gemeinschaft (Freie Kunstakademie Farbenfroh, Hamburg)

2: „Respektieren“ heißt: achten, anerkennen.

1. Erklärt die Begriffe „Recht“ und „Pflicht“. Berücksichtigt dabei auch das Bild.

2. Informiert euch in der Infothek unter *www.unicef.de* über die 56 Rechte der Kinder. Findet dann heraus, welche Entscheidungen auf dem Weltkindergipfel 2016 getroffen wurden: *www.kindergipfel.de*.

3. Was versteht ihr unter einem Recht auf „Verantwortung der Eltern“?

4. Führt eine Pro- und Kontra-Debatte (zur Methode: Seite 89): Sollen die Rechte der Kinder durch Pflichten ergänzt werden?

5. **Projektvorschlag:** Prüft nach, ob eure Schulordnung eher Rechte oder Pflichten enthält.

Formuliert in kleinen Gruppen, ähnlich wie Helmut Schmidt und Hans Küng, die Rechte der Kinder (Seite 78) als Pflichten. Wertet eure Ideen anschließend gemeinsam aus.

Streiten und kämpfen

Plötzlich Feinde?

Marvin und Lennard sind seit der Grundschule beste Freunde – solange, bis Sina im letzten Jahr in ihre Klasse kommt. Sie freundet sich mit den beiden an, und alle Drei erleben gemeinsam viele tolle Sachen, denn sie lieben das Roller-Skaten. Beim Klassenfest passiert es dann: Sina und Marvin verlieben sich ineinander. Seitdem herrscht Funkstille zwischen Lennard und Marvin. Sie gehen sich aus dem Weg und ziehen im Netz übereinander her. Von Lügen und Verrat ist die Rede und auch Sina ist es bisher nicht gelungen, zwischen den beiden zu vermitteln. Lennard will auch mit ihr nichts mehr zu tun haben und nennt sie vor allen anderen Schülerinnen und Schülern eine „Bitch". Sina ist ganz verzweifelt, denn eigentlich mag sie beide …

Wissen und Merken: Merkmale von Konflikten

Es gibt viele Konflikte im Alltagsleben mit unterschiedlichen Ursachen, die jedoch eine Reihe von gemeinsamen Elementen haben, die mehr oder weniger in allen Konflikten vorkommen. Dabei ist es zunächst unerheblich, ob sich die Konflikte zwischen Einzelpersonen, gesellschaftlichen Gruppen oder Staaten abspielen. In jedem Konflikt lassen sich idealtypisch drei Ebenen ausmachen:

- ein bestimmtes Verhalten der Konfliktparteien, das auf den Konflikt hindeutet und ihn allzu oft weiter verschärft (zum Beispiel Konkurrenz, unangemessene Aggressivität, Hass, Gewalt),
- ein Widerspruch, der sich zwischen den unvereinbar erscheinenden Zielen, Interessen bzw. Bedürfnissen der Konfliktparteien auftut,
- Einstellungen und Haltungen der Konfliktparteien, die die eigene Position – bewusst oder unbewusst – rechtfertigen. Dazu gehören ihre Wahrnehmungen und Annahmen in Bezug auf die eigene Stellung im Konflikt, die Konfliktursachen und die Bewertung der „anderen Seite" (zum Beispiel Feindbilder).

Nach **Lutz Schrader**

Ohne Kampf wäre das Leben zu Ende

Der Kampf ist eine Grundform aller Existenz. Alles was existiert braucht Platz und materielle Bedingungen; beide nimmt es anderen möglichen Existenzen fort. [...] In der Seele des Menschen nimmt der Kampf mannigfaltigere Gestalten an. [...] Die geistigen Leistungen werden verglichen, aufeinander bezogen, stellen sich gegenseitig in Frage [...].
Ohne Kampf hört der Lebensprozess auf, macht der Ruhe Platz [...]. Aber die scheinbare Ruhe verdeckt auch im Übrigen hier nur den Kampf. Jede Stellung, die ich gewinne, drängt einen anderen weg; jeder Erfolg, den ich habe, verkleinert andere. Meine Existenz als solche nimmt anderen weg, wie andere mir wegnehmen. In aller Existenz ist zwar auch gegenseitige Hilfe, schon überall im Biologischen [...], aber alle Gegenseitigkeit baut [...] nur Einheiten auf, die nun ihrerseits kämpfen und die in sich als Spannung, ohne welche das Leben nicht gedeihen würde, Kampf zurücklassen, wenn er auch durch die Kraft des Zusammenschlusses begrenzt ist.

Karl Jaspers[1]

1: Karl Jaspers (1883–1969) gehört zu den wichtigsten deutschen Philosophen des 20. Jahrhunderts. In seinem Buch „Psychologie der Weltanschauungen“ beschäftigt er sich auch mit der Rivalität zwischen Menschen.

Wir philosophieren: Begriffe klären

Wir benutzen philosophische Begriffe wie „Konflikt“ oder „Kampf“, ohne ihre verschiedenen Bedeutungen genauer zu kennen. Um diese Bedeutungen herauszufinden, kann eine Begriffsanalyse in drei Schritten durchgeführt werden:

1. Schritt › Zunächst wird ein Wortfeld für den zu klärenden Begriff erstellt. Ihr sucht nach Wörtern (Begriffsbedeutungen), durch die der Begriff charakterisiert werden soll. Beim Begriff „Konflikt“ können solche Begriffsaspekte z. B. Hass oder Mobbing sein.

2. Schritt › Die Begriffe aus dem Wortfeld werden mittels einer Mindmap*, eines Begriffskreises* oder auf eine andere geeignete Weise geordnet. So unterscheidet ihr wesentliche Begriffe von weniger wichtigen.

3. Schritt › Zum Schluss wird eine Begriffsdefinition erarbeitet, die kurz, knapp und präzise die wesentlichen Ergebnisse aus Schritt 1 und 2 zusammenfasst..

1. Macht Vorschläge, wie Lennard, Sina und Marvin den Konflikt lösen könnten.
2. Beantwortet die Frage des Mädchens aus der Comic-Szene in eurem Heft. Überprüft eure Antworten noch einmal am Schluss des Kapitels.
3. Erschließt den Text von Karl Jaspers und fasst die wichtigsten Gedanken über den Kampf mit eigenen Worten zusammen (Methode siehe Seite 77).
4. Analysiert den Begriff „Kampf“ bei Jaspers nach der oben angeführten Methode. Wählt bei Schritt 2 eine der dort angeführten Ordnungsformen aus und arbeitet in Kleingruppen.
5. Diskutiert, ob Jaspers mit seiner Auffassung vom Kampf als „Grundform aller Existenz“ Recht hat. Bezieht dabei auch das Beispiel von Marvin und Lenhard ein (siehe auch die Seiten 86/87).

Der besondere Text:
Herr der Fliegen[1]

1: Der „Herr der Fliegen" heißt in der Bibel auch „Teufel".

William Golding (1911–1993) war ein britischer Schriftsteller. Er begann bereits mit 7 Jahren zu schreiben und erhielt 1983 den Literaturnobelpreis.

Im folgenden Textauszug fordern Ralph und Piggy, die einzigen Verbliebenen der „Hüter des Feuers", Piggys Brille zurück, die von „Jägern" gestohlen wurde. Mit dem Muschelhorn in der Hand bittet Piggy um Redezeit. Dabei handelte es sich um ein Ritual, das zu Beginn der Inselstrandung eingeführt wurde: Es durfte während einer Versammlung nur gesprochen werden, wenn der Redner das Muschelhorn in den Händen hielt.

Das Muschelhorn zerbricht

Eine Gruppe englischer Schuljungen überlebt den Absturz eines Flugzeuges mitten über dem Pazifischen Ozean. Die Piloten kommen bei diesem Unglück ums Leben. Deshalb sind die Jugendlichen auf sich allein gestellt. Sie geraten auf eine unbewohnte Insel, die Wasser, Früchte und Wildschweine zum Überleben bietet. Ralph, der zum Anführer gewählt wurde, lässt Hütten bauen, Signalfeuer entzünden und die Insel erkunden.

Am Anfang läuft alles gut; das Überleben ist gesichert. Die Jugendlichen warten auf ihre Rettung. Doch aus dem guten Anfang wird eine handfeste Krise. Jack, der Älteste, möchte nicht mehr das Feuer hüten und zieht es vor, Schweine zu jagen. Und plötzlich spaltet sich die Gruppe – „die Jäger" und „die Hüter des Feuers" beginnen einen Kampf um Leben und Tod.

„Lasst mich mal was sagen!"

Piggy hob das Muschelhorn hoch, und das Johlen ließ ein wenig nach, um gleich wieder anzuschwellen.
„Ich hab die Muschel!"
Er schrie: „Habt ihr gehört, ich hab die Muschel!" Es trat eine überraschende Stille ein; der Stamm wollte hören, was Piggy zu sagen hatte. [...]
Eine Weile geschah nichts; aber in die Stille hinein zischte etwas an Ralphs Kopf vorbei durch die Luft. Er hörte halb hin – und da war es wieder: ein leises „zupp". Jemand warf mit Steinen: Roger schleuderte sie, eine Hand immer noch am Hebel. Von oben war Ralph für ihn nur ein Haarbüschel und Piggy ein dicker Klumpen.
„Hört mal her! Ihr benehmt euch wie kleine Kinder!"
Das Johlen schwoll an und erstarb wieder, als Piggy die weiße, magische Muschel emporhob.
„Was ist besser – wollt ihr ein Haufen angemalter Wilder sein oder lieber Vernunft annehmen und Ralph folgen?" [...]

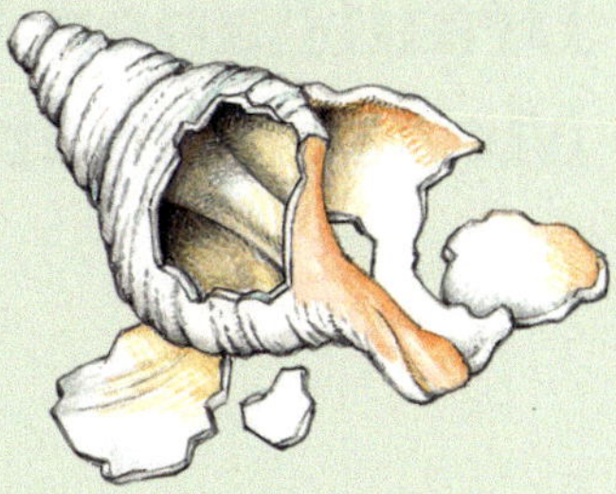

Ohne einen Laut, ohne auch nur einen Seufzer ausstoßen zu können, wirbelte Piggy vom Felsen seitwärts durch die Luft und überschlug sich dabei. Der Felsen prallte noch zweimal auf und tauchte im Wald unter. Piggy fiel vierzig Fuß tief hinunter und klatschte mit dem Rücken auf den breiten, roten Felsen im Meer […]. Piggys Arme und Beine zuckten noch einmal, wie bei einem Schwein, wenn es getötet worden ist.

Stille

Dann atmete die See wieder ihr tiefes, langsames Seufzen, die Wasser kochten weiß und rot über den Felsen, und als sie wieder zurückrollten, war der breite rote Felsen leer.

Diesmal war die Stille vollkommen. Ralphs Lippen bewegten sich, aber kein Laut drang hervor. Plötzlich sprang Jack aus der Gruppe der Wilden heraus und begann wie toll zu kreischen. „Da hast du's! Da hast du's! So machen wir's mit euch! Ich hab dir's gesagt! Jetzt hast du keinen Stamm mehr! Die Muschel ist weg!"

Er rannte gebückt auf ihn zu. „Ich bin der Anführer!"

William Golding

Wissen und Merken: Hass[1]

Gelegentlich hassen wir unser Schicksal, vielleicht einmal ein Tier, in der Regel aber hassen wir Menschen. Weiße hassen Schwarze, Frauen Männer, Inländer Ausländer, Fußballfans der Blauen die der Roten. […] Kein Gefühl ist so abgrundtief und umfassend.

Der Hass zeigt sich in Gesten, in Blicken, oftmals zeigt er sich im Sprechen. Hass lässt also nicht nur körperlich handeln, er lässt auch sprechen und verletzt somit den anderen. […] Hasserfülltes Sprechen zielt darauf, dem anderen den Boden unter den Füßen wegzuziehen [siehe Seite 84].

Andreas Brenner[2] *und* **Jörg Zirfas**[3]

1: Siehe Seite 84

2: Andreas Brenner (geb. 1964) lehrt Philosophie an der Universität Basel.

3: Jörg Zirfas (geb. 1961) lehrt Erziehungswissenschaft an der Universität Köln.

1. Erklärt mit eigenen Worten, warum unter den Jungen Hass und Streit entsteht.
2. Arbeitet heraus, was Ralph und Piggy hätten tun können, um den Konflikt mit den „Jägern" zu vermeiden.
3. **Projektvorschlag:** Schaut euch den Film „Herr der Fliegen" (1990) gemeinsam an und diskutiert darüber, warum er eine negative Utopie darstellt. Vergleicht das Verhalten der Jugendlichen mit der Kinderrepublik Gaudiopolis, die eine positive Utopie darstellt (Seiten 110/111).

Viele Kritiker haben über den Roman gesagt, dass er zeige, dass Kinder ohne Erwachsene nicht in der Lage seien, friedlich miteinander zu leben. Schreibt Argumente auf, die gegen diese Position angeführt werden können, und vergleicht sie. Lest hierzu auch den Text über die Kinderrepublik „Gaudiopolis" auf den Seiten 110/111.

Draufhauen – warum Gewalt Menschen erniedrigt

Happy Slapping[1]

Darja ist in ihrer Klasse eine Außenseiterin. Sie macht immer alle Hausaufgaben und hat fast nur Einsen. Hinter ihrem Rücken wird oft getuschelt; manche nennen sie verächtlich „Streberin". Eines Tages wird Darja auf dem Schulhof plötzlich von hinten an den Haaren gezogen und zu Boden gestoßen. „Du hast meine Jacke geklaut, du Bitch", schreit Emma und spuckt sie an. Einige Mitschüler stehen lachend daneben und filmen die „Bestrafung" mit dem Handy. Am nächsten Tagen kann jeder in der Schule das Video herunterladen.

1: Das englische Begriffspaar bedeutet „fröhliches Schlagen": Gemeint ist in Wirklichkeit ein körperlicher Angriff auf andere Menschen, den die Täter filmen, um die Opfer zusätzlich zu erniedrigen.

Der Hass nimmt Menschen die Luft zum Atmen

Hass zeigt sich in Gesten, in Blicken, oftmals zeigt er sich auch im Sprechen. Hass lässt also nicht nur körperlich handeln, er lässt auch sprechen und verletzt somit den anderen. Wir verletzen mit Worten, nicht nur, weil wir bestimmte Schimpfworte benutzen, sondern auch durch [...] die Art und Weise des Sprechens, in der das Gegenüber herabgesetzt und erniedrigt wird. Hasserfülltes Sprechen zielt darauf, dem anderen den Boden unter den Füßen wegzuziehen, ihn zu entsichern, ihn seinen Rahmen verlieren zu lassen. Im sprechenden Hass geht es darum, jemandem die Selbstkontrolle zu entziehen, ihn welt- und heimatlos zu machen. [...] Die Unerträglichkeit des anderen wird dadurch bewältigt, dass man diesen zu zerstören sucht. Indem ich den anderen beschimpfe, ihn z. B. als „Schwein" diffamiere, sinkt er – für mich, aber gegebenenfalls auch für sich – auf die Stufe eines Borstenviehs herab, dessen Wohl und Wehe letztlich nur von meinem „Appetit" abhängig ist. Man erwartet von dem anderen als Mensch nichts mehr, weil der Hass durch seine Gewalt die Möglichkeit der Kommunikation unterläuft. Hass ist ein Verhalten, das dem Gegenüber die Luft zum Atmen nimmt. Er schafft eine vergiftete Atmosphäre [...]. Hass konfrontiert uns mit der Frage nach dem anderen oder mit der Frage, wie es wäre, der andere zu sein; nicht so sehr mit der Möglichkeit, so zu tun, als wäre man der andere, sondern mit der Möglichkeit, seine Stelle einzunehmen, an seiner Stelle zu stehen. Wir verletzen und demütigen mit unserem Hass dasjenige, was wir sein könn(t)en. Wir negieren das, was uns nervt, was uns lästig ist, und das, was wir „weg" haben möchten. Wir akzeptieren dieses Andere, Fremde nicht, sind weder gleichgültig noch cool, sondern stören uns an ihm, wollen es aus dem Land, dem Blick, den Sinnen jagen. Vordergründig entzündet sich der Hass an Kleinigkeiten, Peripherem, doch steht letztlich im Zentrum des Hasses das Leben des anderen.

Andreas Brenner[2] *und* **Jörg Zirfas**[3]

2: Andreas Brenner (siehe Seite 83)

3: Jörg Zirfas (siehe Seite 83)

Die Lust an der Gewalt

Das Einzigartige beim Menschen ist, dass er von Impulsen, zu morden und zu quälen, getrieben werden kann und dass er dabei Lustgefühle empfindet. Er ist das einzige Lebewesen, das zum Mörder und Vernichter der eigenen Art werden kann, ohne davon einen entsprechenden biologischen oder ökonomischen Nutzen zu haben. [...]

Die bösartige Aggression[1] ist spezifisch menschlich und nicht aus einem tierischen Instinkt entstanden. Sie dient nicht dem physiologischen Überleben des Menschen und ist trotzdem ein wichtiger Bestandteil seines seelischen Haushalts. Sie ist eine der Leidenschaften, die bei gewissen Individuen und Kulturen dominant und mächtig sind, während dies bei anderen nicht der Fall ist.

Der Kern der bösartigen Aggression, der allen ihren Formen gemeinsam ist, ist die Leidenschaft, absolute und uneingeschränkte Herrschaft über ein lebendes Wesen auszuüben, ob es sich nun um ein Tier, ein Kind, einen Mann oder eine Frau handelt. Jemand zu zwingen, Schmerz oder Demütigung zu erdulden, ohne sich gegen wehren zu können, ist eines der Merkmale absoluter Herrschaft, wenn auch keineswegs die einzige. Wer ein anderes lebendes Wesen völlig beherrscht, macht dieses Wesen zu einem Ding, zu seinem Eigentum, während er selbst zum Gott dieses Wesens wird. [...] Ein anderes menschliches Wesen völlig zu beherrschen, bedeutet es zu verkrüppeln, zu ersticken und in seiner Entwicklung zu behindern.

Nach **Erich Fromm**[2]

1: Bei Erich Fromm ein anderes Wort für Gewalt

2: Erich Fromm hat zum Thema „Gewalt“ das Buch „Anatomie der menschlichen Destruktivität“ geschrieben.

Verschiedene Formen von Gewalt

Personale Gewalt
geht von Tätern aus und zeigt sich als seelische oder körperliche Gewalt

Psychische Gewalt
- Beschimpfungen
- Drohungen
- Mobbing
- Diskriminierung

Physische Gewalt
- absichtliches Verletzen
- Freiheitsberaubung
- sexueller Missbrauch
- Vandalismus

Strukturelle Gewalt
ist eine Frage von gesellschaftlichen Bedingungen und keine Konsequenz aus einzelnen Taten

- keine beruflichen Perspektiven
- ungleiche Chancen von Mann und Frau, Jung und Alt oder von Menschen aus unterschiedlichen Kulturen

1. Klärt, welche Formen von Gewalt beim „Happy Slapping“ gegen Darja angewendet wurden. Sucht weitere Beispiele zu den angeführten Gewaltarten.

2. Versetzt euch in Darjas Position und überlegt, wie ihr euch an ihrer Stelle fühlen würdet. Ihr könnt eure Gefühle und Gedanken dazu auch in kreativer Form zum Ausdruck bringen.

3. Übertragt die Gedanken von Andreas Brenner und Jörg Zirfas auf das Verhalten von Darjas Mitschülerinnen und Mitschülern an. Zu welchem Ergebnis gelangt ihr?

4. Diskutiert anhand der Gedanken von Erich Fromm mögliche Ursachen von Gewalt und erstellt dazu ein Tafelbild (siehe auch die Seiten 174/175).

Gehört Aggression zum Menschsein?

Aggressivität ist natürlich

Vor allem aber ist es mehr als wahrscheinlich, dass das verderbliche Maß an Aggressionstrieb, das uns Menschen heute noch als böses Erbe in den Knochen sitzt, durch einen Vorgang der intraspezifischen Selektion[1] verursacht wurde, der durch mehrere Jahrzehntausende, nämlich durch die ganze Frühsteinzeit, auf unsere Ahnen eingewirkt hat. Als die Menschen eben gerade so weit waren, dass sie kraft ihrer Bewaffnung, Bekleidung und ihrer sozialen Organisation die von außen drohenden Gefahren des Verhungerns, Erfrierens und Gefressenwerdens von Großraubtieren einigermaßen gebannt hatten [...], muss eine böse intraspezifische Selektion eingesetzt haben. Der nunmehr Auslese treibende Faktor war der Krieg, den die feindlichen benachbarten Menschenhorden gegeneinander führten. Er muss eine extreme Herauszüchtung aller sogenannten „kriegerischen Tugenden*" bewirkt haben, die leider noch heute vielen Menschen als wirklich anstrebenswerte Ideale erscheinen. [...] Gerade die Einsicht, dass der Aggressionstrieb ein echter, primär arterhaltender Instinkt ist, lässt uns seine volle Gefährlichkeit erkennen: Die Spontaneität des Instinktes ist es, die ihn so gefährlich macht. Wäre er nur Reaktion auf bestimmte Außenbedingungen, was viele Soziologen und Psychologen annahmen, dann wäre die Lage der Menschheit nicht ganz so gefährlich, wie sie tatsächlich ist.

Konrad Lorenz[2]

1: Auslese innerhalb einer Art

2: Konrad Lorenz (1903–1989) war ein österreichischer Zoologe und Verhaltensforscher. Er wurde 1973 mit dem Medizinnobelpreis ausgezeichnet. Eines seiner wichtigsten Bücher heißt „Das sogenannte Böse. Zur Naturgeschichte der Aggression".

Wissen und Merken: Was heißt aggressiv sein?

Mit Aggression bezeichnen wir ein Verhalten, das die Verletzung anderer Lebewesen oder die Beschädigung von Gegenständen zum Ziel hat. [...] Hinter der feindseligen Aggression verbergen sich häufig Frustration, Wut, Abwehr der Aggression anderer oder Rache. Es kommt meist zu tätlichen Handlungen, wenn die Betroffenen verbal nicht in der Lage sind, ihren Frust auszudrücken. In positiver Form zeigen sich Aggressionen in der Selbstbehauptung, im Wettkampf oder Wettbewerb im Beruf.

Doris Wolf, *Psychologin*

Es geht auch ohne Aggressionen

In den Bergwäldern von Mindoro[1] gibt es den Hauch eines irdischen Paradieses [...], eine Kultur der Friedfertigkeit, eine Gesellschaft ohne Mord, Totschlag und Krieg; eine Idylle zwischen grünem Dschungel und Bergen. 75 000 Menschen vom Volk der Mangyan leben hier, zurückgezogen im grünen Hochland. Sie sind die ursprüngliche Bevölkerung der Insel. [...] Was machen die Mangyan so anders als alle anderen Völker?

Ihr Leben kreist um die Familie und die Großfamilie. Männer und Frauen sind weitgehend gleichberechtigt. Man lebt eng aufeinander, redet viel und hilft sich. Die Häuser aus Bambus und Dschungelgras werden gemeinsam errichtet, der Acker gemeinsam bestellt, das Essen, mehrmals am Tag, gemeinsam zubereitet. Ihre Kultur erscheint schlicht, aber sie hat es in sich. Ein Teil der Mangyan schreibt Sanskrit in einer ganz eigenen Variante. Schriftzeichen, drei Vokale und 15 andere Zeichen, werden mit einem kegelförmigen Messer in den Bambus geritzt. Doch ihre Gesetze sind ungeschrieben. Trotz ihrer alten Schrift leben die Mangyan in einer Gesellschaft aus mündlichen Überlieferungen. Die Ältesten, die den Dörfern vorstehen, treffen die wichtigen Entscheidungen der Gemeinschaft, wahren die Sitten und sprechen Recht. [...]

Warum existiert in den Gesellschaften der Mangyan so wenig Gewalt und Aggression? Und warum haben sie, soweit die Überlieferung zurückreicht, nie Kriege geführt? Weder untereinander noch gegen andere Völker? Wenn es richtig ist, dass der Mensch ein Tier mit eingeschränkter Glücksfähigkeit ist, wenn wir über eine mehr oder weniger starke Aggressionsdynamik verfügen, leicht zu reizen sind und auch ein enormes Frustpotential besitzen – warum nicht die Mangyan? Ihrer Natur nach sind Menschen zu vielen Emotionen fähig, darunter auch zur Aggressivität. Aggressives Verhalten kann zur Gewalt führen, zu Mord, Totschlag, Rache usw. Als Erklärungsgrund dafür, dass es in der Geschichte der Menschheit zu ungezählten Kriegen gekommen ist, taugt der Hinweis auf die [...] aggressive Natur des Menschen eher wenig. Krieg ist nicht die Verlängerung des Aggressionstriebs ins Gesellschaftliche und Politische. Aus dieser Sicht betrachtet steht dem friedlichen Umgang der Völker miteinander prinzipiell nichts entgegen.

Richard David Precht[2]

1. Gebt die Gedanken von Konrad Lorenz und Richard David Precht nach der Methode „Philosophische Texte erschließen" (siehe Seite 77) wieder und positioniert euch dazu auf einem Standpunktstrahl*.

2. Findet Erklärungen, warum die Mangyan ein so friedfertiges Volk sind.

3. Zeichnet in Gruppen eine Aggressionsskala und einigt euch auf Merkmale der Aggression, um die Skala einzuteilen. Stellt eure Ergebnisse einander vor.

Projektvorschlag: Recherchiert im Internet zum Leben und Wirken von Konrad Lorenz und haltet dazu ein Kurzreferat.

1: Insel im Nordosten der Philippinen

Inwiefern sind die Mangyan einzigartig?

„Durch die Spanier und die Piraten von den Küsten ins Inland vertrieben, streifen sie halbnomadisch umher, roden den Wald und bauen Süßkartoffeln an, Wurzelgemüse und Hochlandreis. [...]
All dies macht die Mangyan zu einer interessanten Kultur, aber nicht zu einer besonderen. Familienclans, gemeinsames Jagen, Arbeiten und Essen gibt es bei vielen indigenen Völkern – das Besondere an den Mangyan ist, was es bei ihnen nicht gibt."
Richard David Precht

2: Richard David Precht (siehe Seite 39)

Gewaltlosigkeit als Mittel gegen Gewalt?

1: Rosa Parks
(1913–2005) wurde nach ihrem Bus-Erlebnis in der amerikanischen Bürgerrechtsbewegung aktiv.

2: Martin Luther King
(1929–1968) war der bekannteste Vertreter der Bürgerrechtsbewegung in den USA. Der Baptistenpastor wurde von einem fanatischen Weißen erschossen.

Martin Luther King am 28.August 1963 während seiner berühmten Rede beim Marsch auf Washington: „I Have a Dream"

„Ich habe einen Traum, dass meine vier kleinen Kinder eines Tages in einer Nation leben werden, in der man sie nicht nach ihrer Hautfarbe, sondern nach ihrem Charakter beurteilt."
Aus der Originalrede vom 28.8.1963 (Auszug)

Der Busboykott

Am 1. Dezember 1955 fuhr die Afroamerikanerin Rosa Parks[1] aus Montgomery müde von der Arbeit im Bus nach Hause. Sie fand in der Bus-Zone für Schwarze keinen Sitzplatz, und so setzte sie sich auf einen Platz, der für Weiße reserviert war. Als ein weißer Mann sie aufforderte, ihm den Platz zu überlassen, weigerte sie sich aufzustehen. Der Busfahrer rief die Polizei und bestand darauf, dass Rosa Parks verhaftet wurde. Sie musste 10 Dollar Strafe zahlen und 4 Dollar Gerichtskosten. Nach dem Urteil boykottierte die schwarze Bevölkerung von Montgomery monatelang den öffentlichen Nahverkehr und ging schweigend kilometerweit zur Arbeit. Pfarrer Martin Luther King[2] wurde zum Anführer ihres gewaltlosen Widerstands. 1956 hob die Stadtverwaltung schließlich die Rassentrennung in den öffentlichen Verkehrsmitteln auf.

Das Ziel besteht darin, etwas zu verändern

Der Weg der Gewaltlosigkeit ist niemals einfach: Man muss an ihn glauben und an ihm festhalten. Doch er zeigt, dass man fest entschlossen ist, sein Ziel zu erreichen, dass der Kampf gerechtfertigt und notwendig ist. Gewaltlosigkeit kann aber auch Angst machen: Es ist beeindruckend, Tausende von Menschen auf einem Haufen zu sehen, die schweigend demonstrieren. Man spürt ihre Stärke und Kraft daran, mit welcher Entschlossenheit sie sich zurückhalten. Sie beweisen sehr viel mehr Stärke als die, die alles kurz und klein schlagen. [...]
Eins steht fest: Bei einem Konflikt ist Gewalt niemals eine gute Lösung. Sie würde nur einen Kreislauf von Gewalt in Gang setzen, in den man hineingezogen wird und der nur schwer zu durchbrechen ist. Selbst wenn es so aussieht, als wäre der Konflikt dann gelöst, schlummert er in Wirklichkeit weiter und wird eines Tages wieder hervorbrechen. Aber auch Gewaltlosigkeit ist nicht immer eine Lösung, sie kann bewirken, dass der Konflikt viel zu lange andauert. Sie kann auch Schäden hervorrufen, Schäden für die Gegner der Gewalt, für die, die ihnen beistehen, manchmal für das ganze Volk.

Brigitte Labbé[1] *und* **Michel Puech**[2]

1: Brigitte Labbé (geb. 1964) studierte bei Michel Puech Philosophie und schrieb mit ihm gemeinsam das Jugendbuch „Was verbindet die Welt?“.

2: Michel Puech (geb. 1960) lehrt Philosophie an der Universität Sorbonne in Paris.

Wir philosophieren: Eine Pro- und Kontra-Debatte führen

In einer Pro- und Kontra-Diskussion (Debatte) treffen verschiedene Standpunkte zu einem ethischen Problem aufeinander:

1. Schritt > Ihr formuliert zu einem ethischen Problem wie „Gewalt gegen Tiere“ in Stillarbeit euren Standpunkt und begründet ihn.

2. Schritt > Ihr bildet zwei gleich große Gruppen.

3. Schritt > Ihr wählt einen Gesprächsleiter oder eine Gesprächsleiterin.

4. Schritt > Die Gesprächsleitung trägt das Problem vor und erteilt den Gruppen abwechselnd das Wort: Die beiden Gruppen sagen in einer Art Ping-Pong-Diskussion ihre Meinung und begründen diese.

5. Schritt > Während des Meinungsaustauschs sollten die Gruppen versuchen, auf die Argumente und Meinungen der Gegen-Gruppe einzugehen. Am Ende des Gesprächs hat jede Gruppe ein Schlusswort, bevor die Gesprächsleitung die Abstimmung einleitet.

6. Schritt > Ihr stimmt ab.

1. Recherchiert im Internet über Rosa Parks und Martin Luther King und haltet Kurzreferate über ihr Leben und ihren gewaltlosen Widerstand.
2. Fasst die Auffassung von Brigitte Labbé und Michel Puech zum Weg der Gewaltlosigkeit zusammen.
3. Führt eine Pro- und Kontra-Debatte zur Frage, ob man Konflikte immer ohne Gewalt lösen sollte.

Informiert euch im Internet über den Fall „George Floyd“ und über Rassismus heute – sowohl in den USA als auch in Europa.

Exklusiv:
Was tun gegen Mobbing und Gewalt in der Schule?

Interview mit der Mediatorin Manette Kayser[1]

1: Manette Kayser (geb. 1962) ist Ethik-Lehrerin an einem Gymnasium in Luxemburg und seit 2010 zusätzlich ausgebildete Mediatorin. In dieser Rolle kümmert sie sich besonders um die Klärung und Schlichtung von Konflikten und Streitfällen an ihrer Schule.

1. Sie sind an Ihrer Schule Beauftragte gegen Mobbing. Was machen Sie in dieser Funktion?

Gemeinsam mit weiteren erwachsenen Mediatorinnen und Mediatoren unterstütze ich regelmäßig Klassen oder Gruppen von Schülerinnen und Schülern, die Mobbing erleben. Wir ermutigen Jugendliche, Zivilcourage zu zeigen und sich gegen Mobbing zu wehren. Zusammen trauen sie sich viel eher, Mitschüler/innen, die Opfer von Mobbing geworden sind, zu verteidigen und sich an gerechten Lösungen für die Mobbingsituation zu beteiligen.

2. Mit welchen Problemen kommen die Schülerinnen und Schüler zu Ihnen?

Sehr häufig erzählen die Schülerinnen oder Schüler, dass sie sich in ihrer Klasse ausgeschlossen und deswegen sehr allein fühlen. Auch beklagen sie sich über ein schlechtes Klassenklima, verbale Aggressionen, die Beschädigung oder den Diebstahl von persönlichem Eigentum sowie über die Verbreitung von Gerüchten; Letzteres geschieht immer öfters über soziale Netzwerke (Cybermobbing). Die betroffenen Jugendlichen leiden sehr unter diesen Gewaltformen, die oftmals sehr ausgeklügelt und gemein durchgezogen werden.

3. Wie werden diese Probleme gelöst?

Da Mobbing ein Gruppenproblem ist – die Klasse duldet Mobbing und viele Mitschüler/innen beteiligen sich daran – schlagen wir meistens vor, mit der ganzen Klasse oder einer Gruppe von Schülern zu arbeiten und diese in den Lösungsprozess einzubinden (basierend auf dem No Blame Approach[2]). Dabei setzen wir auf Einsicht und Vertrauen seitens der beteiligten Jugendlichen. Wir zielen darauf ab, ihr Verantwortungsgefühl und ihre Zivilcourage zu stärken und fördern ihr Verständnis und Wiedergutmachung. Aus gutem Grund vermeiden wir Schuldzuweisungen und Strafen. Im Gegenteil: Wir ermutigen alle Jugendlichen, sich an gerechten Lösungen für die Mobbingsituation zu beteiligen und somit die von Mobbing Betroffenen zu schützen.

2: Ansatz ohne Schuldzuweisung; hier werden in einem strukturierten Verfahren alle Beteiligten einbezogen und es wird eine Unterstützergruppe für das Mobbing-Opfer gebildet.

4. Sie bilden an Ihrer Schule Jugendliche zu Mediatoren aus: Was lernen die Schülerinnen und Schüler von Ihnen?

Im Laufe dieser Ausbildung erhalten die Jugendlichen eine Einführung in die Theorie des Konfliktes sowie in die gewaltfreie Kommunikation. Sie erfahren die Bedeutung der Empathie*, der Selbst- und Fremdachtung, des Nicht-Urteilens und aktiven Zuhörens. Zum Schluss lernen sie den Mediationsprozess und die Techniken der Mediation kennen.

5. Welche Aufgaben erfüllen die Jugendlichen – nach ihrer Ausbildung an der Schule – bei der Gewaltprävention?

In unserem Gymnasium gibt es das Patenschafts-Projekt. Die Mediationsschüler/innen begleiten regelmäßig die Anfangsklassen während ihres ersten Schuljahrs. Ziel dieses Projektes ist es, die Klassengemeinschaft zu stärken und den jüngeren Schülerinnen und Schülern ein friedvolles Zusammensein zu erleichtern. Sie sollen sich sicher fühlen und sich zugleich so wohlfühlen, dass sie Konflikte klären und Mobbing nicht aufkommen lassen.

6. Kann jede(r) Mediator werden?

Ja, wir bilden alle freiwilligen Schülerinnen und Schüler aus, wenn die Anzahl der Interessierten dies erlaubt. Somit sind auch Schüler willkommen, die ein eher auffallendes oder undiszipliniertes Benehmen zeigen.
Zu den Bedingungen für die Teilnahme gehört es, die Trainingsgrundsätze zu respektieren, als Mediatoren eine respektvolle Haltung einzunehmen und die Prinzipien der Mediation zu achten. Jugendliche, denen das nicht gelingt, sprechen wir auf ihr Benehmen an und suchen gemeinsam mit ihnen Wege, eine angemessene Lösung zu finden, damit sie sich weiter am Programm beteiligen können oder eventuell aussteigen.

Erste Hilfe im Streit

An vielen Schulen gibt es Programme zur Streitschlichtung, bei der Schülerinnen und Schüler zu Mediatorinnen und Mediatoren ausgebildet werden.

1. Fasst mit eigenen Worten zusammen, welche Aufgabe Mediatorinnen und Mediatoren haben.

2. Sucht weitere Argumente, warum Mediatorinnen und Mediatoren unparteiisch sein sollten.

Überlegt euch, welche Werkzeuge (Regeln, Verhaltensweisen usw.) in einen Erste-Hilfe-Kasten der Konfliktlösung gehören. Unterbreitet in kleinen Gruppen eigene Vorschläge und stellt sie in der Philosophiegruppe vor.

Wissen und Können:
Die Frage nach dem guten Handeln

Das kann ich: Begriffe erklären und zuordnen

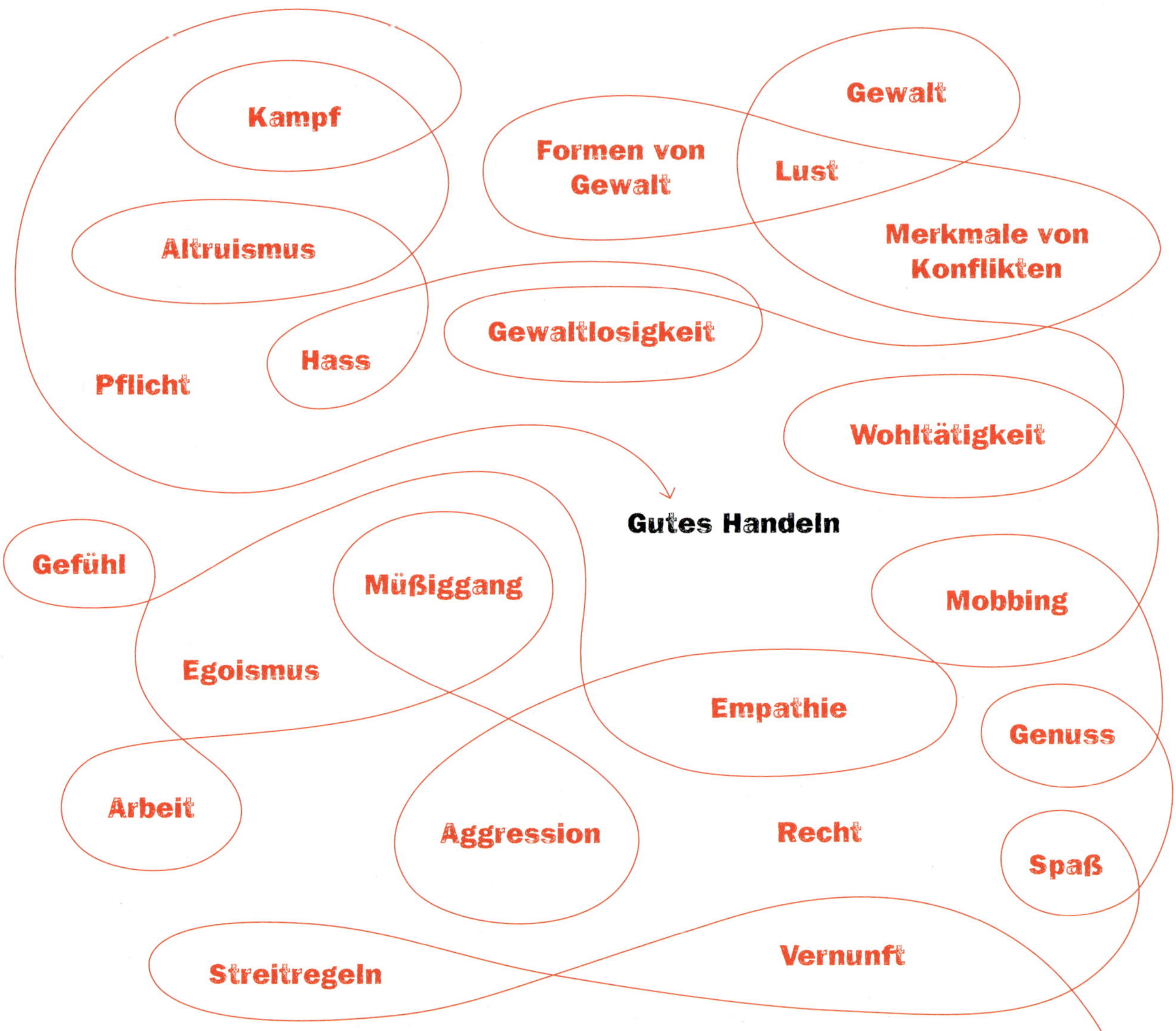

1: Wenn du bei der Erklärung eines Begriffs unsicher bist, kannst du im Anhang unter „Hilfen und Tipps" (Seiten 226/227) nachschlagen, auf welcher Kapitelseite der Begriff im Mittelpunkt steht. Bearbeite diese Seite dann nochmals – am besten mit einer Partnerin oder einem Partner.

1. Ordnet die Begriffe in einer Mindmap*. Wählt anschließend zwei oder drei beieinander liegende Begriffe aus und erklärt[1] ihren Zusammenhang.
2. Bildet kleine Gruppen und versucht eine Zuordnung möglichst vieler der aufgeführten Begriffe zu den folgenden Philosophen und Persönlichkeiten: Albert Einstein, Erich Fromm, Immanuel Kant, Hans Küng, Karl Jaspers, Brigitte Labbé, Konrad Lorenz, Richard D. Precht, Michel Puech, Jean Jacques Rousseau, Bertrand Russell, Helmut Schmidt, Adam Smith.

Das kann ich: Stellung nehmen und argumentieren [2]

- zur Frage, ob man im Leben eher nach Lust oder eher nach Pflicht handeln sollte (siehe die Seiten 68–73).
- zur Frage, ob Müßiggang nicht besser als Arbeit ist – für den Einzelnen wie für die Gesellschaft (siehe die Seiten 72/73).
- zur Frage, ob Menschen immer zuerst an ihre eigenen Interessen denken und auch ihr Leben an ihnen ausrichten sollten (siehe die Seiten 74/75).
- zur Frage, ob wir unsere Maßstäbe für moralisches Handeln (zum Beispiel anderen Menschen zu helfen) eher aus Gefühl oder eher aus Vernunft gewinnen (siehe die Seiten 76/77).
- zur Frage, ob Rechte wichtiger als Pflichten sind (siehe die Seiten 78/79).
- zur Frage, ob Aggression ein dem Menschen angeborener Trieb ist (siehe die Seiten 84/85).
- zur Frage, wozu Gewalt bei den Opfern und den Tätern führen kann (siehe die Seiten 86/87).
- zur Frage, ob man Konflikte immer gewaltfrei lösen kann (siehe die Seiten 88/89).
- zur Frage, welche Mittel zur Lösung von Konflikten am geeignetsten sind (siehe die Seiten 90/91).

2: Suche dir ein oder zwei dich interessierende Fragen aus und schreibe eine Stellungnahme dazu. Stütze deine Meinung durch Argumente und gehe auf Positionen ein, die du kennengelernt hast. Hinweise zum Abfassen von Stellungnahmen bzw. Erörterungen findest du im Anhang, Seite 233 (Eine Erörterung / einen Essay verfassen).

Das probiere ich aus: Konflikte in der Schule lösen

Bildet kleine Gruppen und stellt euch folgende Situation vor: Ihr seid Schülerinnen und Schüler einer 8. Klasse und findet die große Pause auf dem Schulhof total langweilig. Deshalb geht ihr nicht auf den Schulhof, sondern gleich in die Turnhalle, wo ihr in der nächsten Stunde Sportunterricht habt. Ihr wisst genau, dass das verboten ist. Als ihr gerade die Turnhalle betreten wollt, erwischt euch der Aufsichtslehrer. Er schickt euch zurück auf den Hof und sagt eurer Klassenlehrerin Bescheid. In fünf Minuten klingelt es, und ihr müsst euch jetzt entscheiden, was ihr sagt, wenn eure Klassenlehrerin euch anspricht.

1. Besprecht in kleinen Gruppen, wie ihr die beiden Konflikte lösen wollt. Studiert zu einem der beiden Konflikte ein Rollenspiel ein.

Recht und Gerechtigkeit / Utopien und ihre politische Funktion

Wir sollten gegenüber dem Elend anderer Menschen nicht gleichgültig sein.
Denn wir entscheiden selbst, welchen Weg wir gehen.
Nach Judith Shklar, lettisch-amerikanische Philosophin

Erklärt den Gedanken von Judith Shklar. Orientiert euch danach im Gerechtigkeitsgarten: Wo und wann handeln Menschen dort gerecht oder ungerecht? Begründet euren Standpunkt..

In diesem Kapitel lernst du
- Prinzipien der Gerechtigkeit kennen und anwenden
- über die Bedeutung von Menschenrechten nachzudenken
- Ziele und Arten von Strafen zu unterscheiden
- unterschiedliche Utopien kennen und unterscheiden

Du nutzt als Methoden
- den Perspektivwechsel
- die Standpunktrede
- das szenische Spiel
- das Thinktank-Verfahren

... und beurteilst und bewertest
- die Gerechtigkeit von Handlungen
- den Wert von Menschenrechten
- den Sinn von Strafe
- Funktionen von Utopien und Dystopien

Ungerecht!

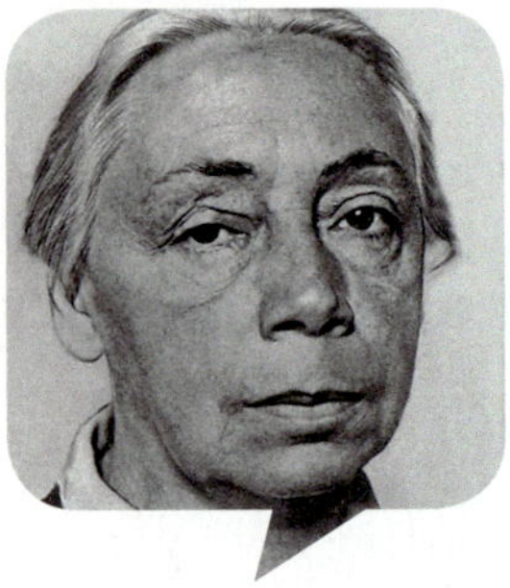

Käthe Kollwitz (1867–1945) war eine deutsche Künstlerin. Auf ihren Bildern spielten soziale Themen wie Hunger, Armut und Ausgrenzung eine wichtige Rolle.

Käthe Kollwitz, Brot (1924)

Wir philosophieren: Eine andere Perspektive einnehmen

Der Philosoph **David Hume** (siehe Seite 26) war der erste, der die Methode des fremden Blicks in die Philosophie eingeführt hat. Er ging davon aus, dass Menschen lernen sollten, mit anderen mitzufühlen.

Der Perspektivwechsel ist eine Methode, um bei ethischen Problemen den Blick von der eigenen Person auf die anderen Beteiligten zu lenken und sich „in ihre Haut" zu versetzen. Die Welt wird aus der Perspektive der anderen betrachtet. Nicht die eigenen Gedanken und Gefühle sind wichtig, sondern die Bedürfnisse und Befindlichkeiten der anderen Beteiligten, wie zum Beispiel die Gefühle von Menschen, Tieren oder Pflanzen.
Probiert die Methode jetzt aus: Stellt euch vor, ihr wärt die beiden hungernden Kinder auf dem Bild von Käthe Kollwitz. Notiert euch Stichworte dazu, was sie denken, fühlen und zu ihrer Mutter sagen könnten.

Wissen und Merken: Was heißt ungerecht handeln?

Judith Shklar war die erste Philosophin, die ein Buch über Ungerechtigkeit geschrieben hat. Sie kritisierte, dass sich die Philosophie immer nur mit gerechtem Handeln beschäftigt habe, obwohl die meisten Menschen in ihrem Leben eher Ungerechtigkeitserfahrungen machen.
Judith Shklar unterscheidet zwischen aktiver und passiver Ungerechtigkeit. Wer aktiv ungerecht handelt, schade vorsätzlich einem anderen Menschen, zum Beispiel durch Ungleichbehandlung. Weitaus mehr verbreitet sei jedoch die passive Ungerechtigkeit. Sie beinhalte, dass viele Menschen nicht in der Lage seien, „private und öffentliche Akte von Ungerechtigkeiten aufzuhalten".

Hungersnot

Betrachten wir die Hungersnot, die in den überlieferten Erinnerungen vieler Amerikaner noch lebendig ist: die große Hungersnot in Irland Mitte des 19. Jahrhunderts. Sie brach aus, nachdem die Kartoffelernte durch Pilzbefall vernichtet worden war. Die Ursache der Trockenfäule wurde nicht erkannt und hätte weder verhindert noch aufgehalten werden können. Landwirtschaftliche Erkenntnisse steckten noch in den Kinderschuhen. Eine rein technische Lösung war nicht verfügbar. Doch ist es tatsächlich ein pures Unglück gewesen, dass so viele irische Bauern von einer einzigen Ernte lebten und die Bodenrechte landwirtschaftlichen Verbesserungen so starke Hindernisse in den Weg legten? […]
Nachdem die Hungersnot wahrhaft schreckliche Ausmaße angenommen hatte, musste man sich nach Abhilfen umsehen. Viele Männer des öffentlichen Lebens fühlten sich zwischen religiösen und wirtschaftlichen Notwendigkeiten hin und her gerissen. Die religiöse Pflicht verlangte, dass die Regierung den Opfern der Hungersnot hilft. Die Wirtschaftstheorie verbot jeden Eingriff in das freie Unternehmertum. Die Verantwortlichen handelten genau so, wie wir es erwarten würden. Sie arbeiteten wie Besessene an Entwürfen und Berichten. Niemand könnte ihnen persönlich Gefühllosigkeit und Gleichgültigkeit zum Vorwurf machen. Sie kamen ihrer religiösen Pflicht durch großzügige medizinische Hilfe, Unterstützung von Krankenhäusern und Spendenaufrufe nach. Aber sobald die Whigs[1] an die Macht kamen, wurden die von Robert Peel geschaffenen Lagerhäuser der Regierung geschlossen, die Korn billig verteilen und die Preise für Nahrungsmittel niedrig halten sollten.

Judith N. Shklar[2]

1: Die „Whigs" waren eine liberale britische Partei. Sie lehnten eine Einmischung des Staates in die Wirtschaft ab.

2: Judith N. Shklar (1928–1992) wuchs in einer jüdischen Familie in Riga auf und flüchtete 1939 als Kind mit ihren Eltern auf Umwegen nach Nordamerika. Später lehrte sie Philosophie an der berühmten Harvard-Universität in den USA.

1. Beschreibt das Bild von Käthe Kollwitz (zur Methode siehe Seite 181). Stellt einen Zusammenhang her zum Text „Hungersnot" von Judith Shklar. Beschreibt dieser Text passive oder aktive Ungerechtigkeit? Begründet euren Standpunkt. Notiert euch vorher Stichworte dazu.

2. Sucht weitere Beispiele für aktive und passive Ungerechtigkeit.
Warum haben sich Philosophinnen und Philosophen vorwiegend mit dem Thema „Gerechtigkeit" beschäftigt und weniger über ungerechtes Handeln nachgedacht? Sammelt dazu Ideen.

Gerechtigkeit als Gleichbehandlung

Warum gerechtes Handeln schwierig ist

Gerechtigkeit erfordert Gleichheit. […] Im Zentrum der Diskussion um Gerechtigkeit steht daher die Frage: An welchem Maßstab hat sich das Gebot der Gleichheit auszurichten? Auf diese Frage sind unterschiedliche Antworten möglich: So kann sich die Forderung nach Gleichheit auf die Bewertung und Anerkennung der erbrachten Leistungen beziehen (Leistungsgerechtigkeit). Sie kann aber auch die Befriedigung unterschiedlicher Bedürfnisse betreffen (Bedarfsgerechtigkeit) oder die Zuerkennung von Menschenrechten (Rechtsgleichheit). […]
Gleichheit erfordert auf jeden Fall Gleichbehandlung. Sie kann jedoch auch unterschiedliche Behandlungen rechtfertigen, sofern für diese ein zwingender Grund für die Bevorzugung oder Benachteiligung Einzelner besteht. Das Gleichheitsgebot ist also mit der […] Schwierigkeit konfrontiert, auf Menschen, die untereinander ungleich sind, angewendet zu werden.

Nach **Eberhard Eichenhofer**[1]

1: Eberhard Eichenhofer (geb. 1950) lehrte Sozialrecht an der Friedrich-Schiller-Universität in Jena.

Geld in einer Jugendrepublik verteilen

Stellt euch vor, ihr wärt Gesetzgeber in einer Jugendrepublik[1]. Ihr habt die Aufgabe, 100.000 Euro, die ihr vom Staat zur Versorgung von 100 Kindern und Jugendlichen für einen Monat zur Verfügung gestellt bekommen habt, nach dem Prinzip der Gleichheit zu verteilen. Nach welchen Maßstäben würdet ihr das Geld ausgeben? Bedenkt dabei, dass auch Grundbedürfnisse wie Essen, Trinken, Kleidung und Wohnen befriedigt werden müssen. Überlegt, ob ihr bei eurer Entscheidung die folgenden Prinzipien der Gerechtigkeit berücksichtigen wollt. Bildet zur Lösung der Geldverteilung kleine Gruppen und notiert Stichworte.

1: Lest hierzu auch die Texte auf den Seiten 110/111.

Prinzipien der Gerechtigkeit nach Aristoteles[2]

2: Aristoteles (384–322 v. Chr.) war ein griechischer Philosoph. Er hat das erste Ethik-Buch geschrieben: Die Nikomachische Ethik (siehe auch Seite 57).

Prinzipien

Verteilende Gerechtigkeit: Güter können nach den Leistungen, die jemand erbracht hat, oder nach dem, was er benötigt, verteilt werden. Im ersten Fall gilt das *Leistungsprinzip*: Wer z. B. die Aufgaben in einer Klassenarbeit durch Fleiß oder Begabung vollständig löst, bekommt eine sehr gute Note. Im zweiten Fall gilt das *Bedürfnisprinzip*: Z. B. bekommt jemand auch dann Geld zum Leben vom Staat, wenn er nicht arbeitet.

Ausgleichende Gerechtigkeit: Austausch, d. h. Umverteilung von Gütern, um einen Ausgleich zwischen Einzelnen oder gesellschaftlichen Gruppen zu schaffen. So kann der Gesetzgeber einen sozialen Ausgleich schaffen, indem er z. B. den Ärmsten etwas vom gesellschaftlich erarbeiteten Wohlstand gibt (soziale Gerechtigkeit); er kann auch benachteiligte Gruppen, z. B. Frauen oder Migranten, bevorzugt behandeln, um bestehende Ungleichgewichte auszugleichen (sog. positive Diskriminierung).

1. Welche Gerechtigkeitsproblematik wird in der Bildgeschichte angesprochen? Klärt, wie Eberhard Eichenhofer den Fall entscheiden würde und erläutert die Probleme, die bei Anwendung des Gleichheitsgebots auf Ungleiche bestehen.

2. Stellt die Resultate aus der Gruppenarbeit* zur Verteilung des Geldes für die Jugendrepublik einander vor und wertet sie nach den obigen Gerechtigkeitsprinzipien aus.

Gestaltet eine eigene Comic-Szene für eine gerechte Lösung des Diebstahlproblems aus dem Mittelalter. Stellt eure Ergebnisse anschließend in der Gruppe vor.

Warum Menschenrechte?

Wissen und Merken: Wie Menschenrechte entstanden sind

Die Stoiker, eine Bewegung griechisch-römischer Philosophen, ging bereits vor mehr als 2000 Jahren davon aus, dass alle Menschen durch den göttlichen Logos[1] mit Vernunft begabt sind und eine große Gemeinschaft bilden: Kaiser Marcus Aurelius (121–180), der zu einer jüngeren Stoiker-Gruppe gehörte, formulierte es so: „Wenn uns das Denkvermögen gemeinsam ist, dann ist uns auch die Vernunft, durch die wir denkfähig sind, gemeinsam. Dann ist uns auch das Gesetz gemeinsam. Wenn das der Fall ist, dann sind wir Menschen Bürger“. Die von den Stoikern geforderte natürliche Gleichheit des Menschen entwickelte der englische Philosoph John Locke (1632–1704) weiter: Menschen haben „von Natur aus“ gleiche Rechte, d. h. Ansprüche an den Staat. Dieser Gedanke bildet die Grundlage allgemeiner Menschenrechtserklärungen, die zum ersten Mal vor mehr als 800 Jahren in Europa formuliert wurden.

1: Der griechische Begriff hat vielfältige Bedeutungen: „Wort“, „erklärende Rede“, „Vernunft“, auch im Gegenüber zum Mythos (siehe Denk(t)räume wagen. Praktische Philosophie 1, S. 160/161).

Internationale Menschenrechtserklärungen

Allgemeine Menschenrechte sind nach der UNO – hier in gekürzter Fassung – z. B.:
Art. 1: „Alle Menschen sind frei und gleich.“
Art. 3: „Jeder Mensch hat das Recht auf Leben.“
Art. 7: „Alle Menschen sind vor dem Gesetz gleich.“
Art. 14: „Jeder Mensch hat das Recht, in anderen Ländern Asyl zu suchen.“
Art. 24: „Jeder Mensch hat das Recht auf Erholung und Freizeit.“
Art. 26: „Jeder Mensch hat das Recht auf Bildung.“

1215	Magna Carta Libertatum in England (erste offizielle Menschenrechtserklärung in der Geschichte der Menschheit)
1789	Bill of Rights – Menschenrechtserklärung als Zusatz zur amerikanischen Verfassung
1791	Die Erklärung der Rechte des Menschen und Bürgers (Menschenrechtserklärung der Französischen Revolution)
1791	Erklärung der Rechte der Frau und Bürgerin (erste Menschenrechtserklärung für die Rechte von Frauen, ausgearbeitet von der französischen Philosophin Olympe de Gouges, 1748–1793)
1948	Allgemeine Erklärung der Menschenrechte der Vereinten Nationen (UNO)
1951	Genfer Flüchtlingskonvention der UNO (Abkommen über die Rechtsstellung von Flüchtlingen)
1981	Afrikanische Charta der Menschenrechte und der Rechte der Völker (Banjul-Charta)

Abeans Flucht

Abean ist mit seinen Eltern und Geschwistern über Jordanien und die Türkei mit dem Schlauchboot nach Griechenland gekommen. Seine Familie hat in Stuttgart Asyl beantragt.

Ich bin in Daraa im Süden Syriens aufgewachsen. Unsere Familie hatte dort ein großes Haus mit Zitronenbäumen im Hof. 2011 begannen die Kämpfe und vieles veränderte sich.
Wir sind dann in den Keller gezogen, um vor Bomben sicher zu sein. Man konnte nicht mehr einfach so auf die Straße gehen. Einmal, als ich mit Freunden auf dem Weg zur Schule war, zischte eine Gewehrkugel nur knapp an uns vorbei. Wir hatten Glück.
Aber meine Familie war in Syrien noch aus einem anderen Grund bedroht: Mein Onkel ist aus der Armee geflohen und zur Freien Syrischen Armee gegangen, die gegen die Regierung kämpft. Wenn jemand so etwas tut, verfolgt die Geheimpolizei oft auch seine Verwandten. Meinen älteren Bruder haben sie verschleppt und eine Woche gefangen gehalten. Als er freikam, haben meine Eltern ihn sofort nach Jordanien geschickt. Dort waren schon viele andere Verwandte.

Susan Schädlich, *deutsche Schriftstellerin*

Wissen und Merken: Der Hohe Kommissar für Flüchtlinge (UNHCR)

Am 14. Dezember 1950 hat die UNO den UNHCR[1] ins Leben gerufen, um Flüchtlinge auf der ganzen Welt besser zu schützen. Zu seinen Aufgaben gehört es, den Bau und die Finanzierung von Flüchtlingslagern zu organisieren sowie die Versorgung der Geflüchteten mit Lebensmitteln weltweit sicherzustellen.

1: Informationen über den UNHCR: www.unhcr.de

1. Bildet Gruppen und recherchiert zu den verschiedenen Menschenrechtserklärungen und den Philosophen Marcus Aurelius, John Locke und Olympe de Gouges. Gestaltet anschließend dazu Plakate für eure Schule.

2. **Projektvorschlag:** Ladet euch Menschen ein, die ihre Heimat verlassen mussten. Sprecht mit ihnen über die Gründe für ihre Flucht (zum Thema „Flucht“ siehe auch die Seiten 206/207 zu den Klöstern und zu Edith Stein).

3. Informiert euch im Internet über die Tätigkeit des UNHCR.

4. Der 13-jährige Markus behauptete in einer Diskussion, Menschenrechte seien sinnlos, weil keiner „richtig kontrolliert“, ob sie eingehalten werden. Stimmt ihr Markus zu? Schreibt ihm einen fiktiven Brief* oder verfasst einen Blogeintrag*.

Überlegt, wie die Menschen auf der Welt zusammenleben würden, wenn es keine Menschenrechte gäbe.

Exklusiv:
Was macht eine Menschenrechtsanwältin?

Fragen an Yetnebersh Nigussie

Yetnebersh Nigussie, Anwältin und Menschenrechtsaktivistin

Die Äthiopierin Yetnebersh Nigussie erblindete im Alter von fünf Jahren aufgrund einer Infektion. Dadurch wurde sie als Jugendliche vor einer früh geschlossenen Ehe bewahrt. Nigussie besuchte auf Anraten ihrer Großmutter eine von Nonnen geführte Blindenschule. Hier wurden ihre Fähigkeiten gefördert – sie trat zum katholischen Glauben über und studierte später Rechtswissenschaften und Sozialarbeit. Heute ist Nigussie Rechtsanwältin und setzt sich besonders für die Rechte von Menschen mit Behinderungen ein. 2017 erhielt sie dafür den Alternativen Nobelpreis.*

Lucy und Paul, Schüler/innen einer 9. Klasse, haben Yetnebersh Nigussie vier Fragen gestellt:

1. Wir haben im Philo-Unterricht über Menschenrechte gesprochen. Sie verloren als kleines Kind ihr Augenlicht. War diese Erfahrung ein Grund für Sie, Menschenrechtsanwältin zu werden?

Ich bin als blindes Mädchen in einer sehr ländlichen Gegend Äthiopiens aufgewachsen. Das bedeutet, dass ich noch weniger Chancen als die nicht-behinderten Kinder hatte, ausreichende medizinische, schulische und soziale Unterstützung zu bekommen. Ich musste mich 800 km von meinem Heimatdorf entfernen, um überhaupt in die Schule gehen zu können; daher war der Schulbesuch nur in sehr isolierter Weise möglich. Meine Eltern brauchten drei Jahre, bis sie mich zum ersten Mal zu einem Arzt bringen konnten. Ich hatte kaum Gelegenheit, mit meinen Geschwistern zu spielen, zu lernen oder überhaupt mit ihnen gemeinsam aufzuwachsen, denn ich war jedes Jahr zehn Monate von meiner Familie getrennt. Diese und andere Benachteiligungen veranlassten mich, laut und vernehmlich die Integration[1] und Inklusion[2] aller Menschen zu fordern.

1: Die Aufnahme und Eingliederung von Menschen

2: Der gleichberechtigte Einschluss und die Einbeziehung von Menschen in ihre Umgebung (Gesellschaft)

2. Kann eine Menschenrechtsanwältin dazu beitragen, Menschenrechte gegenüber Staaten durchzusetzen? Was war die größte Herausforderung in Ihrem Leben?
Menschenrechtsaktivisten müssen konsequent sein und sich für ihre Anliegen mit Leib und Seele einsetzen. Sie sollten vorausschauend sein und sich mit anderen zusammenschließen. Der Kampf gegen Ungleichheiten sowie Vorurteile aufgrund des Geschlechts oder einer Behinderung ist nicht einfach und kann schon gar nicht allein geführt werden. Deswegen braucht man Verbündete. Meine schwierigste Herausforderung war, als ich von einer Spezialschule zu einer allgemeinen Schule gewechselt bin. Dort habe ich erfahren, dass ich erfolgreich sein konnte, weil Lehrer/innen und Mitschüler/innen meine Situation verstanden und mich, wenn notwendig, unterstützt haben.

Äthiopien liegt im Nordosten Afrikas. Das Land ist ein Vielvölkerstaat und seit 1991 eine Republik. Dort leben mehr als 100 Millionen Menschen. Ungefähr die Hälfte von ihnen kann nicht schreiben und lesen. Im Jahr 2017 besuchten 80 Prozent aller jüngeren Kinder bereits eine Grundschule.

3. Mit welchen konkreten Menschenrechtsfällen beschäftigen Sie sich zurzeit?
Wie in anderen Ländern sind in Äthiopien zahlreiche Gleichstellungsprojekte und -gesetze für Integration und Inklusion beschlossen worden. Aber immer noch arbeite ich hart daran, dass diese Gesetze tatsächlich umgesetzt werden – zum Wohle derjenigen Menschen, die besonders benachteiligt sind: zum Beispiel Mädchen mit Behinderungen und Kinder mit mehrfachen Behinderungen. Dabei glaube ich allerdings nicht an rasche Erfolge.

4. Was können wir als Jugendliche tun, um die Einhaltung der Menschenrechte auf der ganzen Welt zu fördern?
Erstens akzeptiert in eurer Umgebung alle Menschen als gleichwertig, egal in welcher Lage die eine oder andere Person ist. Eure Haltung sollte nicht vom Geschlecht, dem Grad der Behinderung, dem Alter, der Herkunft oder der sexuellen Orientierung abhängig gemacht werden. Zweitens wendet euch gegen alle möglichen Stereotypen, die es von bestimmten Gruppen gibt. Jeder Mensch ist verschieden. Seht zuallererst die Fähigkeit des anderen, nicht seine mögliche Behinderung.
Eure Generation verfügt über viele Chancen, muss aber auch Schwierigkeiten meistern. Ihr wachst in der digitalen Informationsgesellschaft auf. Lernt auszuwählen, was ihr aus der Flut an Informationen und Angeboten wirklich braucht und was nicht.

1. Yetnebersch Nigussie möchte erreichen, Menschen nach ihren Fähigkeiten und nicht nach ihrer Behinderung zu beurteilen. Welche Vorstellung von Gerechtigkeit zeigt sich in diesem Ziel?
2. Warum betont Yetnebersh Nigussie, dass man im Kampf gegen Ungleichheiten Verbündete braucht? Diskutiert darüber in der Lerngruppe.
3. Die Vereinten Nationen haben alle Staaten aufgefordert, die Inklusion zwischen behinderten und nicht behinderten Menschen in ihrem Bildungssystem umzusetzen. Stellt Gründe für diese Entscheidung zusammen.
4. Informiert euch in Kleingruppen über Inklusion an eurer Schule oder an Schulen in der Nähe und befragt Betroffene über positive und negative Erfahrungen mit der Umsetzung.

Der Alternative Nobelpreis (engl. Right Livelihood Award) wird seit 1980 jährlich für die Gestaltung „einer besseren Welt" vergeben. Begründet wurde er von dem deutsch-schwedischen Schriftsteller Jakob von Uexküll.
Weitere Informationen unter: *https://de.wikipedia.org/wiki/Right_Livelihood_Award*

Welchen Sinn haben Strafen?

1: Strafen heißt, jemanden aufgrund eines bestimmten unerwünschten Verhaltens in seinen Freiheitsrechten einzuschränken. In einem Rechtsstaat wie Deutschland dürfen schwere Strafen nur vom Staat verhängt werden – durch unabhängige Gerichte nach Gesetzen.

Der Philosoph **Immanuel Kant** (1724–1804) war ein Verfechter der Vergeltung. Er wollte sogar, dass jedem Verbrecher die staatsbürgerlichen Rechte, z. B. das Wahlrecht, aberkannt werden.

Warum soll jemand bestraft werden?[1]

Strafe als Vergeltung

Strafe als Abschreckung

Strafe als Schutz der Gesellschaft

Strafe als Besserung durch Einsicht (z. B. im Täter-Opfer-Ausgleich)

Erziehen statt bestrafen

Was ist der Unterschied zwischen Erwachsenen- und Jugendstrafrecht? Das Jugendrecht ist ein Erziehungsrecht, das heißt: Es geht weniger um Strafe als vielmehr darum, auf einen Jugendlichen einzuwirken, von dem man glaubt, er könne noch erzogen, angeleitet, auf den rechten Weg zurückgebracht werden. Zwar gibt es diesen Gedanken in Form der Resozialisierung[1] auch bei den Erwachsenen, aber bei Jugendlichen steht er eindeutig im Vordergrund vor der Bestrafung. Deshalb wird gegen Jugendliche und Heranwachsende auch von speziellen Staatsanwälten und vor speziellen Gerichten verhandelt, die Richter und die Ankläger dort sollen „erzieherisch befähigt und in der Jugenderziehung erfahren" sein. Die Mittel, die ihnen zur Verfügung stehen, um Verfehlungen Jugendlicher zu ahnden, sind deutlich milder als die im Erwachsenen-Strafrecht. Unterschieden wird zwischen Erziehungsmaßnahmen und Zuchtmitteln[2]. Erziehungsmaßnahmen sind in erster Linie Weisungen, die der Richter dem Angeklagten erteilt: Er muss sich in einer bestimmten Stadt aufhalten. Er muss in einem Heim wohnen. Er muss sich eine Arbeit oder eine Ausbildungsstelle suchen. Er muss gemeinschaftliche Arbeiten leisten, also zum Beispiel für eine bestimmte Anzahl von Stunden in einem Seniorenheim mithelfen. Er muss an einem sozialen Trainingskurs teilnehmen, wo er sich etwa mit seiner Gewalttätigkeit und mit seinen Aggressionen auseinander zu setzen hat. Er muss den Schaden seines Opfers wiedergutmachen, was auch bedeuten kann, dass er sich in der Gerichtsverhandlung öffentlich bei ihm entschuldigen muss. Er muss, wenn er mit dem Auto oder dem Moped auffällig geworden ist, an einem speziellen Verkehrsunterricht teilnehmen. Und zu guter Letzt: Der Richter kann den Jugendlichen anweisen, bestimmte Personen nicht mehr zu treffen und bestimmte Orte, etwa Gaststätten, nicht mehr zu besuchen.

Stephan Handel[3]

1: Resozialisierung meint die Wiedereingliederung des Täters in die Gesellschaft, also seine Besserung. Sie kann durch verschiedene Mittel wie Einsicht in die Schuld oder Einübung in nicht kriminelle Verhaltensweisen (z. B. friedliche Konfliktlösungen) erreicht werden.

2: Hier sind Gefängnisstrafen gemeint.

3: Stephan Handel (geb. 1964) ist Gerichtsreporter bei der Süddeutschen Zeitung. Er hat für Jugendliche das Buch „Recht: Was geht mich das an?" geschrieben.

Wissen und Merken: Täter-Opfer-Ausgleich

Der Täter-Opfer-Ausgleich ist eine Form der Resozialisierung, die es besonders im Jugendstrafrecht gibt. Ziel der Resozialisierung ist es, den Täter wieder zu einem anerkannten Mitglied der Gesellschaft zu machen. Indem der Täter mit seinem Opfer Gespräche führt, wird er mit den Folgen seiner Tat konfrontiert und kann sie aufarbeiten. Das gemeinsame Gespräch kann auch zur Strafmilderung beitragen. Der Täter-Opfer-Ausgleich wird auch im außergerichtlichen Bereich bei leichten Straftaten wie Prügeleien zum Beispiel in der Schule angewendet.

1. Erläutert anhand der Comic-Szenen die verschiedenen Funktionen von Strafe. Diskutiert, welche euch am meisten überzeugt.

2. Charakterisiert mit eigenen Worten die Besonderheiten des Jugendstrafrechts.

3. Begründet, warum der Täter-Opfer-Ausgleich für die Besserung des Täters (Resozialisierung) eine besondere Rolle spielt.

Ist der Täter-Opfer-Ausgleich auch für das Erwachsenenstrafrecht geeignet? Begründet eure Auffassungen.

Philosophisches Forum:
Müssen Strafen überhaupt sein?

Das neueste Handy

In Pias Klasse haben fast alle ein neues Handy. „Und meins ist uralt", denkt Pia. Als sie im Kaufhaus verschiedene Ausstellungshandys in der Elektronik-Abteilung sieht, die „einfach so da stehen", lässt sie kurzerhand ein schickes Modell in ihrem Beutel verschwinden. Ein Verkäufer beobachtet sie und stellt sie zur Rede. Die Filialleiterin wird informiert und will Anzeige bei der Polizei erstatten. Gerade in dem Moment kommt Pias Freundin dazu und erfährt, was geschehen ist. „Können Sie nicht mal ein Auge zudrücken?", fragt sie die Filialleiterin. „Pia ist sonst ganz okay. Das war nur ein Ausrutscher."

Helfen statt Bestrafen

1: Fürst Pjotr Kropotkin (1842–1921) entstammte einer russischen Adelsfamilie. Er musste als Junge schon zum Militär, obwohl er Gewalt hasste. Später studierte er Philosophie und Geografie, entwarf Landkarten von Sibirien und gründete Schulen für arme Bauernkinder.

Der russische Philosoph Pjotr Kropotkin[1] würde Pias Freundin zustimmen. Nach seiner Auffassung sollten Menschen, die der Gemeinschaft geschadet haben, nicht vom Staat bestraft werden. Stattdessen sollte sich die Gemeinschaft, der sie angehören, um sie kümmern und die Ursachen für ihr schädliches Verhalten herausfinden. Denn nicht Regierungen und Gerichte machen nach seiner Ansicht den Menschen besser, sondern die Anerkennung und Fürsorge durch die anderen. Wenn sich jemand zum Beispiel in der Gemeinschaft für sein Fehlverhalten in einer Art Volksversammlung verantworten muss, so ist die „schlechte öffentliche Meinung" schon Strafe genug. Kropotkin wollte, dass die Gesellschaft in viele kleine Gemeinschaften unterteilt wird, die ihr Leben selbst regeln. Einen Staat und zentrale Gesetze lehnte er ab.
Der russische Philosoph geht in seiner Schrift „Gegenseitige Hilfe in der Tier- und Menschenwelt" davon aus, dass sowohl Tiere als auch Menschen von ihrem Wesen her eher kooperativ miteinander umgehen. Deshalb haben die Mitglieder einer Gemeinschaft die Aufgabe, einen „Gestrauchelten" aufzufangen und in die Schranken zu weisen. Sie sind für seine Erziehung verantwortlich.

Wenn ich nicht bestraft werde …

Strafe muss sein

Weil ich nicht beklaut werden möchte, stehle ich auch selber nicht. Weil ich nicht getötet werden möchte, töte ich auch selber nicht. Eigentlich ist die Grundregel des Zusammenlebens ganz einfach: „Was du nicht willst, das man dir tut, das füg auch keinem anderen zu.“[1] Wenn jeder freiwillig diese einfache Regel befolgen würde, bräuchte man das Strafrecht[2] wahrscheinlich nicht. Wir würden ohne das dicke Strafgesetzbuch friedlich miteinander leben. Aber leider ist es nicht so einfach. Manche Menschen verhalten sich nicht deshalb richtig, weil sie ehrlich und friedlich sein wollen. Sie lassen andere Menschen nur deshalb in Ruhe, weil sie Angst vor einer Strafe haben. Das Strafrecht steuert durch Abschreckung die Handlungen der Menschen.

Stellen wir uns vor, der Gesetzgeber würde einen einzigen Straftatbestand, nämlich den Diebstahl (§ 242, StGB)[3], aus dem Strafgesetzbuch streichen. Einige Menschen würden in den Supermarkt gehen und die Regale leerräumen. Sie würden sagen: „Wieso nicht? Ist doch erlaubt.“ Im Blumenladen würden sie die Sträuße aus den Vasen nehmen und im Kaufhaus die teuren Jeans aus dem Regal. Wenn es dein Kaufhaus wäre, würdest du wahrscheinlich verhindern wollen, dass jemand eine Jeans mitnimmt, und dabei könnte es zu einer Schlägerei kommen. Vielleicht würdest du dein Geschäft auch schließen, denn du verdienst ja nicht mehr genug Geld. Und auch andere Ladenbesitzer würden ihre Geschäfte schließen. Plötzlich gäbe es keine Läden mehr, und nirgendwo gäbe es mehr etwas zu kaufen. Damit das alles nicht passiert, steht der Diebstahl unter Strafe. Wer nicht ins Gefängnis will, klaut besser nicht. Der Straftatbestand des Diebstahls schützt das Eigentum der Menschen.

Nicola Lindner[4]

1: Hier ist die Goldene Regel gemeint (siehe auch die Seite 223).

2: Das Strafrecht sagt, welches Verhalten in einem Staat verboten ist und z. B. mit Gefängnis oder Geldstrafen belegt wird.

3: Das Strafgesetzbuch (StGB) regelt, welche konkreten Handlungen verboten sind, z. B. Diebstahl, Mord, Raub, Betrug.

4: Nicola Lindner ist Jugendrichterin in Frankfurt. Sie hat das Buch „Jura für Kids“ geschrieben.

1. Soll die Filialleiterin Pia anzeigen oder nicht? Schreibt dazu eine Standpunktrede (siehe Seite 31) und tragt sie in der Philosophiegruppe vor.
2. Wer überzeugt euch mehr: Pjotr Kropotkin oder Nicola Lindner? Führt dazu eine Pro- und Kontra-Debatte (siehe Seite 89).
3. Was würdet ihr dem Jungen mit dem Rucksack antworten? Spielt dazu in kleinen Gruppen eine Szene und wertet sie anschließend aus.

Könnte man die Positionen von Pjotr Kropotkin und Nicola Lindner auch zusammenführen? Entwickelt Ideen dazu und begründet sie.

Philosophische Utopien als Glücksverheißungen

Glück durch Gleichheit?

1516 verfasste Thomas Morus[1] sein Werk „Utopia“ und beschreibt darin ein erdachtes Traumland, eine Insel. In der Folgezeit wurde aus dem Werkstitel die Bezeichnung einer Gattung. Das Wort leitet sich aus den altgriechischen Wörtern ou (nicht) und topos (Ort) her, also ein Nichtort bzw. Nirgendwo. Damit ist ein Ort gemeint, den es nicht oder noch nicht gibt. Utopisch heißt also keineswegs unmöglich, sondern nicht wirklich.

„Eine Weltkarte, auf der die Utopie nicht erscheinen würde, (wäre) keines Blickes würdig, weil sie der Menschheit die Küste, an der sie immer landen wollte,nicht zeigen würde.“ Oscar Wilde (1854–1900, irischer Schriftsteller)

Die Insel der Utopier dehnt sich in der Mitte, wo sie am breitesten ist, zweihundert Meilen weit aus. Sie hat vierundfünfzig Städte, alle weiträumig und prächtig, in Sprache, Sitten, Einrichtungen und Gesetzen vollständig übereinstimmend. Es gibt kein Haus, das nicht, genauso wie es sein Vordertor zur Straße hat, eine Hinterpforte zum Garten besitzt. Diese zweiflügligen Türen, die durch einen leichten Druck der Hand zu öffnen sind und sich darauf wieder von allein schließen, lassen einen jeden ein: so gibt es keinerlei Privatbereich. Denn sogar die Häuser wechseln sie alle zehn Jahre durch Auslosung. Die Gärten schätzen sie außerordentlich. In ihnen ziehen sie Reben, Obst, Gemüse und Blumen von solcher Pracht und Schönheit, dass ich niemals etwas Üppigeres und zugleich Geschmackvolleres gesehen habe. [...]
Sie teilen den Tag in 24 Stunden ein, von denen sie nur sechs Stunden für die Arbeit bestimmen: drei vor Mittag, nach denen sie zum Essen gehen; nach der Mahlzeit ruhen sie zwei Nachmittagsstunden, widmen dann wiederum drei Stunden der Arbeit und beschließen das Tagewerk mit dem Abendessen. Die Stunden zwischen Arbeit, Schlaf und Essen sind jedem zur eigenen Verfügung überlassen, jedoch nicht, um sie zu Ausschweifungen und Faulenzerei zu vergeuden, sondern um die Freizeit nach eigenem Gutdünken zu irgendeiner nützlichen Beschäftigung zu verwenden. Die meisten benützen diese Unterbrechungen zu geistiger Weiterbildung. [...]
Doch ich kehre zum Zusammenleben der Bürger zurück. Der Älteste steht an der Spitze der Familie. Die ganze Stadt ist in vier gleich große Bezirke eingeteilt: in der Mitte jedes Bezirkes liegt der Markt für Waren aller Art. Dort werden in einem Speicher die Erzeugnisse aller Familien zusammengebracht. Der Familienälteste fordert hier nun an, was er und seine Familie braucht, und erhält dies ohne Bezahlung, überhaupt ohne jegliche Gegenleistung, alles, was er verlangt. Warum sollte man ihm etwas verweigern, da doch alles im Überfluss vorhanden ist und keinerlei Befürchtung besteht, es könne einer mehr fordern, als er braucht?

Thomas Morus

1: Thomas Morus (1478–1535) war ein englischer Philosoph und Politiker. „Utopia“ gehört zu seinen wichtigsten Veröffentlichungen. König Heinrich VIII. ließ Morus hinrichten, weil er als überzeugter Katholik und Lordkanzler nicht in dessen Scheidung einwilligen wollte.

Heute Jäger, morgen Fischer?

Karl Marx [2] übernahm von Thomas Morus die Forderung nach ökonomischer Gleichheit unter den Menschen. In seinem Buch „Die Deutsche Ideologie" entwickelte er die Grundzüge einer kommunistischen Gesellschaft, in der die Arbeit gerechter verteilt werden sollte.

„Karl Marx" vor der Porta Nigra in Trier – als Skulptur von Ottmar Hörl (2013)

2: Karl Marx (1818–1883) wurde in Trier geboren. Zusammen mit Friedrich Engels entwarf er „Das kommunistische Manifest". Der Kommunismus (lateinisch „communis" (= „gemeinschaftlich") verfolgt das Ziel einer Gesellschaft, in der jeder dasselbe besitzt und allen alles gehört.
In Trier steht das Geburtshaus von Marx, heute ein Museum. Nähere Informationen: *www.fes.de/museum-karl-marx-haus*

Sowie nämlich die Arbeit verteilt zu werden anfängt, hat Jeder einen bestimmten ausschließenden Kreis der Tätigkeit, der ihm aufgedrängt wird, aus dem er nicht heraus kann; er ist Jäger, Fischer oder Hirt oder kritischer Kritiker und muss es bleiben, wenn er nicht die Mittel zum Leben verlieren will – während in der kommunistischen Gesellschaft, wo Jeder nicht einen ausschließlichen Kreis der Tätigkeit hat, sondern sich in jedem beliebigen Zweig ausbilden kann, die Gesellschaft die allgemeine Produktion regelt und mir eben dadurch möglich macht, heute dies, morgen jenes zu tun, morgens zu jagen, nachmittags zu fischen, abends Viehzucht zu treiben, nach dem Essen zu kritisieren, wie ich gerade Lust habe, ohne je Jäger, Fischer, Hirt oder Kritiker zu werden.

Karl Marx, *1846*

1. Beschreibt Morus' Utopia, indem ihr den Text auf folgende Punkte hin untersucht: Verhältnis von Arbeit und Freizeit, Anspruch auf Privateigentum und Mitbestimmung des Einzelnen.

2. Stellt euch vor, alle Einwohner eurer Stadt müssten per Gesetz alle 10 Jahre umziehen. Die neue Wohnung würde euch per Auslosung zugewiesen. Formuliert mögliche Reaktionen. Welche Position würdet ihr persönlich vertreten? Begründet euren Standpunkt mit mindestens zwei Argumenten.

3. Diskutiert darüber, wie nach Ansicht von Karl Marx die Arbeit in einer kommunistischen Gesellschaft neu gestaltet werden soll.

4. Vergleicht die Ideen von Thomas Morus und Karl Marx und recherchiert zu Karl Marx und dem Kommunismus.

Diskutiert über die Umsetzbarkeit der Utopien von sozialer Gleichheit. Warum sind diese, auch wenn sie nicht leicht umsetzbar sind, für viele Menschen faszinierend?

Utopie vom guten Leben: Gaudiopolis

Wissen und Merken: Was sind Utopien?

Menschen sind in der Lage, sich Zustände auszudenken, die es in der Wirklichkeit nicht gibt. Auf diese Weise können sie mit ihrer Fantasie an Orte reisen, die gar nicht oder noch nicht existieren. Einer der ersten, der eine solche Reise auf eine ausgedachte Insel in einem Buch unternahm, war der englische Philosoph Thomas Morus mit seinem Werk „Utopia" (Nirgendwo). „Utopie" bezeichnet seitdem das Wunschbild einer idealen Gemeinschaft, in der alle ein glückliches und gerechtes Leben führen.
In der Zeit nach Morus gab und gibt es immer wieder Menschen, die sich eine ideale Welt erträum(t)en. Einige dieser Utopien wurden sogar verwirklicht. Eine solche gelebte Utopie war Gaudiopolis[1]. Die „Stadt der Freude" entstand 1946 in der ungarischen Hauptstadt Budapest nach dem Zweiten Weltkrieg. Fünf Jahre lang, bis 1951, lebten dort ca. 200 Kinder und Jugendliche im Alter von 4 bis 18 Jahren.

1: „Gaudiopolis" setzt sich zusammen aus dem lateinischen „Gaudium" (Freude) und dem griechischen „Polis" (Stadtstaat).

Utopien werden oft in die Zukunft verlegt, aber das muss nicht so sein. So enthalten jüdisch-christliche und islamische Texte zum Paradies, die weit vor Morus' „Utopia" entstanden, Vorstellungen einer idealen Gemeinschaft von Menschen, Tieren und Gott am Anfang der Schöpfung. Auch in der Antike findet sich die Idee eines Goldenen Zeitalters zu Beginn der Menschheitsgeschichte.

Die Republik der Kinder

Als László Keveházi (17 Jahre) den Vorgarten der Villa betritt, umringen ihn kleine Kinder, und gestandene Jungs schütteln ihm die Hand. Die vielen Namen und Gesichter kann er sich gar nicht so schnell merken: Péter, Tamás, Mátyás. László klopft an die große Holztür der Villa, sie öffnet sich, und ein Pastor mit Krawatte, weißem Hemd und Hosenträgern steht vor ihm, die Haare mit Pomade nach hinten gekämmt. Er bittet László herein. Später wird er ihm Gaudiopolis erklären: Hier hätten zwar die Kinder das Sagen, es gehe aber keineswegs nur um Spaß und Spielen. Sondern vor allem darum, dass die Kinder sich eigenständig und gut regierten – dass sie eine eigene Republik[2] bildeten, eine Kinderrepublik. [...]
Aber in welcher Welt, in was für einer Republik wollen sie leben? Ihre Verfassung, da sind sie sich schnell einig, soll allen Kindern das Recht auf gute Bildung garantieren. Den Krieg verbieten. Jedem Menschen ein gutes Leben ermöglichen. Die Kinder geben sich in ihrer ersten, stundenlangen Vollversammlung ein Grundgesetz mit klaren Rechten und Pflichten: Spaß für alle, echte Brüderlichkeit, ausreichende Versorgung mit Lebensmitteln. Es herrscht Aufbruchsstimmung im holzgetäfelten Empfangszimmer. [...]

2: Staatsform, in der die Regierung vom Volk gewählt wird und dem Wohl aller verpflichtet ist

„Klauen ist in der Not erlaubt"

Aber kann eine Republik allein aus Werten bestehen? Eine besserwisserische Stimme ruft aus der Menge, dass Gaudiopolis auch Richter haben muss, Polizisten, einen Finanzhaushalt und eine Verwaltung. Längst ist der Geräuschpegel im Empfangsraum sehr hoch. Mehr als 200 Kinder streiten über Demokratie und Rechtsstaat. Dann ruft jemand, dass Gaudiopolis natürlich auch einen Ministerpräsidenten brauche. Eine zweite Stimme schreit: „Keveházi!" Und niemand legt ein Veto ein. In Gaudiopolis dauert es nur Sekunden zwischen Verkündung des Wahlergebnisses und dem Amtseid: László Keveházi nimmt die Wahl an. „Vom armen Schlucker zum Ministerpräsidenten", denkt er, als die anderen ihn auf Schultern aus dem Raum tragen. Pastor Gábor Sztehlo[1] wird einstimmig zum Ehrenpräsidenten gekürt. Aber László Keveházi ist ab jetzt der erste Mann der Kinderrepublik. […]
Ministerpräsident Keveházi muss sich nun der Realität stellen: Gaudiopolis ist pleite. Im großen Empfangsraum der Villa der Wölfe zerbrechen sich die Kinder eines Nachmittags im Dezember 1945 die Köpfe. Wie können sie an Lebensmittel kommen? Budapest hungert: Die Vorratskammern sind leer, die letzten Tiere längst geschlachtet, die Marktplätze verwaist – und selbst wenn es etwas zu kaufen gäbe, die bescheidenen Ersparnisse der Kinder sind aufgebraucht, und Pastor Sztehlo bittet vergebens überall um Geld für seine Kinder. Bis jetzt hatten sie in ihren Vollversammlungen immer Lösungen für ihre Probleme gefunden. Doch ihre Mägen füllen sich nicht durch leidenschaftliche Plädoyers. […]
Einstimmig ergänzen die Kinder ihre Verfassung um ein wichtiges Prinzip: Klauen ist in der Not erlaubt.

Mohamed Amjahid[2]

1: Gábor Sztehlo (1909–1974) war ein ungarischer evangelischer Pastor. Er rettete während des Zweiten Weltkrieges etwa 2000 Juden das Leben. 1945 gründete er mit 15 Waisenkindern Gaudiopolis.

2: Mohamed Amjahid (geb. 1988) ist ein deutscher Journalist marokkanischer Herkunft. Er arbeitet u. a. für das ZEITmagazin; dort hat er auch einen Artikel über Gaudiopolis veröffentlicht.

1. Als das Essen knapp wird, beschließen die Kinder, dass Stehlen in der Not erlaubt ist. Findet ihr dieses Prinzip in Ordnung? Diskutiert in der Klasse darüber (siehe Seite 74).

2. Würdet ihr gerne in einer Stadt wie Gaudiopolis leben, die allein von Kindern und Jugendlichen regiert wird? Begründet euren Standpunkt.

3. In welcher Welt möchtet ihr leben? Entwerft in kleinen Gruppen euer eigenes Utopia. Berücksichtigt dabei die folgenden Fragen: Wie möchtet ihr leben? Spielt Geld eine Rolle? Was möchtet ihr aus eurem jetzigen Leben übernehmen? Was wollt ihr ändern? Welche Regeln sind für euer Zusammenleben wichtig. Stellt eure Utopien einander vor.

Wenn Utopien gefährlich werden

Stress und Einsamkeit

Ich saß ziemlich lange allein auf einer Parkbank. Um mich herum zwitscherten die Vögel, aber mir war eher nach Heulen zumute. Ich hatte einfach nur Stress. Stress mit meinen Freunden, die mir nicht zuhören wollten. Stress mit meiner Mutter, die immer neue Typen mit nach Hause brachte, Stress in der Schule, weil mir einfach nichts mehr gelingen wollte. Und nun saß ich auf dieser Parkbank und starrte einfach nur vor mich hin.

Plötzlich setzte sich ein Mann mit einem Dreitagebart neben mich, der mich freundlich ansprach: „Du siehst unglücklich aus", sagte er zu mir. „Hast du Stress?"

Ich sah ihn lange an und sagte dann ziemlich ruppig: „Was geht'n dich das an?"

Der Fremde blieb freundlich und legte den Arm auf meine Schulter: „Vielleicht kann ich dir helfen?"

„Ach, schau an", antwortete ich. „Willst du mir irgendwelche Pillen verticken?"

„Aber nicht doch", antwortete er mit fester Stimme: „Pillen nicht, aber vielleicht kann Jesus dir helfen?"

„Irgend so einer von diesen Gurus[1]?"

„Nicht doch", lächelte er. Gott führt uns, er gibt uns Kraft und Mut. Komm mit in die Gemeinde um die Ecke."

Zwei Tage später ging ich aus Neugier nach der Schule in die Gemeinde. Ich wurde von den anwesenden Leuten herzlich, ja fast freundschaftlich aufgenommen, sodass ich nun regelmäßig dorthin ging. Ich begann zu beten und in der Bibel zu lesen. Und allmählich war ich einer von ihnen. Sie gaben mir das Gefühl, gebraucht zu werden, ein Gefühl, das ich bis dahin nicht kannte. Als sie von mir allerdings unbedingten Gehorsam für immer und ewig einforderten und Woche für Woche eine „Kollekte" von meinem Taschengeld erwarteten, hat es bei mir geklingelt. Irgendwie fühlte ich mich schon wieder gestresst und ging einfach nicht mehr hin. Da standen sie plötzlich vor der Schule und ließen mich nicht in Ruhe. „Pass auf, dass dir nichts zustößt!", sagten sie zu mir. Mein Freund Benno hatte das zufällig mitgehört und ging mit mir zusammen zu unserem Vertrauenslehrer.

Anton *aus Bielefeld, 14 Jahre*

1: Ein Guru ist eine Art Lehrmeister, dessen Fähigkeiten und Lehren von einer meist religiösen Gruppe anerkannt wird. Der Begriff kommt aus der hinduistischen Religion, die ihr in den Klassen 9/10 kennenlernen werdet.

Wissen und Merken: Was sind religiöse Sondergemeinschaften?

Alle Religionsgemeinschaften tragen utopische Züge: Sie gehen davon aus, dass ihre Mitglieder eine besondere Nähe zum Göttlichen haben und sie dadurch utopische Werte wie Gemeinschaft, Gerechtigkeit und Frieden besser kennen und umsetzen als Anders- oder Nichtgläubige.
Das Gefühl, durch die Zugehörigkeit zu einer bestimmten Gruppe Sonderrechte zu genießen, ist in manchen religiösen Gemeinschaften besonders ausgeprägt. Hierbei handelt es sich häufig um Gruppen, die sich von größeren Religionsgemeinschaften abgespalten haben oder unabhängig von ihnen entstanden sind. Früher nannte man diese Gemeinschaften auch „Sekten". Häufig gibt es dort einen einflussreichen Gründer, dem die Mitglieder bedingungslos folgen.
In einer freien und demokratischen Gesellschaft hat jeder Mensch ein Grundrecht auf Glaubens- und Religionsfreiheit[1] – insofern können sich bei uns in Deutschland viele religiöse Gruppen bilden. Gefährlich werden diese Gruppen dann, wenn sie versuchen, andere Menschen psychisch[2] unter Druck zu setzen, sie zu Intoleranz anhalten, Gewalt verherrlichen und von ihren Mitgliedern mehr und mehr Geld fordern.

1: Dazu auch die Seiten 100–103 zu den Menschenrechten

2: seelisch: Die Psyche umfasst Gedanken und Gefühle.

Checkliste: Religiöse Sondergemeinschaften

Wenn ihr euch bei neuen Gruppen, die ihr kennen lernt, nicht sicher seid, ob es sich um eine zweifelhafte Gemeinschaft handelt, dann wendet die folgenden Kriterien zur Überprüfung an:
- Schon beim ersten Kontakt wird euch eine völlig neue (glückliche) Welt versprochen.
- Die Gruppe stellt sich euch als eure „neue Familie" vor.
- Ihr ordnet euch einem „Führer", „Meister" oder „Gott" bedingungslos unter.
- Die Gruppe hat immer Recht; alle übrigen Menschen sind unwissend.
- Die Gruppe verlangt absolute Disziplin. Sie ist im Besitz der reinen Wahrheit.
- Ihr verbringt eure gesamte Freizeit mit der Gruppe und sollt den Kontakt zu eurer Familie oder euren bisherigen Freunden abbrechen.
- Ihr gebt euer Taschengeld für die Gruppe aus und/oder unterschreibt einen Vertrag.

Zur Vertiefung: Wann ist eine „Sekte" gefährlich? *www.religionen-entdecken.de (Suchwort „Sekten")*

1. Welche Ursachen trugen dazu bei, dass Anton zu einer zweifelhaften „Gemeinde" gegangen ist? Sucht entsprechende Stellen aus dem Text heraus und sprecht anschließend darüber.
2. Tragt weitere Merkmale von religiösen Sondergemeinschaften an der Tafel zusammen und ergänzt in kleinen Gruppen die Checkliste. Gestaltet anschließend einen Begriffskreis* dazu.
3. Erarbeitet in kleinen Gruppen Informationen zu verschiedenen religiösen Sondergemeinschaften und stellt sie einander vor (*www.religionen-entdecken.de*: Suchwort „Sondergemeinschaften").

Was macht religiöse Sondergemeinschaften für junge Leute attraktiv? Schreibt dazu einen Artikel für ein Schülerlexikon oder verfasst einen Blogeintrag*.

Der besondere Text:
Toleranz – bis heute eine Utopie?

Arnulf Zitelmann hat ein Jugendbuch über die ägyptisch-griechische Philosophin und Mathematikerin Hypatia[1] geschrieben. Sie unterrichtete Philosophie auf öffentlichen Plätzen der Stadt Alexandria. Eines ihrer wichtigsten Themen war die Toleranz: die Fähigkeit, die Kultur und Religion anderer Menschen zu achten. Im folgenden Textausschnitt steht Hypatia vor der Bibliothek von Alexandria und spricht zu den Menschen.

Lesehalle in der antiken Bibliothek von Alexandria (späterer Holzstich)

1: Hypatia (355 bis ca. 415) war zu Lebzeiten eine berühmte Philosophin in Alexandria. Sie wurde von fanatischen Christen ermordet und ihr Leichnam zerstückelt. Danach verbrannte man alle ihre Schriften.

Es gibt einen Kino- und TV-Film über Hypatia mit dem Titel „Agora – die Säulen des Himmels".

Schatten über der Stadt

„Nun, ich denke, jeder Mensch braucht nur einen Schatten, nämlich seinen", rief Hypatia. „Aber in unserer Stadt kriegt man leicht noch einen zweiten angehängt."
„Das musst du erklären. Wieso?" rief jemand laut.
„Nun, ganz einfach", rief sie. „Der Bischof lässt uns alle beschatten. Was brauchen wir da noch eigene Schatten!" „Das ist wahr!" tönte es aus der Menge. Die Leute lachten und klatschten Beifall.
„Weiter", rief der Mann mit dem Boxergesicht. „Die Frau ist gut. Die sagt, wie es ist."
„Gesinnungsschnüffelei, Überwachung, Zuträgerei machen sich in unserer Stadt breit", rief Hypatia übers Forum und trat jetzt ans Rednerpult. „Ich frage euch, Bürger von Alexandria, wie lange wollt ihr noch widerspruchslos dulden, dass ein einzelner Mann sich eine Privatarmee leistet und damit die Stadt terrorisiert? Wie lange wollt ihr dazu schweigen, dass ein einzelner Mann sich ungestraft das

Recht nimmt, die Gesetze unserer Stadt zu missachten? Sagt mir doch, Mitbürger, geht es euch denn besser, nachdem der Bischof die Juden aus der Stadt vertrieben hat? Seid ihr jetzt besser versorgt mit Handwerkern, Ärzten und Waren? Ist etwa der Umsatz gestiegen? Nein, seitdem die Juden fort sind, fehlt es uns an allen Ecken und Enden. Die Steuerlast ist vermehrt, das Einkommen ist gesunken. Dankt es eurem Bischof! Und ihr da drüben, ihr Ägypter aus der Rhakotis, meint ihr, es brächte euch Gewinn, wenn euer Bischof auch noch die Griechen verjagt? Lasst euch doch nicht für dumm verkaufen. Die Scharfmacher und Krawallmacher treiben Alexandria in den Ruin." „Ägypten den Ägyptern", schmieren sie an die Häuser, dabei haben Griechen und Ägypter jahrhundertelang gutnachbarlich zusammengelebt!"

„Aber auf wessen Kosten?", brüllte jemand hinter Thonis.

„Wir können über alles reden", rief Hypatia zurück. „Auch über dieses Thema, nur offen und ehrlich muss es sein. Und darum fordere ich hiermit den Bischof auf, sich einem öffentlichen Streitgespräch zu stellen. Hier an diesem Platz, hier mitten unter euch. Ich, Hypatia, die Tochter Theons, habe keine Angst vor eurem Bischof Kyrill. Bestellt ihm das, ihr braunen Schläger dahinten!"

Arnulf Zitelmann[1]

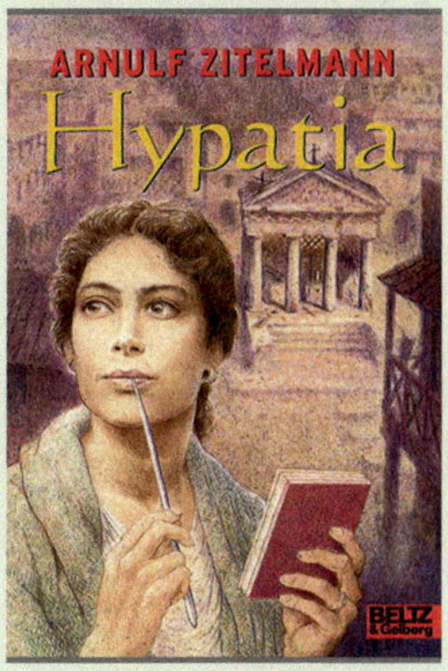

1: Arnulf Zitelmann (geb. 1929) war Religionslehrer. Er schreibt heute u. a. Jugendbücher über Philosophen und Theologen wie Immanuel Kant und Martin Luther.

Wissen und Merken: Was heißt tolerant sein?

Der Begriff „Toleranz" wird von dem lateinischen Verb „tolerare" abgeleitet, was auf Deutsch „erdulden" oder „ertragen" heißt. In der Philosophie hat Toleranz die Bedeutung der Duldsamkeit bzw. der Akzeptanz verschiedener Meinungen, Werte, Normen und Glaubensüberzeugungen: Ich bin bereit, andere Meinungen „zu erdulden", auch wenn sie meiner Weltsicht widersprechen und ich sie nicht gut finde. Dennoch halte ich sie für wertvoll und bin bereit, mich mit ihnen auseinanderzusetzen.

Nach der Reformation (Seiten 208/209) wurde in der philosophischen Diskussion der Ruf nach Toleranz in Glaubensfragen laut. An der Spitze der Bewegung stand der englische Philosoph John Locke (1632–1704). In seinen „Briefen über Toleranz" forderte er Religionsfreiheit für die Untertanen des englischen Königs, die zur damaligen Zeit die Religion des Herrschers annehmen mussten. Für Locke war es wichtig, dass jeder Mensch selbst entscheiden soll, „an welchen Gott er glaubt." Diese Forderung erhob auch der französische Philosoph Voltaire (1694–1778). Er ging noch einen Schritt weiter als Locke und sprach davon, dass es auch möglich sein müsse, an keinen Gott zu glauben.

1. Diskutiert: Was kritisiert Hypatia am Zusammenleben in Alexandria?
2. Gebt Beispiele für tolerantes Verhalten aus eurem Umfeld, z. B. in Schule oder Familie.
3. Haltet Kurzreferate über die Philosophen John Locke und Voltaire.

Bildet kleine Gruppen und verlegt das Toleranzproblem in die heutige Zeit. Spielt dazu eine Szene: Was könnte Hypatia in der heutigen Zeit zu den Leuten sagen? Zur Toleranz zwischen den Religionen seht euch auch die Seiten 222/223 zum Weltethos an.

Dystopien: schöne neue Welt?

Soma bringt Glück

In dem 1932 erschienenen Roman „Schöne neue Welt", einer negativen Utopie, beschreibt Aldous Huxley eine zukünftige Gesellschaft, in der die Menschen mit Hilfe von Genmanipulation, Drogenkonsum und hochentwickelter Technik ein lustvolles, aber völlig manipuliertes Leben führen. Hier erläutert einer der Kontrolleure die Grundidee der neuen Welt.*

„Die Welt ist heute stabil. Die Menschen sind glücklich; sie bekommen, was sie wollen, und sie wollen nie, was sie nicht bekommen können. […] Sie sind so konditioniert, dass sie sich praktisch gar nicht anders benehmen können, als sie sich benehmen sollen. Und wenn wirklich etwas schiefgehen sollte, gibt es Soma[1] […]. [Ihre Arbeit] empfinden sie nicht als schrecklich. Im Gegenteil, sie gefällt ihnen. Sie ist leicht, kindisch einfach. Keine Anstrengung für Kopf und Muskeln. Siebeneinhalb Stunden milde, nicht erschöpfende Arbeit und dann die Somaration und Spiele und uneingeschränkter Beischlaf und Fühlfilme[2]. Was wollen sie mehr? Freilich", fügte er hinzu, „sie könnten verkürzte Arbeitszeit fordern. Und natürlich könnten wir gekürzte Arbeitszeit gewähren. Technisch gesehen, wäre es ganz einfach, alle Unterkastenarbeit auf drei bis vier Stunden pro Tag zu reduzieren. Aber wären sie deshalb glücklicher? […] Das Erfindungsbüro ist bis unters Dach voll von Vorschlägen für arbeitssparende Verfahren. Tausende." Mustapha Mond machte eine verschwenderische Geste. „Und warum überführen wir die nicht in die Praxis? Den Arbeitern zuliebe; es wäre die reine Grausamkeit, sie mit überlanger Freizeit zu quälen. […] Alles für ein ruhiges Leben. Seitdem fahren wir fort, alles zu überwachen. Der Wahrheit hat das natürlich nicht sehr gut getan. Wohl aber dem Glück. Von nichts kommt nichts. Für Glück muss man zahlen."

Aldous Huxley[3]

1: Eine stimmungsaufhellende und anregende Droge, die den Bewohnern des Romans regelmäßig verabreicht wird.

2: Filme in Huxleys Roman, bei denen die im Film gezeigten Gefühle unmittelbar auf ihre Zuschauer übertragen werden.

3: Aldous Huxley (1894-1963) war ein britisch-amerikanischer Schriftsteller, der neben Romanen auch Kurzgeschichten und philosophische Essays veröffentlicht hat. Sein Roman „Schöne neue Welt" beschreibt die Entmenschlichung einer Gesellschaft, die von der Technik völlig beherrscht wird.

Wissen und Merken: Was sind Dystopien?

Der Begriff der Dystopie kommt aus dem Griechischen: *Dys* bedeutet „schlecht" und *Topos* ist der Ort. Dystopien beschreiben also „schlechte Orte", die von totalitären Herrschaftsformen geprägt werden, welche die Handlungsfreiheit der Menschen beschränken (siehe auch Seite 119). Darüber hinaus beschäftigen sich Dystopien auch mit technischen Entwicklungen, die die Existenz unseres Planeten und der Menschheit gefährden.
Zu den bekanntesten Dystopien zählen neben der von Aldous Huxley auch George Orwells* Roman „1984".

Wir sind alle Uploads!

Tatsächlich sind technische Aufwertungen heute schon so attraktiv, dass viele Menschen Brillen, Hörgeräte, Herzschrittmacher und Prothesen tragen oder Arzneimoleküle in ihrem Blutkreislauf zirkulieren lassen. Manche Jugendliche scheinen dauerhaft an ihr Smartphone gebunden zu sein, während meine Frau mich damit aufzieht, ich sei mit meinem Laptop verheiratet.

Einer der prominentesten Cyborg-Befürworter[1] von heute ist Ray Kurzweil. In seinem Buch „The Singularity is Near" [Menschheit 2.0: Die Singularität naht] behauptet er, die natürliche Fortführung dieses Trends sei der Einsatz von Nanobots, intelligenten Biofeedback-Systemen und ähnlicher Technik, um bis zu Beginn der 2030er Jahre zuerst unseren Verdauungsapparat und das Hormonsystem, unser Blut und Herz zu ersetzen und anschließend – in den nächsten zwei Jahrzehnten – Skelett, Haut, Gehirn und den Rest unseres Körpers aufzurüsten. Er glaubt, wir werden die Ästhetik und die Bedeutung menschlicher Körper wahrscheinlich beibehalten, sie allerdings umgestalten, um sowohl ihre physische als auch ihre virtuelle Erscheinung (dank neuartiger Gehirn-Computer-Schnittstellen) rasch und nach unserem Willen zu verändern. […]

Weiterhin behauptet er, dass wir sogar besser dran wären, wenn wir den Körper ganz und gar eliminierten und unseren Intellekt hochladen würden, das heißt, eine Nachbildung des gesamten Gehirns in Software erschaffen würden. Ein solcher Upload kann in einer virtuellen Welt leben oder in einen Roboter eingebettet werden, der gehen, fliegen, schwimmen, durch den Weltraum reisen und auch sonst alles tun kann, was die Naturgesetze erlauben, unbelastet durch Alltagssorgen wie Tod oder begrenzte kognitive Ressourcen.

Wenngleich diese Ideen wie Science-Fiction klingen mögen, verletzen sie jedenfalls keine bekannten Naturgesetze, so dass die interessanteste Frage nicht lautet, ob sie umgesetzt werden können, sondern ob sie umgesetzt werden und wenn ja, wann.

Max Tegmark[2]

1: Mit dem Begriff „Cyborg" beschreibt man einen Menschen, dessen Körper dauerhaft durch künstliche Teile ergänzt wird, und damit halb Mensch, halb Maschine ist.

2: Max Tegmark (siehe Seite 144)

1. Erklärt, inwiefern es sich bei Huxleys Roman um eine Dystopie handelt. Bezieht auch den Titel des Buches in eure Überlegungen mit ein.

2. Beschreibt das Verhältnis von Individuum und Gesellschaft in beiden Texten.

3. Gibt es nach eurer Meinung ein angemessenes Verhältnis zwischen menschlichen und künstlichen Bauteilen, das eingehalten werden sollte, um dieses Wesen noch Mensch nennen zu können?

Entscheidet begründet, ob es sich bei den oben beschriebenen Uploads um eine Dystopie oder um eine Utopie handelt.

Treffpunkt Zukunft

Du hast es in der Hand!

Im Jahre 2100 leben ca. 11 Milliarden Menschen auf unserer kleinen Erde. Kyra ist eine davon. Um diesem Massenansturm von Menschen beizukommen, hat man sich architektonische Meisterwerke überlegt, die nichts für Menschen mit Höhenangst sind. Kyra wacht heute auf und lässt sich ihre Checkliste für den Tag an die Wand projizieren, während sie ihr Frühstück zubereitet, das wie alle Lebensmittel aus Gentechnik entstanden ist. Sie macht sich bereit für ihr Meeting. Per Gedankenübertragung gibt sie den Befehl, die Hologramme ihrer Kollegen starten zu lassen. Bereits seit dem Jahr 2080 ist das durch Nano-Maschinen, die direkt an Neutronen im Gehirn befestigt sind, möglich. Diese ermöglichen eine virtuelle Welt, die von der für uns normalen nicht zu unterscheiden ist. Unsere Gedanken werden ins Internet gepostet, ohne sie aussprechen zu müssen. Die Hologramme von Kyras Kollegen sind erschienen und die Besprechung beginnt in den einzigen verbliebenen Sprachen: englisch und chinesisch. Die anderen Sprachen sind verschwunden, genauso wie die einzelnen Länder. Es gibt nur noch eine Zentralregierung und eine Kultur. Die Jugendlichen auf der ganzen Welt lesen dieselben Bücher, kleiden sich identisch und hören dieselben Lieder. Individualität ist ein Wort, das niemand mehr kennt. Kommen wir von unserer kleinen Expedition in die Zukunft zurück auf den Boden der heutigen Realität. Kyras Tag, wie er hier beschrieben wurde, war ja lediglich ein mögliches Szenario unter Tausenden von Möglichkeiten. Hat dir dieses nicht gefallen? Dann hallo, aufwachen! Du hast es schließlich selbst mit in der Hand zu entscheiden, in welchem Szenario wir in 100 Jahren aufwachen.

Josephine, *Schülerin aus Berlin*

Wir philosophieren: mit Thinktank-Verfahren nachdenken [1]

6-3-5-Methode: Bildet Sechser-Gruppen und denkt euch drei Ideen in fünf Minuten zu unserer Welt in 100 Jahren aus. In die erste Zeile trägt jede(r) seine drei Ideen ein. Danach gebt ihr die Blätter eurem Nachbarn weiter, der die Vorschläge liest und in die zweite Zeile drei weitere Vorschläge einträgt. Wenn jede(r) jedes Formular bearbeitet hat, sind in kurzer Zeit 108 (= 6 x 3 x 6) Vorschläge entstanden.

No-Go: Im zweiten Schritt legt ihr eine Liste von Reizwörtern an, die nichts mit der Welt in 100 Jahren zu tun haben dürfen. Dann gleicht ihr die Vorschläge aus der ersten Phase mit den Reizwörtern ab.

Perspektive hoch 3: Nun betrachtet ihr nacheinander aus der Sicht eines Träumers, eines Realisten und eines Kritikers die übriggebliebenen Vorschläge der zweiten Phase. Es gewinnt die Lösung, die auch härtester Kritik standhält.

1: Vorbereitung: Jede(r) erhält ein Blatt mit drei Spalten und sechs Zeilen …

Wozu brauchen Menschen Utopien?

Im ersten Sinn ist Utopie missverstanden oder nicht erkannt. Es ist gemeint, Utopie sei ein leeres Gewäsch, etwas, das ohnehin nicht eintritt. [...]
Der zweite Sinn ist politisch und hier hat das Wort eine neue, sogar brisante Bedeutung erlangt. Es wird als ein Schimpfwort gebraucht wird, diesmal nicht aus Verachtung, dass das leeres Gewäsch ist oder whishful thinking, sondern dass es eine gefährliche Sache sein kann, der keine Realität entspricht. [...]
So als ob alle Zukunft Wind und Spreu wäre und es nicht mindestens zwei Arten von Zukunft gäbe: die schlechte oder unechte Zukunft und die echte Zukunft: Die unechte Zukunft ist die, dass etwas hundert- oder tausendmal Wiederholtes sich auch in der Zukunft wiederholt. In dieser Zukunft geschieht wirklich gar nichts Neues. Echte Zukunft dagegen enthält etwas Neues, zu dem hin es meist eine Tendenz gibt, unter Umständen eine Wahrscheinlichkeit. Hier ist etwas, das, obwohl es fantastisch sein mag, in die Fantasie greift, in die bei uns so ziemlich unterernährte Fantasie. Und so wird es gegen die, deren Fantasie nicht so unterernährt ist, gebraucht im Sinn des wissenden, gebildeten und erfahrenen Menschen und Steuerzahlers, der einem so müßigen whishful thinking nicht mehr nachgibt. Dieser Abschied [von der Utopie] führt aber dazu, dass auch in den Nahzielen nichts glückt, wenn man keine Fernziele hat. Die Spannung fehlt, die Erregung, der Wille und die Begeisterung fehlen, um sich für Nahziele einfachster Art einzusetzen, wie für eine Verbesserung der Gefängnisbetten oder den Mieterschutz.

Nach **Ernst Bloch**[1]

1: Ernst Bloch
(1885–1979) war ein deutscher Philosoph, der sich insbesondere mit dem Thema „Utopien" beschäftigt hat. Sein bekanntestes Werk ist „Das Prinzip Hoffnung", in dem er verschiedene Utopien analysiert. Für ihn waren auch Märchen eine Art Utopie, weil in ihnen meistens das Gute siegt.

Wissen und Merken: Verschiedene Formen von Utopien

Utopie

Positive Utopien
Idealzustand einer Gesellschaft: Gleichheit, Gerechtigkeit, z. B. *Utopia* von Thomas Morus

Dystopien (negative Utopien)
Schreckensvision einer Gesellschaft: Zerstörung, Entmenschlichung, Gewalt, z. B. *Schöne neue Welt* von Aldous Huxley*

Technische Utopien
Gesellschaft auf hohem wissenschaftlich-technischem Niveau, z. B. *Nova-Atlantis* von Francis Bacon*

?

Religiöse Utopien
Paradiesvorstellungen, z. B. die Erzählungen über Adam und Eva in Bibel und Koran

1. Du hast es mit in der Hand, zu entscheiden, in welchem Szenario wir in 100 Jahren aufwachen, behauptet Josephine. Entwickle ein eigenes Szenario, bei dem du in 100 Jahren aufwachst. Gehe nach den Verfahren des Thinktanks vor.

2. Setzt den Text von Bloch durch das Anführen eigener Beispiele fort. Gebt seinen Gedankengang gegliedert wieder und zeigt auf, wieso Utopien nach Bloch für die Veränderung der Wirklichkeit so wichtig sind (siehe Seite 77: Philosophische Texte erschließen).

3. Erarbeitet in kleinen Gruppen eine Präsentation zu Ernst Bloch. Stellt sein Leben, seine Werke und seinen Einfluss auf die Gesellschaft vor.

Findet weitere Beispiele zu den verschiedenen Formen von Utopien. Recherchiert, ob es noch weitere Typen gibt und ergänzt das Schema in eurem Heft.

Wissen und Können: Die Frage nach Recht, Staat und Wirtschaft

Das kann ich: Begriffe erklären und zuordnen

1: Wenn du bei der Erklärung eines Begriffs unsicher bist, kannst du im Anhang unter „Hilfen und Tipps" (Seiten 226/227) nachschlagen, auf welcher Kapitelseite der Begriff im Mittelpunkt steht. Bearbeite diese Seite dann nochmals – am besten mit einer Partnerin oder einem Partner.

1. Bildet Arbeitspaare oder Kleingruppen und ordnet die Begriffe in einer Mindmap*; verdeutlicht dabei mit Pfeilen, wie die Begriffe einer Gruppe zueinanderstehen, z. B. in Gegensatz, in Wechselwirkung usw. [1]
2. Versucht eine Zuordnung möglichst vieler der aufgeführten Begriffe zu den folgenden Philosophen und Persönlichkeiten: Aristoteles, Ernst Bloch, Aldous Huxley, Hypatia, Laszló Keveházi, Pjotr Kropotkin, Nicola Lindner, Karl Marx, Thomas Morus, Yetnebersh Nigussie, Judith Shklar.

Das kann ich: Stellung nehmen und argumentieren[2]

- zur Frage, welche Ungerechtigkeiten man hinnehmen und gegen welche man sich wehren sollte (siehe die Seiten 96/97).
- zur Frage, ob Gerechtigkeit bedeutet, alle Menschen gleich zu behandeln (siehe die Seiten 98/99).
- zur Frage, wie sich das Zusammenleben der Menschen auf der Welt gestalten würde, wenn es keine Menschenrechte gäbe (siehe die Seiten 100–103).
- zur Frage, ob es zu Recht Unterschiede in der Bestrafung von Jugendlichen und Erwachsenen gibt (siehe die Seiten 104/105).
- zur Frage, ob auf Strafen, die der Staat vollzieht, auch verzichtet werden kann (siehe die Seiten 106/107).
- zur Frage, was Toleranz bedeutet und ob man sie auch gegenüber Intoleranten zeigen sollte (siehe die Seiten 114/115).
- zur Frage, ob Toleranz für das Zusammenleben von Menschen in einer Schulklasse, Familie, Sportverein usw. unbedingt nötig ist (siehe die Seite 115).
- zur Frage, welchen Anteil Dystopien an der Verhinderung negativer Entwicklungen in der Gesellschaft haben (siehe die Seite 116).
- zur Frage, welche Vor- und Nachteile der Ersatz des menschlichen Körpers durch einen künstlichen bzw. virtuellen Körper mit sich bringt (siehe die Seite 117).
- zur Frage, welchen Anteil Utopien an positiven Veränderungen in der Gesellschaft, z. B. im Klimaschutz, haben (siehe die Seiten 118/119).

2: Suche dir ein oder zwei dich interessierende Fragen aus und schreibe eine Stellungnahme dazu. Stütze deine Meinung durch Argumente und gehe auf Positionen ein, die du kennengelernt hast. Hinweise zum Abfassen von Stellungnahmen bzw. Erörterungen findest du im Anhang, Seite 233 (Eine Erörterung / einen Essay verfassen).

Das probiere ich aus: Über Gerechtigkeit urteilen

Die französische Philosophin und Schriftstellerin Christine de Pizan[1] hat eine Utopie über Gerechtigkeit geschrieben: „Die Stadt der Frauen". Christine wurde schon sehr früh mit drei kleinen Kindern Witwe, hatte kein Geld, aber einen großen Berg Schulden ihres Mannes. Eines Tages, so erzählt eine Anekdote, deren Wahrheitsgehalt nicht genau belegt ist, kam der Nachbar zu ihr und forderte in Anwesenheit ihres kleinen Sohnes Geld von ihr, das Christine nicht hatte. „Also gut", sagte er, „dann nehme ich deine Geldbörse mit."
„Aber, dann haben wir kein Geld, um Essen zu kaufen", sagte der kleine Sohn. Der Nachbar ging schweigend weg und nahm die Geldbörse mit. Als der kleine Sohn sie am Nachmittag auf einem Tisch im Garten liegen sah, ging er hinüber und wollte sie wegnehmen, der Nachbar erwischte ihn jedoch dabei. „Ich wollte nur nehmen, was uns gehört", sagte der Kleine und lief weinend nach Hause. Am nächsten Tag beschwerte sich der Nachbar beim König; Christine war zu diesem Zeitpunkt Hofdame bei der Königin.

1: Christine de Pizan (1364–1430) war die erste europäische Schriftstellerin, die von ihren Büchern leben konnte. In ihrem Buch „Die Stadt der Frauen" forderte sie die Gleichberechtigung zwischen Mann und Frau.

1. Bildet kleine Gruppen: Stellt euch vor, ihr wäret der König. Fällt ein gerechtes Urteil über Christines Sohn. Formuliert dazu schriftlich mindestens zwei Argumente für den König.

2. Spielt eure Urteile als kleine Szenen vor und diskutiert sie. Informiert euch über Christine de Pizan (Lesetipp: Ich will verstehen: Geschichte der Philosophinnen, München 2005, Seiten 46 bis 51).

5. Die Frage nach Natur, Kultur und Technik

Der Mensch als Kulturwesen / Technik: Nutzen und Risiko

Der Mensch hat sich in der Natur und gegen die Natur und ebenso unter den Menschen und gegen die Menschen zu behaupten.

*Albert Schweitzer**

1. Erläutert anhand der Fotos und des Zitats von Albert Schweitzer den Zusammenhang zwischen Mensch, Natur und Technik.

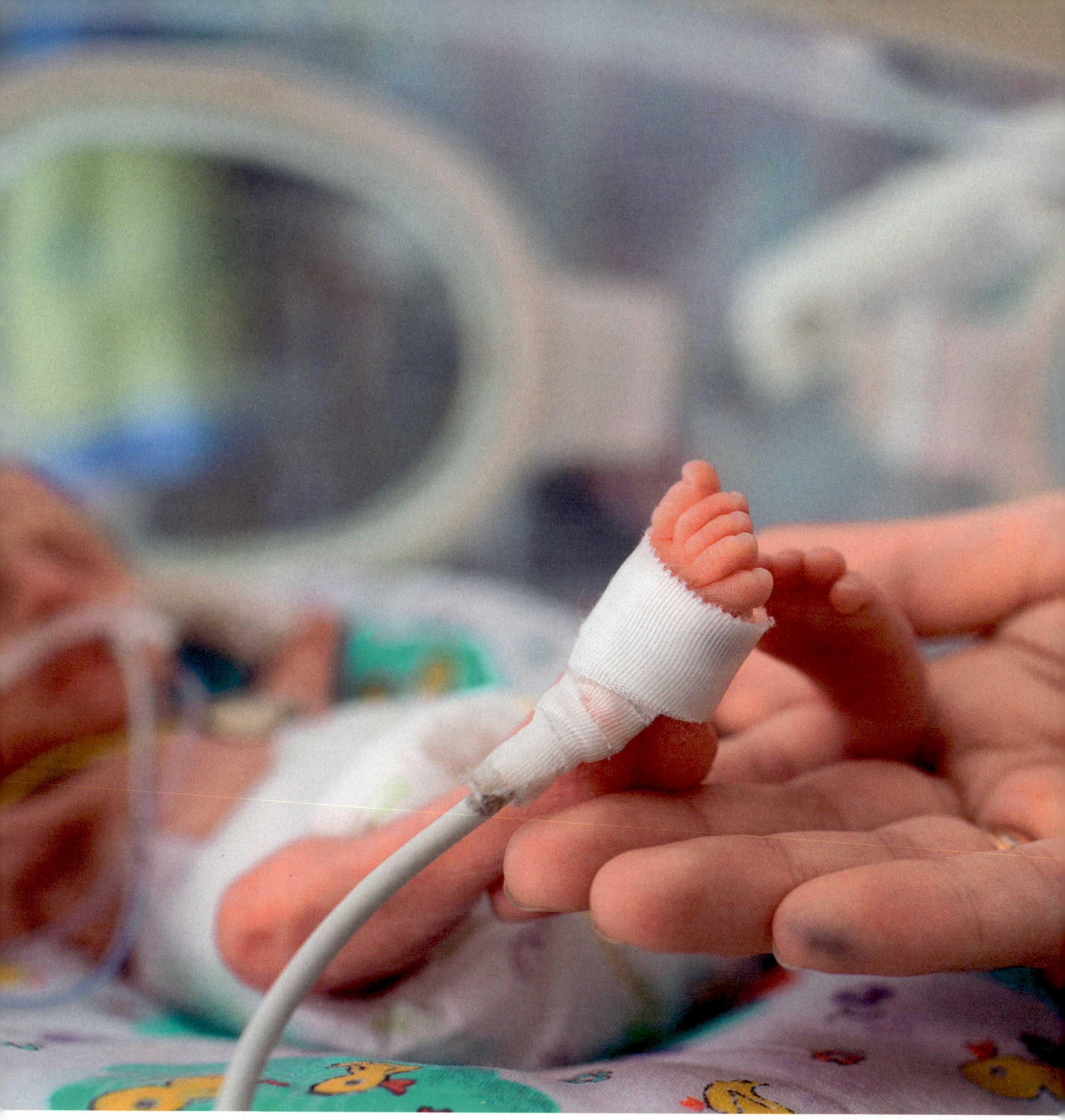

In diesem Kapitel lernst du

- Unterschiede und Gemeinsamkeiten zwischen Tier und Mensch kennen
- die Begriffe „Natur“ und „Kultur“ zu unterscheiden
- welche Chancen und Risiken die Technik für den Menschen birgt

Du nutzt als Methoden

- die Pro- und Kontra-Debatte
- Gedankenexperimente durchführen

... und beurteilst und bewertest

- wie Menschen Tiere und Natur behandeln sollten
- ob Menschen und Tiere gleich viel wert sind
- Chancen und Risiken der Technik
- ob Cyborgs die Wesen der Zukunft sind

Wir und ihr – Mensch und Tier

Unzertrennlich

Guido Daniele (geb. 1950) ist ein italienischer Künstler. Durch seine Handimals will er die Menschen an ihre Verantwortung für Tiere erinnern.

Eine ungewöhnliche Freundschaft pflegt der Maurer Joao aus einem kleinen Inseldorf im Land Brasilien. Und zwar mit dem Pinguin Dindim.
Joao und Dindim spielen zusammen am Strand. Der alte Mann schmiegt sein Gesicht an das des Pinguins. Man sieht sofort: Die beiden haben sich gern. Doch wie kam es zu dieser Freundschaft?
Joao erzählt, er habe dem Pinguin vor mehr als fünf Jahren das Leben gerettet. Er hatte das verletzte Tier am Strand gefunden und zu Hause gesund gepflegt. Dafür war der Pinguin wohl sehr dankbar. Denn er blieb noch einige Zeit bei dem Mann. Bis er schließlich wieder verschwand. Doch Dindim vergaß seinen Retter nicht. Jedes Jahr taucht er wieder bei Joao am Zaun auf und bleibt für einige Monate bei ihm, erzählt der Rentner.

Aus dem Hamburger Abendblatt vom 27.9.2016 (gekürzt)

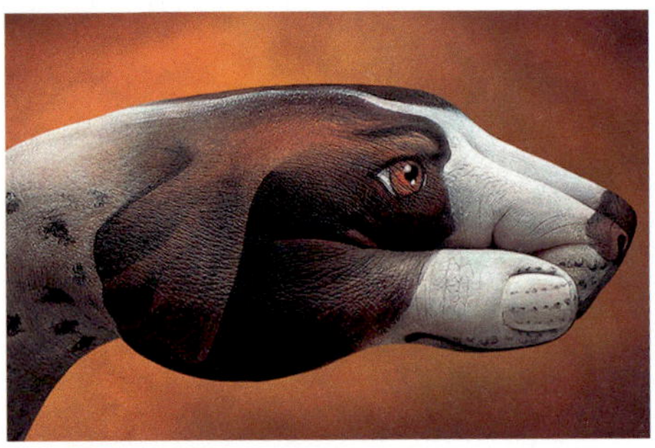

1: Mary Wollstonecraft (1759–1797) war zunächst Hauslehrerin in England, bevor sie Philosophin wurde. Sie forderte u. a. staatlichen Tierschutz und gleiche Rechte für Männer und Frauen (siehe auch die Seiten 98/99 und 102/103).

Tiere menschlich behandeln

Der menschliche Umgang mit Tieren sollte ein wichtiger Teil der staatlichen Erziehung sein. Sie sollte jungen Leuten eine mitfühlende Gesinnung gegen die stummen Haustiere vermitteln. Allerdings hindert die moderne Gesellschaft die Menschen an dem unmittelbaren Austausch mit Tieren, der in den roh gezimmerten Hütten oder dem Lehmbau auf den Dörfern in einfachen Gesellschaften zu liebevoller Zuneigung führt.

Nach **Mary Wollstonecraft**[1]

Tiere sind die besseren Menschen

Emilie Honke und Viktoria Kock: Tiere sind die besseren Menschen, 2017

Der Mensch im Schafspelz

Immanuel Kant stellt sich den Beginn der Beziehungen zwischen Mensch und Tier so vor:

Der Mensch sagte irgendwann zum ersten Mal zum Schaf: „Den Pelz, den du trägst, hat die Natur nicht für dich, sondern für mich gegeben." Anschließend zog der Mensch dem Schaf den Pelz ab und legte ihn sich selbst an. Ihm wurde dadurch klar, dass er aufgrund seiner Natur ein Vorrecht gegenüber allen Tieren hat. Der Mensch betrachtete die Tiere nun nicht mehr als seine Mitgenossen an der Schöpfung, sondern als seinem Willen überlassene Werkzeuge zur Erreichung seiner beliebigen Absichten. Diese Vorstellung schließt (wenn auch dunkel) den Gedanken des Gegensatzes zwischen Mensch und Tier ein. Denn der Mensch würde sich so gegenüber anderen Menschen nicht verhalten, sondern sie als gleichberechtigte Teilnehmer bei der Verteilung von Naturgeschenken betrachten.

Nach **Immanuel Kant**[1]

1: Immanuel Kant (1724–1804) siehe Seite 104

1. Informiert euch in Zusammenarbeit mit dem Biologie-Unterricht über das Leben von Pinguinen. Was meint ihr: Warum taucht Dindim wohl jedes Jahr aufs Neue bei Joao auf und bleibt einige Monate bei ihm? Kann man hier von Freundschaft sprechen? (Siehe Seite 132)

2. Vergleicht, welches Verhältnis zwischen Mensch und Tier in den Fingerbildern von Guido Daniele und in den Gedanken von Mary Wollstonecraft und Immanuel Kant jeweils zum Ausdruck kommt.

Philosophisches Forum: Sind Menschen und Tiere gleich viel wert?

Haben Tiere Verstand?

Wenn es Maschinen mit den Organen und der Gestalt eines Affen oder eines anderen vernunftlosen Tieres gäbe, so hätten wir gar kein Mittel, das uns nur den geringsten Unterschied erkennen ließe zwischen dem Mechanismus dieser Maschinen und dem Lebensprinzip dieser Tiere.

[...] Es ist ganz auffällig, dass es keinen so stumpfsinnigen und dummen Menschen gibt, nicht einmal einen Verrückten ausgenommen, der nicht fähig wäre, verschiedene Worte zusammenzuordnen und daraus eine Rede aufzubauen, mit der er seine Gedanken verständlich macht; und dass es im Gegenteil kein anderes Tier gibt, so vollkommen und glücklich veranlagt es sein mag, das Ähnliches leistet. Dies liegt nicht daran, dass den Tieren Organe dazu fehlten; denn man kann beobachten, dass Spechte und Papageien ebenso wie wir Worte hervorbringen können und dass sie dennoch nicht reden, d. h. zu erkennen geben können, dass sie denken, was sie sagen, wie wir. Von Geburt taubstumme Menschen dagegen müssen die Organe, die andere zum Reden gebrauchen, ebenso oder mehr noch entbehren als die Tiere und erfinden doch für gewöhnlich selbst Zeichen, mit denen sie sich Leuten ihrer gewohnten Umgebung, die Zeit haben, ihre Sprache zu lernen, verständlich machen. Dies zeigt nicht bloß, dass Tiere weniger Verstand haben als Menschen, sondern vielmehr, dass sie gar keinen haben.

René Descartes[1]

1: René Descartes (1596–1650) war ein französischer Philosoph und Mathematiker. Er betrachtete die Fähigkeit zu denken als die wichtigste Eigenschaft des Menschen (siehe auch die Seiten 158/159).

Tiere können fühlen und denken

Wir finden ja bei vielen Tieren Feigheit, Maßlosigkeit, Ungerechtigkeit und Bösartigkeit. Wer aber einem Geschöpf, das von Natur aus nicht so geschaffen ist, um die Vernunft in ihrer Vollkommenheit zu besitzen, die Vernunft überhaupt abspricht, der argumentiert zunächst einmal nicht anders als einer, der behaupten wollte, dass Affen nicht von Natur aus hässlich oder Schildkröten nicht von Natur aus langsam sind, weil sie gar nicht fähig seien, weder Schönheit noch Schnelligkeit zu besitzen. Dann übersieht er auch den ganz augenfälligen Unterschied. Vernunft für sich genommen ist eine Gabe der Natur; Vernunft in ernsthafter und vollkommener Ausprägung entsteht aber durch sorgsame Bemühung und Übung. Vernunft besitzen also alle beseelten Wesen. Was sie [die Stoiker[1]] aber suchen, die vollkommene Vernunft und Weisheit – da können sie selbst ja nicht einmal einen Menschen nennen, der diese besäße. Wie zwischen dem Sehen und dem Fliegen ein Unterschied ist – denn Habichte haben ein anderes Sehvermögen als Grillen, und Adler fliegen anders als Rebhühner – so muss auch nicht jedes vernunftbegabte Geschöpf gleich das Höchstmaß an geistiger Beweglichkeit und Scharfsinn besitzen. So gibt es jedenfalls bei Tieren viele Beispiele für Geselligkeit, Tapferkeit und Geschicklichkeit bei der Beschaffung der Nahrung und der passenden Lebensbedingungen, wie auch für das Gegenteil, nämlich Beispiele von Ungerechtigkeit, Feigheit und Dummheit.

Plutarch[2]

1: Die Stoa war eine philosophische Richtung in der griechisch-römischen Antike. Sie begann um 300 v. Chr. in Griechenland und hat 1000 Jahre lang die Philosophiegeschichte geprägt. Die Logik gilt der Stoa als höchste Tätigkeit des Menschen. Sie folgt den formalen Regeln der Vernunft (siehe hierzu auch die Seiten 158/159 zur Vernunft).

2: Plutarch (um 46–120) war Schriftsteller und Philosoph. Er schrieb Biografien über berühmte Persönlichkeiten und Bücher zur Ethik*.

Wissen und Merken: Was ist Tierethik?

In seinem Buch „Darf man Tiere essen?" schrieb der griechisch-römische Philosoph Plutarch[2] vor bald 2000 Jahren, Tiere hätten eine Seele; er könne deshalb nicht verstehen, warum Menschen Tiere essen. Plutarch gilt als einer der ersten Vertreter der Tierethik, die sich mit dem Verhältnis zwischen Mensch und Tier beschäftigt.

1. Erarbeitet die Aussagen über Tiere von Descartes und Plutarch nach den Hinweisen zur Erschließung philosophischer Texte (siehe Seite 77).
2. Erstellt zum Begriff „Seele" einen Begriffskreis*.
3. Welche Position überzeugt euch mehr: die von Descartes oder die von Plutarch? Begründet eure Standpunkte und bezieht auch die Fotos in euren Denkhorizont ein.

Stellt euch vor, ihr träfet Descartes oder Plutarch: Schreibt fünf (kritische) Fragen in eure Hefte, die ihr ihnen stellen würdet, und beantwortet sie anschließend aus der Sicht der jeweiligen Philosophen.

Wie Menschen die Natur betrachten

Verschiedene Bäume

Auf Bäume verzichten?

Jane und Emma haben sich als Bloggerinnen in einer Naturschutzorganisation kennengelernt. Nun ist Emma gemeinsam mit ihren Eltern in den Sommerferien nach Los Angeles geflogen, um ihre Freundin zu besuchen. Als Emma gemeinsam mit Jane und ihren Eltern vom Flughafen aus durch die Stadt fährt, fallen ihr entlang des Mittelstreifens einer Hauptverkehrsstraße gleichmäßig grüne Bäume und Sträucher in großen Kübeln aus Beton auf. „Gefallen dir diese Bäume?“ fragt Jane ihre Freundin. „Ich weiß nicht so recht“, antwortet Emma, „sie sehen aus wie Plastikbäume!“

„Das sind auch Plastikbäume“, erklärt Jane. „Die Stadtverwaltung von Los Angeles entschied sich vor einigen Jahren dafür, dass sie als Ersatz für natürliche Bäume dienen sollen, die auf dem engen Mittelstreifen nicht gedeihen würden. Es gibt zu viele Autoabgase auf der Straße und zu wenig Wasser für die Bäume!“

„Aber hätte man da nicht lieber ganz auf die Bäume verzichten sollen?“, fragt Emma, während ihre Eltern interessiert zuhören, aber schweigen.

„Die Stadtverwaltung hatte eine Umfrage gemacht“, antwortet Jane. Die meisten Anwohner antworteten, dass sie ein bisschen Natur in der Stadt haben wollten. Die künstlichen Bäume würden doch schön aussehen und müssten nicht gepflegt werden.“

Barbara Brüning

Wissen und Merken: Was heißt Natur?

Der Begriff „Natur“ wird von dem lateinischen Wort *natura* abgeleitet, was auf Deutsch „Geburt“ heißt. Er wird in der Philosophie als Gegenbegriff zur Kultur verwendet. Natur umfasst alle Vorgänge, die eigenständig ohne das Zutun des Menschen ablaufen, also wachsen, werden und vergehen. Wie wir Menschen die Natur betrachten, hängt auch von unseren Vorstellungen über sie ab. Wir übernehmen sie meist aus der Kultur, in der wir aufgewachsen sind (siehe hierzu auch Seite 130).

Was ist ein Fuchs?

Für manche Leute ist er ein rötliches Tier, auf das man Jagd macht. Tierliebhaber sehen den Fuchs als ein lebhaftes, ziemlich durchtriebenes Geschöpf, das es fertiggebracht hat, nicht nur auf dem Land, sondern auch in der Stadt zu leben. Für den Bauern ist der Fuchs eine Plage, weil er Hühner stiehlt. In vielen Ländern erzählt man Geschichten über den klugen und listigen Fuchs, zum Beispiel die Geschichten vom Reinecke Fuchs. Für Hindus oder Buddhisten hat der Fuchs eine Seele, er kann sogar ein Mensch sein, den sie gekannt haben und der gestorben und als Fuchs wiedergeboren ist. […] Das trifft auf alles zu, was uns umgibt. Wir verstehen die Dinge so, wie man uns beigebracht hat sie zu sehen. […] Wenn man gern Wurst ist, dann betrachtet man das Schwein als Nahrungsmittel; aber nicht, wenn man Vegetarier ist. Glaubt man, dass die Welt dazu da ist, dass man sie benützt, wie man will und wann man will, dann wird man nicht besonders für sie Sorge tragen. Wenn wir glauben, dass alle Wesen auf der Welt gleich sind oder eine Seele haben wie wir selbst, dann gehen wir sorgsam mit ihnen um.

Nach **Esther Bisset** *und* **Martin Palmer**

1. Schreibt in eure Hefte, was ihr anstelle des Sohnes dem Vater aus der Comic-Szene antworten würdet. Vergleicht eure Ergebnisse.
2. Gestaltet zu der Autofahrt in kleinen Gruppen ein Rollenspiel und lasst Emma auf die Erklärung von Jane antworten.
3. Beschreibt im Anschluss an den Text „Was ist ein Fuchs?“ eure eigene Vorstellung von Natur und vergleicht die Ergebnisse. Diskutiert die festgestellten Unterschiede und ihre Gründe.
4. **Projektvorschlag:** Recherchiert in eurer unmittelbaren Umgebung, ob es dort wie in Los Angeles Produkte „künstlicher Natur“ gibt. Findet heraus, warum die „künstliche Natur“ der „natürlichen Natur“ vorgezogen wurde. Wertet eure Recherchen in der Philosophiegruppe aus.

Erklärt den Unterschied zwischen Natur und künstlicher Natur (zum Beispiel Plastikbäume).

Der Mensch als Schöpfer

Guido Daniele
(siehe Seite 126)

Wissen und Merken: Was heißt Kultur?

Der Begriff „Kultur“ wird von dem lateinischen Wort *colere* abgeleitet, was auf Deutsch „pflegen“, „bebauen“ oder „kultivieren“ heißt. Kultur wird in der Philosophie als Gegen-Begriff zur Natur verwendet: Der Mensch drückt durch sein geistiges, moralisches und künstlerisches Schaffen der Natur seinen Stempel auf. Er kultiviert und bebaut sie durch materielle Güter (zum Beispiel technische Erfindungen und Bauwerke) sowie durch Werte, Normen und Werke der Kunst. Die Gesamtheit dieser Erfindungen und Entdeckungen des Menschen bezeichnet man als Kultur.
Die erste zusammenfassende Kulturgeschichte der Menschheit – „Muqaddima“ – hat Ibn Khaldoun geschrieben. Nach seiner Ansicht zeichnen sich Kulturen durch Besonderheiten einzelner Völker aus, etwa durch unterschiedliche Sitten, Gebräuche und Religionen. Ihr wichtigstes Kennzeichen ist *'Asabīya* (arabisch عصبية), eine Art Wir-Gefühl der Zusammengehörigkeit.

Der Mensch als Schöpfer der Technik

Die charakteristische Beziehung des Menschen zum natürlichen Geschehen gründete immer auf Technik. […] Was ist Technik? Damit ist nicht nur der Gebrauch von Werkzeugen etwa zur Nahrungsbeschaffung gemeint, wie zum Beispiel, mit einem Stock eine zu hoch hängende Frucht abzuschlagen. Das tun nämlich auch verschiedene Primaten und einige sozial lebende Insekten. Vielmehr bedeutet Technik, Werkzeuge zu schaffen, um andere Werkzeuge zu schaffen: zum Beispiel einen Stein zu behauen, um damit Äste zu schneiden, sie vom Laub zu befreien und dann damit zu hoch hängende Früchte abzuschlagen. Kurz: Technik ist nicht nur die Verwendung von Werkzeugen. Wir verstehen darunter auch Verfahrensweisen, um Gegenstände in Instrumente, Werkzeuge und Geräte zu verwandeln. In weiterem Sinne nennt man „Technik" alle notwendigen Verfahrensweisen, um etwas gut auszuführen: So hat der Tanz seine eigene Technik, ebenso die Redekunst. In diesem Sinn bezeichnet Technik nie ein gelegentliches, einzigartiges Verhalten – so genial es sein mag –, sondern eine Gesamtheit von Vorgehensweisen und Regeln, die weitergegeben, gelernt und wiederholt werden können: eine wirksame *Tradition*.

Im Unterschied zur Wissenschaft, die rein kontemplativ (beschaulich) oder „neutral" sein kann – auch wenn sie es meist nie völlig ist –, folgt die Technik immer der Berufung des Menschen zur Aktivität. Sie folgt seinen vitalen Interessen, seinem Streben, etwas herzustellen, zu erreichen, anzuhäufen, zu bewahren, zu kontrollieren, zu schützen – oder jemanden anzugreifen. Kurz: Technik folgt dem konstruktiven (aufbauenden) oder destruktiven (zerstörerischen) Streben des Menschen nach Herrschaft.

In der Neuzeit hat sich die Technik in erstaunlicher Weise ausgebreitet. Allein im 20. Jahrhundert sollen 90 Prozent der Entdeckungen der gesamten Menschheitsgeschichte gemacht worden sein. Diese Ausweitung der Technik hat zwei entgegengesetzte Reaktionen hervorgerufen. Einerseits überschäumende Begeisterung: Unsere technischen Fortschritte – der Fortschritt! – werden demzufolge Krankheiten, den Tod, Armut und Unwissenheit beseitigen und uns ermöglichen, das All zu erobern und unter dem Meer zu leben. Andererseits weckt die Technik Angst und Feindseligkeit: Sie hat danach einen Punkt erreicht, an dem es bereits möglich ist, unsere Mitmenschen „industriell" zu vernichten, in wenigen Sekunden eine Unzahl von Menschen zu töten, sogar alles Leben auf unserem Planeten zu zerstören. […]

Durch die Technik ist die Verschmutzung der Umwelt immer stärker gestiegen und einige glauben sogar, dass uns die Erschöpfung der Vorräte grundlegender natürlicher Ressourcen droht. Heute stehen jedem Bürger eines halbwegs industrialisierten Landes ein Komfort und Unterhaltungsangebot zur Verfügung, die vor wenigen Jahrzehnten noch unerhört gewesen wären. Aber vielleicht wird sein Leben dadurch zugleich immer abhängiger vom Konsum von Neuheiten, die blind machen für gelassene Selbsterkenntnis und das Erkennen der anderen.

Fernando Savater[1]

1: **Fernando Savater** (siehe Seite 23)

1. Unterscheidet die Begriffe „Natur" und „Kultur" und gestaltet dazu eine Collage".

2. Was ist Technik? Gebt wieder, wie Savater sie definiert. Stimmt ihr der Definition zu?

3. Diskutiert: Unterscheidet sich der Mensch durch die Technik grundsätzlich vom Tier? Berücksichtigt dabei auch die Comic-Szene.

4. Fasst mit eigenen Worten zusammen, worin Savater die Chancen und Risiken der Technik sieht, und erörtert, ob er mit seiner Vermutung am Ende des Textes Recht hat.

Erklärt anhand eines selbstgewählten Beispiels den Zusammenhang zwischen Kultur und Technik.

Menschen entwickeln Mythen

Theresa Hochhard:
Das rote Pferd, 2016

Manitou – ein indigener Schöpfungsmythos

Mythen sind Erzählungen aus alten Zeiten. In ihnen spielen vor allem Götter und die Entstehung der Welt eine Rolle.
In den Mythen indigener Nationen in Nordamerika hat die „Mutter Erde" eine besondere Bedeutung. Demnach haben Pflanzen und Tiere sowie auch Steine und Sand als Elemente der Natur eine Seele und sollten geachtet werden. Pferde waren für diese früher als „Indianer" bezeichneten Menschen Tiere mit einer besonderen Seele, ein Teil ihres täglichen Lebens.

Am Anfang, an jenem Ort, zu allen Zeiten, über der Erde
Und auf der Erde lag ein Nebel, und der große Manitou war dort.
Am Anfang, auf ewig, im All verloren, überall war der große Manitou.
Er schuf das weite Land und den Himmel,
Er schuf die Sonne, den Mond und die Sterne,
Im Gleichmaß ließ er sie alle ziehen.

Dann blies heftig der Wind, und es klarte auf,
Und das Wasser floss davon, weit und mit Macht.
Und Gruppen von Inseln wuchsen neu und blieben bestehen.
Und wieder sprach der große Manitou, ein Manitou der Manitous,
Zu den Lebewesen, den Sterblichen, den Seelen, zu einem jeden,
Und seit jener Zeit war er Manitou für die Menschen und ihr Großvater ...

Er gab die Fische, er gab die Schildkröten,
Er gab die Tiere, er gab die Vögel ...
Alle Lebewesen waren damals befreundet ...
Doch ganz heimlich kam ein böses Wesen, ein mächtiger Zauberer, auf die Erde
Und brachte mit sich das Laster, den Streit, das Elend,
Brachte schlechtes Wetter, brachte Krankheit, brachte Tod.
All dies geschah vor Zeiten auf der Erde,
Jenseits des großen Flutwassers, ganz am Anfang ...

Alle waren friedlich, vor langer Zeit, nach dem großen Wasser, dort in unserem Land.

Worüber denken die Menschen in dieser Welt nach?

Worüber denken die Menschen in dieser Welt nach? Was überlegen sie? Alles in der Welt kehrt zurück zum Gemeinsamen, aber auf verschiedenen Wegen; ist sich einig, doch erst nach zahllosen Überlegungen. Worüber also denken die Menschen nach? Was überlegen sie?
Die Sonne entschwindet, und es kommt der Mond. Der Mond entschwindet, und es kommt die Sonne. Sonne und Mond treiben einander an, und so entsteht das Licht. Die Kälte entschwindet, und es kommt die Hitze. Die Hitze entschwindet, und es kommt die Kälte. Hitze und Kälte treiben einander an, und so entsteht der Ablauf der Jahreszeiten.
Was dahinschwindet, schrumpft ein. Was hervorkommt, streckt sich. Schrumpfen und Strecken wirken aufeinander, und so entsteht Nutzbringendes.
Die Raupe zieht sich zusammen, um sich wieder zu strecken. Drache und Schlange knäulen sich ein in ihrem Unterschlupf, um ihr Leben zu erhalten. Dem Sinn der Dinge mit Feingefühl nachzuspüren, bis man in ihren Geist eingedrungen ist, das wird zum Zweck ihres Gebrauchs getan. Vorteilhafter Gebrauch der Dinge und Wahrung des Lebens dienen dazu, die Seelenkräfte zu erhöhen. Was darüber hinausgehen mag, kann niemand wissen. Doch gründlich in den Geist der Dinge einzudringen und ihre Wandlungen zu erkennen, bringt die Seelenkräfte zu höchster Wirksamkeit.

Aus dem chinesischen „Buch der Wandlungen“

Fächerbild. Tusche auf Seide (um 1200) von Liu Sung-Nien: „An einem Fenster im Herbst das I-Ging (Buch der Wandlungen) lesend“ Das Buch der Wandlungen entstand im 1. Jahrtausend v. Chr. Es gilt als das erste Dokument chinesischer Philosophie und berichtet von der Schöpfung des Weltalls und der Natur.

1. Fasst mit eigenen Worten zusammen, wie Manitou die Welt ausgestaltet hat.

2. Beschreibt das Bild von Theresa Hochhard (Methoden: Seiten 164 und 181). Stellt eine Verbindung zum indigenen Schöpfungsmythos her und überlegt, welche Rolle die Farbe Rot auf dem Bild spielt.

3. Warum ist die Erkenntnis von Veränderungen in der Natur wichtig für die Seelenkräfte des Menschen? Schreibt eure Ideen dazu auf.

4. Diskutiert darüber, ob alle Lebewesen heute auch noch befreundet sein könnten.

Informiert euch über das „Buch der Wandlungen“ und haltet dazu ein Kurzreferat.

Der besondere Text:
Prometheus bringt den Menschen das Feuer

Platon erzählt in seinem Dialog „Protagoras“ den Mythos der beiden Halbgötter Epimetheus[1] *und Prometheus*[2]*. Epimetheus stattete alle vernunftlosen Wesen mit bestimmten Fähigkeiten aus, nur für die Menschen blieb nichts mehr übrig. Deshalb kam ihnen Prometheus zu Hilfe.*

Wie er [Epimetheus] noch in Verlegenheit ist, kommt Prometheus und will die Verteilung in Augenschein nehmen; er sieht, dass die übrigen Lebewesen mit allem angemessen ausgestattet sind, dass aber der Mensch nackt, ohne Schuhe, ohne Decken und ohne Waffen geblieben ist. Und schon war der schicksalhafte Tag da, an dem auch der Mensch aus der Erde ans Licht treten sollte. In seiner Verlegenheit, welches Mittel zur Rettung und Erhaltung er für den Menschen finden könnte, stiehlt er dem Hephaistos[3] und der Athena[4] ihr kunstreiches Handwerk samt dem Feuer – denn es war unmöglich, es ohne Feuer zu erwerben oder nutzbar zu machen – und schenkt beides dem Menschen. Die Kunst, sein Leben zu führen, erhielt also der Mensch auf diese Weise; die Staatskunst dagegen besaß er noch nicht. Denn diese lag bei Zeus. Prometheus wiederum hatte keine Möglichkeit mehr, in die Hochburg, die Behausung des Zeus hineinzukommen; abgesehen davon, dass Zeus furchterregende Wachen davor aufgestellt hatte. Doch in die gemeinsame Werkstatt der Athena und des Hephaistos, wo sie ihren kunstvollen Liebhabereien nachgingen, schleicht er sich ein, stiehlt die Handwerkskunst des Hephaistos, die sich des Feuers bedient, und die andere der Athena und schenkt sie den Menschen. Von da an besitzt der Mensch die nötigen Hilfsmittel zum Leben; den Prometheus aber traf später, so erzählt man sich, die Strafe für seinen Diebstahl.

Nachdem nun der Mensch am göttlichen Los Anteil hatte, begann er erstens wegen dieser Verwandtschaft mit dem Gott als einziges Lebewesen an Götter zu glauben und machte sich daran, Altäre und Götterbilder zu errichten; sodann fing er bald auch an, Laute und Wörter auf kunstmäßige Art zu artikulieren und erfand den Bau von Wohnungen und die Herstellung von Kleidern, Schuhen und Decken und den Gebrauch der Lebensmittel, die die Erde hervorbringt.

Platon[5]

1: Epimetheus bedeutet in der griechischen Götterwelt „Der zu spät Erkennende“.

2: Prometheus ist der Vorausdenkende

Prometheus

3: Hephasitos ist der Gott des Feuers, der Schmiede und der Handwerker.

4: Athena ist die Beschützerin der Städte, besonders Athens, und auch die Schutzpatronin des Handwerks sowie der Künste und Wissenschaften.

5: Platon (siehe Seite 163)

Postbiologische Intelligenz

Was uns erwartet, ist nicht Vergessen, sondern eine Zukunft, die man aus heutiger Sicht am ehesten als „postbiologisch“ oder auch „übernatürlich“ bezeichnen kann. In dieser zukünftigen Welt wird die menschliche Art von einer Flutwelle kultureller Veränderungen fortgerissen und von der eigenen künstlichen Nachkommenschaft verdrängt werden. Wie diese Welt am Ende aussehen wird, wissen wir nicht; doch viele Zwischenschritte sind nicht nur vorhersagbar, sondern bereits vollzogen. Heute sind unsere Maschinen noch einfache Geschöpfe, die wie alle Neugeborenen der elterlichen Pflege und Fürsorge bedürfen und kaum als „intelligent“ zu bezeichnen sind. Doch im Laufe des nächsten Jahrhunderts werden sie zu Gebilden heranreifen, die ebenso komplex sind wie wir selbst, um schließlich über uns und alles, was wir kennen, hinauszuwachsen, so dass wir eines Tages stolz sein dürfen, wenn sie sich als unsere Nachkommen bezeichnen.

Da diese Kinder unseres Geistes nicht auf den stockenden Gang der biologischen Evolution* angewiesen sind, werden sie sich ungehemmt entfalten und sich gewaltigen Aufgaben von grundsätzlicher Bedeutung im größeren Universum zuwenden. Wir Menschen werden eine Zeitlang von ihrer Arbeit profitieren. Doch über kurz oder lang werden sie, wie biologische Kinder, ihre eigenen Wege gehen, während wir, die Eltern, alt werden und abtreten. […]

Wir sind dem Zeitpunkt schon sehr nahe, zu dem praktisch jede wichtige körperliche oder geistige Funktion des Menschen ihr künstliches Pendant haben wird. Die Verkörperung dieses Schnittpunkts vieler kultureller Entwicklungshilfen wird der intelligente Roboter sein, eine Maschine, die wie der Mensch denken und handeln kann, mag sie ihm im materiellen oder intellektuellen Detail auch noch so unähnlich sein.

Hans Moravec[1]

1: Hans Moravec (geb. 1948) ist ein österreichisch-kanadischer Computer-Wissenschaftler, der sich mit philosophischen Problemen der künstlichen Intelligenz, der Futurologie* und des Transhumanismus* beschäftigt.

1. Fasst zusammen, wie Platon die Entwicklung der Kultur erklärt.

2. Vergleicht die Aussagen im Mythos von Platon mit denen im Text von Savater (siehe die Seiten 130/131): Auf welche Fragen antwortet der Mythos, auf welche gibt der philosophische Text eine Antwort? Erklärt, inwiefern sich die beiden Texte gegenseitig ergänzen.

3. Wie beurteilt Hans Moravec die weitere Kulturentwicklung des Menschen mithilfe der Technik? Erschließt den Text mithilfe der auf Seite 77 vorgestellten Methode.

Stellen intelligente Roboter die Zukunft einer postbiologischen Welt dar, die den Menschen von der Mühsal der Arbeit befreit? Führt dazu eine Pro- und Kontra-Debatte. Bezieht dazu auch die Seiten 142–145 über Cyborg-Utopien ein.

Spielen als Quelle des Menschseins

Höhlenmalereien aus der Steinzeit, als Illustration gestaltet

Spielen als Vorbereitung auf die Zukunft

In seinem Dialog „Die Gesetze“ lässt der griechische Philosoph Platon[1] einen Athener Bürger über die Rolle des Spielens für das Erwachsenenalter nachdenken.

Ich meine also und behaupte, dass, wer in irgendeiner Sache ein tüchtiger Mann werden will, sich gleich von Kindheit auf eben in ihr üben und im Scherz wie im Ernst mit allen solchen Dingen beschäftigen muss, welche sich auf sie beziehen. Wenn etwa einer ein tüchtiger Landwirt und ein anderer ein tüchtiger Baumeister werden will, so muss das Spiel des letzteren darin bestehen, Kinderhäuschen zu bauen, und das des ersteren, Land zu bearbeiten, und jedem von beiden muss der Erzieher verkleinerte Nachbildungen der wirklichen Gerätschaften in die Hand geben, und ebenso muss er auch jeglichem seiner Pflegebefohlenen frühzeitig zur Erwerbung der notwendigen Vorkenntnisse verhelfen, wie den künftigen Baumeister messen und mit dem Richtscheite[2] umgehen, den künftigen Krieger spielend reiten lehren oder etwas anderes der Art tun lassen, und muss versuchen, bei ihren Spielen die Lust und Liebe der Knaben auf das hinzulenken, worin sie zum eigentlichen Ziele ihrer Tätigkeit gelangen sollen.[3]

Platon

1: Platon (siehe Seite 163)

2: Werkzeug, um bei Flächen Höhenunterschiede zu überprüfen

3: Im antiken Griechenland galten nur Männer und Knaben als vollwertige Bürger; Frauen und Mädchen spielten keine Rolle.

Spielen als Ursprung von Kunst und Kultur

Die große Originalität Schillers[4] besteht darin, die künstlerische Berufung mit einer Dimension menschlicher Tätigkeit in Beziehung zu setzen, die gewöhnlich als banal und minderwertig angesehen wird: mit dem Spiel. Die spielerische Tätigkeit hat kein anderes Ziel, setzt sich kein anderes Modell und hat keinen anderen Nutzen als ihre eigene Erfüllung […].
Schiller erkennt daher die spezifische Qualität des Menschlichen eben in seiner Fähigkeit zum Spiel: „Der Mensch spielt nur, wo er in voller Bedeutung des Worts Mensch ist, und er ist nur da ganz Mensch, wo er spielt.“

4: Friedrich Schiller (1759–1805) war einer der bedeutendsten deutschen Lyriker und Dramatiker der Aufklärung*. In seiner Schrift „Über die ästhetische Erziehung des Menschen“ entwickelte er seine Ideen zur Rolle des Spiels für die menschliche Kulturentwicklung.

Die jungen höheren Tierarten und Kleinkinder „spielen" weniger, als dass sie sich lustvoll in der Ausführung von Gesten und Körperbewegungen üben, die sie dann benötigen, um die Aufgaben des Erwachsenenlebens zu bewältigen. Das wahre Spiel beginnt, wenn wir eine sich selbst genügende und selbstbezügliche symbolische Welt schaffen, in der sich eine Tätigkeit entfaltet, die sich selbst die erforderlichen Regeln setzt. Diese Welt hat natürlich etwas mit dem täglichen Leben zu tun, das sie in gewisser Weise nachahmt und reflektiert. […]
Nach Schiller ist das Spiel der Bereich, in dem sich der Künstler bewegt: Er spielt mit der Schönheit des Wirklichen und verwandelt die Schönheit selbst in eine wesentliche Realität – als ein Schatz, der uns unsere Freiheit zeigt und sie zugleich fördert. Das Spiel der Kunst verwandelt uns in die Eigentümer einer eigenen Welt […].
[Wir] haben hier Künstler erwähnt, vor allem die größten unter ihnen, und sie Schöpfer genannt. Dieser Ausdruck wird gewöhnlich nicht für Wissenschaftler oder Sportler benutzt, so berühmt sie auch sein mögen. Warum dieser Unterschied? In welchem Sinne kann man einen Künstler als „Schöpfer" bezeichnen? Natürlich sind sie es offenbar nicht in dem Sinne, wie Gott von den Gläubigen als Schöpfer bezeichnet wird. Auch der größte Künstler kann sein Werk nicht aus dem Nichts erschaffen. Immer benutzten sie vorhandenes Material, Farben, Marmor, Sprache, Musiknoten und so weiter, und stützten sich mehr oder weniger auf das, was ihre Vorgänger schufen – und sei es nur, um es abzulehnen und neue Wege zu gehen.
Fernando Savater[2]

Janika Roth[1]: Die Künstler, 2017

1: Janika Roth (geb. 1983) gehört zur Hamburger Künstlergruppe „Die Schlumper". Dort arbeiten Künstlerinnen und Künstler mit Behinderung zusammen.

2: Fernando Savater (siehe Seite 23)

1. Deutet das Bild auf der Seite 136. Diskutiert darüber, worin der Unterschied zwischen spielenden Kindern und spielenden Tieren besteht.
2. Arbeitet heraus, welche Rolle das Spielen für den Philosophen Platon hat. Könnt ihr ihm zustimmen? Begründet eure Meinung.
3. Erschließt den Text von Fernando Savater (Methode siehe Seite 77) und erklärt, warum ein Künstler – im Gegensatz zu Wissenschaftlern und Sportlern – als Schöpfer gilt. Berücksichtigt dabei auch das Bild auf der Seite 137.
4. Vergleicht die von Savater dargestellte Auffassung vom Spiel mit der Auffassung, die Platon über das Spielen vertritt.
Erklärt anhand von eigenen Beispielen, worin die Bedeutung des Spielens für die Kultur des Menschen besteht.

Hoch hinaus – wie weit reicht die Technik?

Ikarus

„Der Himmel steht uns offen, Ikarus. Wir können fliehen. Ich habe eine Idee."

„Wir müssen die Federn gut mit Wachs verkleben", sagte der Vater zu seinem Sohn.

„Bleibe beim Fliegen auf der mittleren Bahn, mein Sohn. Tief unten ist das Meer, hoch oben die Sonne."

„Oh wie schön ist es zu schweben", denkt Ikarus und richtet seinen Blick zur Sonne.

„Ich will höher, immer höher", schreit Ikarus und steigt nach oben.

Daidalos hatte Theseus geholfen, den Ariadnefaden zu entwirren (siehe Vorwort). Deshalb wurde er mit seinem Sohn von König Minos auf Kreta gefangen gehalten. Den Text des Mythos' findet ihr unter: *www.medienwerkstatt-online.de* (Suchwort „Ikarus").

Die natürliche Bestimmung der Dinge

Kann der Mensch im Leben auskommen, ohne Büffel zu halten und Pferde zu reiten? Kann er Büffel halten und Pferde reiten, ohne ihnen Ringe durch die Nase zu ziehen beziehungsweise die Trense[1] ins Maul zu setzen? Büffel und Pferd lassen sich gut und gern Ring und Trense gefallen, denn sie verstoßen keineswegs gegen ihre natürliche Bestimmung. Verstoßen sie aber nicht gegen ihre natürliche Bestimmung, so gründen sich Ring und Trense, wenngleich sie auch vom Menschen kommen, dennoch auf natürliche Veranlagungen. Darum sind sie auch berechtigt. Übertreibt man jedoch in seinem Tun dergleichen Dinge, peitscht man den Schritt an, dass er das Maß verliert, dann werden die Gesetze der Natur zuschanden gemacht. Folgt man nicht dem natürlichen Gang des Wirkens, sondern sucht den wirkenden Kräften sein eigenes Maß aufzuzwingen, wo bliebe da noch die natürliche Bestimmung der Dinge?

Hsiang Hsiu[2]

1: Ein Mundstück für Pferde mit Ringen an jeder Seite zum Einschnallen der Zügel.

2: Hsiang Hsiu (227–277) stammt aus China. Er beschäftigte sich als Philosoph mit dem Verhältnis zwischen Natur und Technik.

Die Natur ist die Grundlage der Technik

1. Der Mensch, der Diener und Ausleger der Natur, wirkt und weiß so viel, als er von der Ordnung der Natur durch Versuche oder durch Beobachtung bemerkt hat; weiter weiß und vermag er nichts.
2. Weder die bloße Hand, noch der sich selbst überlassene Verstand vermag sonderlich viel; durch Werkzeuge und Hilfsmittel wird die Sache gefördert; der Geist bedarf deren nicht minder denn die Hand. Und wie die Werkzeuge die Tätigkeit der Hand lenken und leiten, so stützen und schützen die Werkzeuge des Geistes den Verstand.
3. Menschliches Wissen und Können fallen in Eins zusammen, weil Unkunde der Ursache uns um den Erfolg bringt. Denn der Natur bemächtigt man sich nur, indem man ihr nachgibt, und was in der Betrachtung als Ursache erscheint, das dient in der Ausübung zur Regel.
4. Zur Vollführung vermag der Mensch nichts weiter, als die Naturkörper zu binden und zu trennen; das Übrige bewirkt die Natur im Innern.

Francis Bacon[3]

3: Francis Bacon (1561–1626) war ein englischer Philosoph, Politiker und Naturwissenschaftler. In seinem Buch „Novum Organon scientarium" entwickelte er Methoden für die wissenschaftliche Forschung.

1. Diskutiert: Was hat der Mythos des Ikarus mit dem Problem der Technik zu tun?

2. Wie beschreiben Hsiang Hsiu und Francis Bacon das Verhältnis von Natur und technischer Veränderung? Stellt eine Verbindung zu Ikarus her.

3. **Projektvorschlag:** Welche Rolle spielt der Begriff des Maßes im Verhältnis zwischen Mensch und Technik? Sucht dazu Zeitungsausschnitte heraus und gestaltet ein Plakat.

Gibt es auch im 21. Jahrhundert Menschen, die wie Ikarus handeln? Schreibt eine moderne Ikarus-Geschichte und lest sie einander vor. Gestaltet anschließend in kleinen Gruppen eine Szene zwischen dem alten und dem neuen Ikarus.

Technik kann nützen – und zerstören

Die Technik und der Zauberlehrling

1: Johann Wolfgang von Goethe (siehe Anhang)

2: Al Gore (geb. 1948) war acht Jahre Vizepräsident der USA unter Bill Clinton. Seit seinem Rückzug aus der Politik widmet er sich dem Schutz der Natur und dem Kampf gegen den Klimawandel. Für sein Engagement erhielt Al Gore den Friedensnobelpreis. Er hat zahlreiche Bücher veröffentlicht, u. a. „Die Zukunft. Sechs Kräfte, die unsere Welt verändern“.

Wer die Gefahren erkennt, mit denen wir konfrontiert sind und um die wir uns kümmern müssen, fühlt sich in seiner Machtlosigkeit oft wie gelähmt. Beim Thema „Klima“ beispielsweise verändert manch einer sein Verhalten und seine Gewohnheiten, mindert die persönliche Schadstoffbelastung der Umwelt, meldet sich öffentlich zu Wort und geht wählen – und trotzdem hat sie oder er das Gefühl, furchtbar wenig Einfluss zu haben. Die Kraft der globalen Maschine, die wir für den Fortschritt konstruiert haben, scheint vom Menschen kaum noch kontrollierbar zu sein.
Wo sind die Hebel, die man umlegen, wo die Knöpfe, die man drücken kann? Gibt es einen Steuermechanismus? Haben wir genug Kraft in den Händen, um diese Steuerung zu bedienen?

Mehr als ein Jahrzehnt vor seinem „Faust“ verfasste Goethe[1] das bekannte Gedicht „Der Zauberlehrling“: Ein junger Mann haucht in Abwesenheit seines Meisters mit dessen Zauberspruch einem Besen, mit dem er die Werkstatt sauber machen soll, Leben ein. Doch der Besen ist nun nicht mehr zu bändigen. Als der Lehrling in dem verzweifelten Versuch, der zunehmenden Rage des Besens Einhalt zu gebieten, ihn mit der Axt in zwei Teile spaltet, verdoppelt sich das Ding, indem sich jede Hälfte zu einem neuen belebten Besen auswächst. Erst als der Meister zurückkehrt, kommt wieder Ordnung in den Haushalt.
Al Gore[2]

Was ist Technikethik?

Das Wort „Technik“ kommt ursprünglich von dem griechischen Wort *téchne*, das auf Deutsch „Können“ bedeutet: Der Mensch verfügt über die Fähigkeiten, d. h. das Können, die Natur zu verändern und dadurch seine Lebensbedingungen zu gestalten. Dabei entsteht die Frage, ob er hierfür jedes Mittel anwenden darf, das ihm – manchmal auch kurzfristig – bessere Lebenschancen einräumt. Muss der Mensch immer dasjenige Mittel einsetzen, das am billigsten ist, oder sollte der Einsatz der Mittel unter dem Maßstab der Verantwortung für die Folgen, auch hinsichtlich künftiger Generationen, beurteilt werden? Sind beispielsweise menschenähnliche Roboter, die eine der wichtigsten technischen Entwicklungen des 21. Jahrhunderts darstellen, aus ethischer Sicht zu verantworten? Verantwortung bedeutet in diesem Sinn, dass die Erfinder und Erfinderinnen von technischen Innovationen die Folgen ihrer technischen Entwicklungen in den Blick nehmen müssen. So sollten vor der praktischen Umsetzung bestimmter Ideen immer auch mögliche Handlungsfolgen und Risiken geprüft werden.

Barbara Brüning

Mit den Auswirkungen menschenähnlicher Roboter auf die Gestaltung unserer Gesellschaft beschäftigt sich die philosophische Richtung des Transhumanismus*: *www.zukunftsinstitut.de* Dort findet ihr unter dem Suchwort „Transhumanismus“ interessante Infos (siehe Seite 145).

1. Übertragt Al Gores Bild vom Zauberlehrling auf die Entwicklung der Technik: Wo liegen die Chancen und wo die Risiken? Bezieht auch den Comic in eure Diskussion ein.
2. Lest in Zusammenarbeit mit dem Deutschunterricht das Gedicht „Der Zauberlehrling“. Vergleicht die Gedanken von Johann Wolfgang von Goethe mit denen von Al Gore. Erstellt dazu eine Tabelle in eurem Heft. Legt vorher Kriterien fest, nach denen ihr den Vergleich durchführen wollt.
3. Haltet über Al Gore und sein Engagement für den Umweltschutz ein Kurzreferat.
4. Deutet Al Gores Gedanken „Erst als der Meister zurückkehrt, kommt wieder Ordnung in den Haushalt“, und stellt eine Verbindung zur Entwicklung der Technik her.

Sucht euch eine Frage aus dem Text zur Technikethik aus und schreibt dazu einen philosophischen Essay*. Arbeitet mit verschiedenen Beispielen aus eurem Alltagsleben.

Sind Cyborgs die Wesen der Zukunft?

Der Mann mit dem Eyborg

Neil Harbisson konnte von Geburt an nur schwarz-weiß sehen. Mit 21 Jahren installierte er sich mithilfe eines Kybernetik-Wissenschaftlers einen Eyeborg in seinem Kopf, der ihm die Farben der Welt in Klänge übersetzt. Als er 2004 seinen Pass in Großbritannien erneuern wollte, wurde ihm von den britischen Behörden mitgeteilt, dass er keinen neuen Pass erhalten werde. Denn Neils Eyeborg war auf seinem Passfoto zu sehen, was verboten ist. Neil Harbisson wehrte sich gegen die Behörden mit dem Argument, dass das elektronische Gerät Teil seiner Persönlichkeit sei. Er bat seinen Arzt um Unterstützung und auch die Wissenschaftler der Universität Plymouth, mit denen er das Gerät entwickelt hatte. Sie alle schickten Briefe an die zuständige Passbehörde. Nach wochenlanger Korrespondenz akzeptierte die Behörde den Eyeborg als einen Teil von Harbissons Körper und ließen ihn auf dem Bild seines Reisepasses mit dem elektronischen Auge erscheinen. Somit wurde Neil Harbisson als erster Mensch weltweit als Cyborg anerkannt.

Wissen und Merken: Cyborgs als Wesen zwischen Natur und Technik

Cyborgs sind Menschen, in deren Körper technische Implantate eingepflanzt werden, beispielsweise Implantate im Gehirn wie bei Neil Harbisson. Cyborgs verfügen nicht nur über künstliche Implantate, sondern verschmelzen mit der Technik in ihrem Körper, sodass sie neue Wesensarten bilden, die ihre Impulse aus dem Zusammenspiel von Menschen und Maschinen beziehen. Einige Wissenschaftler wie Hans Moravec (siehe Seite 137) und Max Tegmark (siehe Seite 117) gehen davon aus, dass das Körperliche eines Tages ganz verschwinden wird und menschenähnliche maschinelle Wesen, sogenannte Uploads, entstehen, die über Teile menschlicher Intelligenz verfügen.

Ex Machina[1]

Szene mit Alicia Vikander (Ava) und Domhnall Gleeson (Caleb) im britischen Spielfilm „Ex Machina", 2015

Die attraktive Roboterfrau Ava aus Ex Machina hat gelernt, die Mimik und Gestik der Menschen sowie die Modulierungen menschlicher Stimmen korrekt zu deuten. Sie weiß, wann ihr Gegenüber wütend, traurig oder verliebt ist. Sie „weiß" dies, aber in Form eines abstrakten Wissens, das sie verwendet, um ihr eigenes Ziel – nämlich sich aus ihrem Gefängnis zu befreien – zu erreichen. Genauso wie sie ihr Gegenüber lesen kann, kann sie aber auch ihre eigene Mimik und Gestik dazu einsetzen, ihrem Gegenüber glaubhaft zu machen, sie selbst besitze Gefühle. So gelingt es ihr, Caleb glauben zu machen, sie sei in ihn verliebt und wolle mit ihm zusammen sein. Was Caleb erst zu spät versteht, ist, dass die beiden mehr trennt als nur eine Glaswand. Ava hat keine eigenen Gefühle. Wie ein intelligenter Autist hat sie nur gelernt, wie es ist, Gefühle von Menschen objektiv zu „verstehen", indem sie sie über deren Mimik und Gestik errechnet. Dies versetzt sie zwar in die Lage, andere manipulieren zu können, nicht aber, selbst Gefühle zu haben.

„Willst du mein Freund sein?", fragt Ava Caleb während einer ihrer Sitzungen plötzlich.

„Ja", antwortet dieser.

„Wird das möglich sein?"

„Warum sollte es das nicht sein?"

Caleb fällt auf Avas Manipulationen herein. Er denkt, eine Freundschaft zwischen ihnen sei möglich, ja bestünde bereits. Er vertraut dem, was sie ihm sagt, und denkt, auch sie könne ihm vertrauen. Dieses Vertrauen stellt sich am Ende als fatale Fehleinschätzung heraus. Für Ava ist Caleb ein Objekt wie jedes andere. Nur dass er zusätzlich lediglich ein Mittel war, um sich zu befreien. Als sie ihn am Ende eingesperrt hinter einer dicken Glaswand seinem Schicksal überlässt, hat sie keinerlei Mitleid mit ihm. Caleb pocht verzweifelt an die Scheibe und schreit ihren Namen. In seinem Gesicht liest man nicht nur die Verzweiflung darüber, hier seinen sicheren Tod finden zu müssen, sondern gleichzeitig auch die Verzweiflung, sich so sehr in ihr getäuscht zu haben.

Julian Nida-Rümelin[2] *und* **Nathalie Weidenfeld**[3]

1: Wortwörtlich „aus der Maschine"

2: Julian Nida-Rümelin (siehe die Seite 146)

3: Nathalie Weidenfeld (geb. 1970) studierte Literaturwissenschaft und Amerikanistik in Berlin. Sie lebt als Filmwissenschaftlerin und freie Autorin in München.

1. Erklärt mit eigenen Worten, was einen Cyborg von einem Menschen unterscheidet.

2. Erstellt in eurem Heft eine Tabelle mit vier Spalten: Mensch, Tier, Cyborg und Roboter. Tragt in Stichworten Gemeinsamkeiten und Unterschiede zwischen den vier Wesensformen ein, und diskutiert anschließend in der Philosophiegruppe darüber.

3. Warum hat sich Caleb in Ava getäuscht? Arbeitet Eigenschaften von Ava heraus, die sie für Menschen gefährlich machen.

4. Spielt in kleinen Gruppen die Filmszene nach und zwar so, dass Caleb rechtzeitig Avas Manipulationen erkennt und sie wirkungslos werden lässt.

Cyborgotopia

Drei Lebensformen auf der Erde

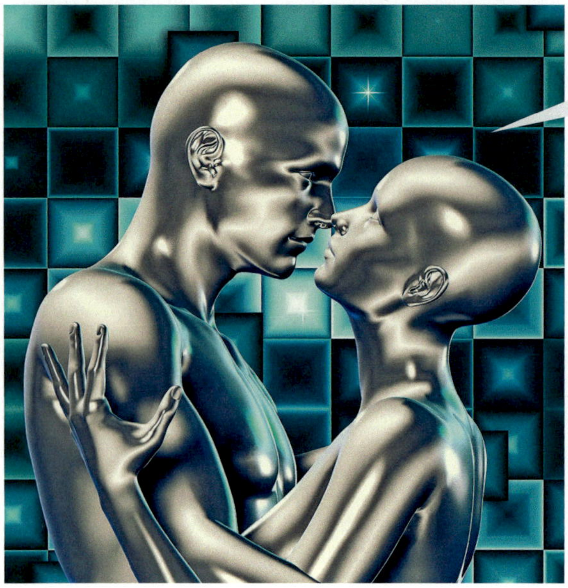

Fangen wir mit einem Szenario an, in dem Menschen friedlich mit technischen Systemen zusammenleben und in einigen Fällen mit ihnen verschmelzen. Zahllose Futuristen und Science-Fiction-Autoren haben dazu Vorstellungen entwickelt. In seinem Buch „Leben 3.0“ skizziert Max Tegmark die Vision einer zukünftigen robotergesteuerten Gesellschaft.

Das Leben auf der Erde ist vielfältiger als je zuvor. Wenn Sie sich Satellitenbilder der Erde anschauen würden, könnten Sie mühelos die Maschinenzonen, die gemischten Zonen und die Zonen, in denen nur Menschen leben, identifizieren. Die Maschinenzonen sind riesige, von Robotern kontrollierte Fabriken und Rechenzentren, bar allen biologischen Lebens und darauf ausgerichtet, für jedes Atom eine möglichst wirtschaftliche Verwendung zu finden. […]

Die Bewohner der gemischten Zonen sind eine wilde und eigensinnige Mischung aus Computern, Robotern, Menschen und Hybriden aus allen drei Lebensformen. Nach den Vorstellungen von Hans Moravec[1] und Ray Kurzweil[2] haben viele Menschen ihre Körper in mancherlei Abstufungen technisch zu Cyborgs aufgerüstet, während andere ihren Intellekt in neue Hardware hochgeladen und dadurch den Unterschied zwischen Mensch und Maschine verwischt haben. Die meisten intelligenten Wesen haben keine dauerhafte physische Gestalt. Stattdessen existieren sie als Software, die imstande ist, sich unverzüglich zwischen Computern hin und her zu bewegen und sich in der physischen Welt in Roboterkörpern zu manifestieren.

In der ausschließlich für Menschen reservierten Zone sind im Gegensatz dazu Maschinen mit allgemeiner Intelligenz auf menschlichem Niveau und darüber hinaus unerwünscht, genauso wie technisch erweiterte biologische Organismen. Hier spielt sich das Leben kaum anders als das heutige Leben ab, außer dass es hier mehr Überfluss und Bequemlichkeit gibt als heutzutage. Die Armut ist zum größten Teil eliminiert worden, und für die meisten der heutigen Krankheiten gibt es Heilmittel. Die wenigen Menschen, die sich für ein Leben in diesen Zonen entschieden haben, existieren im Vergleich zu allen anderen Wesen auf einer niedrigeren und eingeschränkten Wahrnehmungsebene. Sie begreifen nicht ganz, was die intelligenteren Lebewesen in den anderen Zonen tun. Allerdings sind viele von ihnen mit ihrem Leben ganz zufrieden.

Max Tegmark [3]

1: Hans Moravec
(siehe Seite 135)

2: Ray Kurzweil
(geb. 1948) ist ein amerikanischer Erfinder, Autor und Leiter der technischen Entwicklungsabteilung bei Google.

3: Max Tegmark
(geb. 1967) ist ein schwedischer Physiker und Philosoph. Er forscht am Massachusetts Institute of Technology über die weitere Entwicklung künstlicher Intelligenz (siehe auch Seite 117).

Wissen und Merken: Was ist Transhumanismus?[4]

Künstliche Intelligenz* bedeutet, dass Maschinen genauso wie Menschen Denk- und Problemlösungsvorgänge durchführen können. Die Vertreter des Transhumanismus, zum Beispiel Ray Kurzweil und Max Tegmark, meinen, dass es zwischen menschlichem Denken und maschinellen Prozessen keine Unterschiede gibt, das heißt: Es ist demnach das Gleiche, ob ein Mensch oder eine Maschine denkt und handelt. Menschliche und maschinelle Denkvorgänge folgen nicht nur denselben Regeln, sondern unterscheiden sich auch nicht hinsichtlich von Wünschen, Wahrnehmungen oder Gefühlen. Nach dieser Auffassung wäre zum Beispiel „Glücklich sein“ nichts anderes als ein bestimmtes Verhalten zu zeigen. Der Transhumanismus geht davon aus, dass sich mithilfe von Maschinen die physischen, psychischen und intellektuellen Möglichkeiten des Menschen erweitern lassen, indem das Körperliche eines Tages ganz verschwindet (siehe dazu auch das Interview mit Julian Nida-Rümelin auf den Seiten 146/147).

4: Transhumanismus* kommt aus dem Lateinischen. „Trans“ heißt „über“, „jenseits“ oder „hinaus“ und „human“ bedeutet „menschlich“. Transhumanismus bezeichnet also etwas, das über die Grenzen des Menschen hinausgeht.

Wir philosophieren: Gedankenexperimente durchführen*

Gedankenexperimente sind spielerische Experimente mit Gedanken, die wie Cyborgotopia Sachverhalte betreffen, die in der Realität so nicht existieren, aber eines Tages vielleicht existieren könnten.
Hier wird zwischen wirklichkeitsfernen und realitätsnahen Gedankenexperimenten unterschieden. Ein wirklichkeitsfernes Gedankenexperiment wäre zum Beispiel: Wie sähe unsere Welt aus, wenn es ein Mittel gäbe, das Menschen (potenziell) unsterblich machen könnte? Gesellschaftsmodelle wie Cyborgotopia gehören zu den realitätsnahen Gedankenexperimenten, die von der Wirklichkeit ausgehen und durchspielen, wie sich eine Gesellschaft in Zukunft entwickeln könnte.
Gedankenexperimente haben meistens die Form eines Konjunktivs:
- Nehmen wir an, es gäbe (keine) künstliche Intelligenz, wie würde dann unser Leben aussehen?
- Was wäre, wenn (nicht) alle Menschen Cyborgs wären?

1. Stellt die von Max Tegmark beschriebene zukünftige Welt für euch eine Utopie oder eine Dystopie dar (siehe hierzu die Seiten 108/109 und 116/117)? Begründet euren Standpunkt.

2. Stellt euch vor, ihr müsstet in einer der skizzierten Zonen leben. Welche würdet ihr wählen? Nehmt begründet dazu Stellung. (Siehe auch das Gedankenexperiment vom „Gehirn im Tank“, Seite 164.)

3. Erklärt mit eigenen Worten, wie der Transhumanismus das Verhältnis zwischen Mensch und Maschine bewertet.

4. **Projektvorschlag:** Das Institut, in dem Max Tegmark arbeitet, entwickelt auch transhumane Wesen. Stellt euch vor, ihr seid Journalisten und besucht Max Tegmark. Welche Fragen würdet ihr ihm stellen? Erarbeitet in kleinen Gruppen einen Fragenkatalog.

Einer von euch nimmt jetzt auf dem Philosophenstuhl vor der Philosophiegruppe Platz und schlüpft in die Rolle von Max Tegmark (Methode des fremden Blicks siehe Seite 96). Ihr stellt ihm eure Fragen, und er oder sie antwortet darauf. Anschließend wertet ihr die Antworten gemeinsam aus.

Exklusiv:

Menschen oder Roboter?

Interview mit dem Philosophen Julian Nida-Rümelin[1]

Julian Nida-Rümelin lehrt seit 2004 Philosophie und politische Theorie an der Universität München. Seine Spezialgebiete sind Ethik, Erkenntnistheorie und Forschungen zur künstlichen Intelligenz*. Von 2001 bis 2002 war Nida-Rümelin Kultur-Staatsminister in Berlin. Seit 2017 leitet er den Bereich Kultur am Zentrum für Digitalisierung in Bayern.*
Die Schüler Max und Eike aus Düsseldorf haben Julian Nida-Rümelin die folgenden Fragen gestellt.

1. Es scheint, als ob sich unsere zukünftige Gesellschaft auf ein Miteinander von Menschen und Maschinen zubewegt. Kann das funktionieren?
Seit Beginn des 19. Jahrhunderts leben wir in einer wissenschaftlich-technisch geprägten Kultur, in der das Miteinander von Menschen und Maschinen eine wichtige Rolle spielt. So hat sich der Aufwand für Haushaltsarbeit durch den Einsatz von Haushaltsmaschinen und die Elektrifizierung im Vergleich zu früheren Jahrhunderten auf einen Bruchteil reduziert. Das Neue ist, dass wir nun mit der Digitalisierung äußerst komplexe technische Hilfsmittel zur Verfügung haben, die in hohem Maße in der Lage sind, menschliche Fähigkeiten zu simulieren (Gesichtserkennung, Schachspielen, Kommunikation usw.). Diese von den Softwareentwicklern beabsichtigte Simulation führt zu dem Trugschluss, wir würden Gegenüber schaffen, also Software-Agenten und E-Persons, die nicht nur intelligent sind, sondern auch Emotionen haben, wie es uns die Filme suggerieren[2]. Hiergegen wendet sich der digitale Humanismus: Das Besondere von Menschen – Absichten, Wünsche und Überzeugungen, Ängste und Hoffnungen haben, Glück und Trauer empfinden, miteinander kommunizieren und interagieren –, verschwindet auch in Zeiten der Digitalisierung und der künstlichen Intelligenzen nicht.

2. Wer hat Ihrer Meinung nach das Sagen in der Gesellschaft von morgen: die Menschen, die Maschinen oder beide?
Nur Menschen entscheiden, nie Maschinen, aber es hängt von unserer Gestaltung des digitalen Fortschritts ab, in welchem Maße wir die Prozesse kontrollieren. Die Entwicklung der sozialen Medien, um ein Beispiel zu nennen, hat zu einer weitgehenden Enteignung der Nutzer geführt, sie sind ihres Rechts auf informationelle Selbstbestimmung als Nutzer weitgehend beraubt worden und es ist mühsam, dies im Nachhinein etwa durch die europäische Datenschutzgrundverordnung[3] wieder einzufangen. So wie wir uns im Falle der fortgeschrittensten Energietechnologie, der des Schnellen Brüters[4], fast weltweit entschieden haben, diese nicht einzusetzen und viele Länder auf der Welt eine Absage auch an die friedliche Nutzung der Atomenergie formuliert haben, darunter Italien und

1: **Julian Nida-Rümelin** (geb. 1954) hat 2018 zusammen mit Nathalie Weidenfeld das Buch „Digitaler Humanismus" veröffentlicht (siehe die Seite 145).

2: Jemandem etwas einreden bzw. etwas vorgeben, das nicht der Wirklichkeit entspricht.

3: Diese Grundverordnung von 2018 umfasst datenschutzrechtliche Vorgaben zum Schutz personenbezogener Daten aller EU-Bürgerinnen und -bürger.

4: Kernreaktor, der zur Energiegewinnung mit gleichzeitiger Nutzung weiteren spaltbaren Materials eingesetzt wird.

Deutschland, so gilt auch für digitale Technologien, dass sie menschliches Produkte sind und unter menschlicher Kontrolle stehen. Diese Kontrolle kann allerdings in der Regel nicht individuell ausgeübt werden, sondern nur kollektiv, d. h., es geht um eine humane, ökonomisch, politisch und sozial gestaltete Entwicklung digitaler Technologien.

3. Welche Fähigkeiten werden Maschinen in 100 Jahren haben, die wir Menschen nicht haben?
Wir sollten uns auf solche Prognosen nicht einlassen, da sie immer falsch liegen. Niemand kann heute vorhersagen, was in hundert Jahren der Fall sein wird. Schon heute haben zahlreiche Maschinen Fähigkeiten, die Menschen nicht haben. Autos entwickeln eine Kraft und eine Geschwindigkeit, die wir Menschen nicht entwickeln können. Jeder Taschenrechner übertrifft die Rechenfähigkeit seiner Nutzer um viele Zehnerpotenzen, jede Spülmaschine übertrifft die Leistung eines Spülers um ein Vielfaches. Die Menschheit ist daran gewöhnt, dass viele ihrer Fähigkeiten und Praktiken durch Maschinen ersetzt werden; dies wird durch den Einsatz digitaler Techniken enorm gesteigert, aber es ist nichts grundsätzlich Neues.

4. Was sollten insbesondere wir Jugendlichen im Umgang mit Maschinen beachten?
Das Wichtigste ist, dass Jugendliche, die gerne als „Digital Natives" bezeichnet werden, sich von den zum Teil exzellent ausgeführten Simulationen menschlicher Fähigkeiten nicht verführen lassen, softwaregesteuerte Produkte zu mystifizieren[5]. Es bleiben Hilfsmittel, die wir instrumentell einsetzen, um unser Leben zu erleichtern, um ökonomische Prozesse effizienter zu gestalten und bislang unlösbare Aufgaben zu lösen. Wir bevölkern die Welt nicht mit E-Persons, Kommunikations- oder gar Liebespartnern und -partnerinnen. Ja wir schaffen damit weder hilfsbereite Geister noch gefährliche Gespenster, auch keine Super-Intelligenzen.

5: Einer Sache ein geheimnisvolles, schwer durchschaubares Image geben.

Künstliche Intelligenz*

KIs handeln nicht nach eigenen Gründen. Sie haben keine Gefühle, kein moralisches Empfinden, keine Intentionen, und sie können diese anderen Personen auch nicht zuschreiben. Ohne diese Fähigkeiten aber ist eine angemessene moralische Praxis nicht möglich.
Julian Nida-Rümelin *in seinem Buch „Digitaler Humanismus"*

1. Fasst das Verhältnis zwischen Mensch und Maschine aus der Sicht von Julian Nida-Rümelin mit eigenen Worten zusammen und diskutiert seine Auffassung. Berücksichtigt dabei auch das Zitat aus dem Buch „Digitaler Humanismus".
2. Erstellt einen Begriffskreis* zum digitalen Humanismus (Methode: Seite 81).
Interpretiert das Bild und arbeitet heraus, ob und wie es die Gedanken des Philosophen unterstützt (zur Methode „Symbole deuten" siehe die Seite 201).

Wissen und Können:
Die Frage nach Natur, Kultur und Technik

Das kann ich: Begriffe erklären und zuordnen

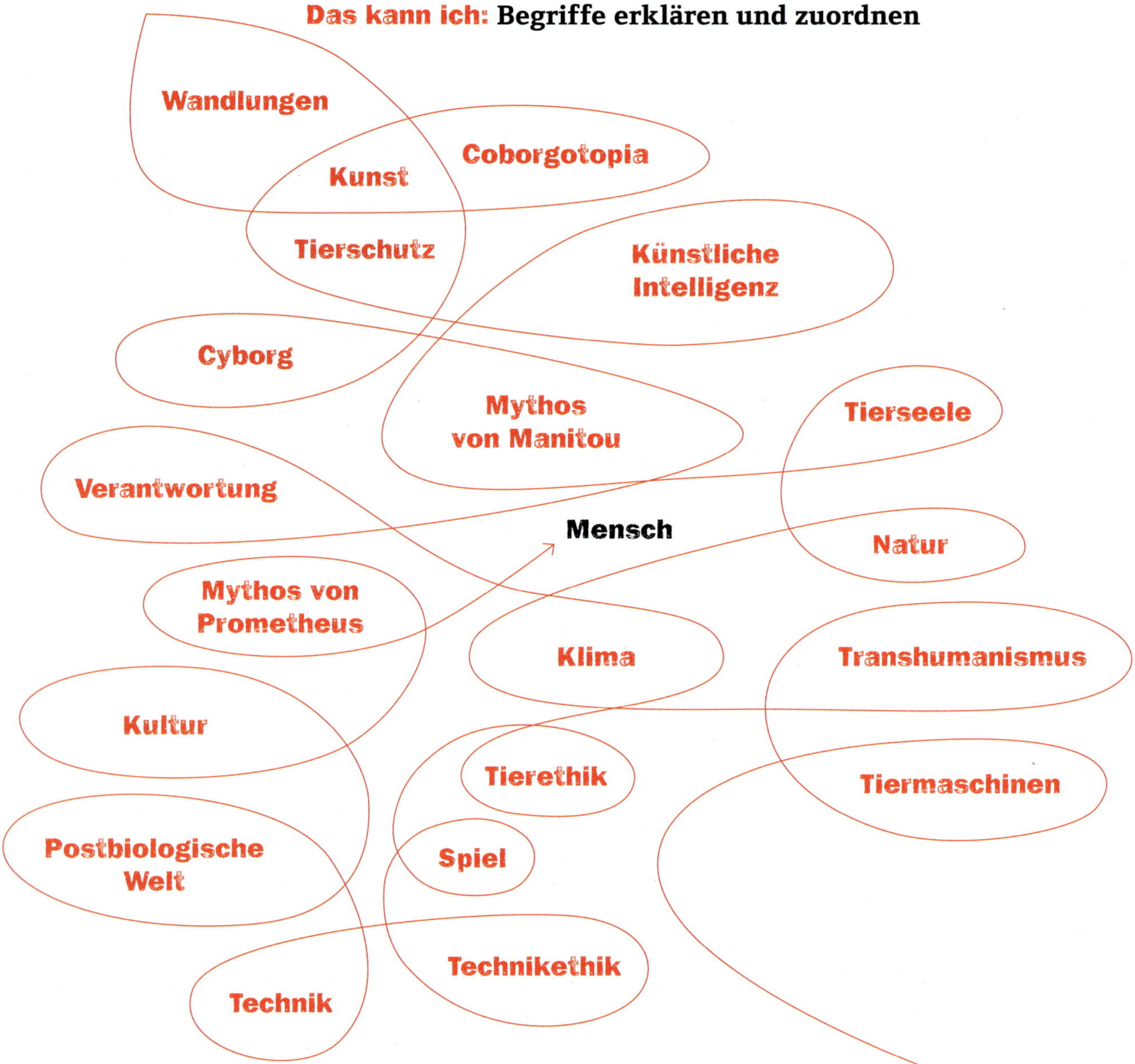

1: Wenn du bei der Erklärung eines Begriffs unsicher bist, kannst du im Anhang unter „Hilfen und Tipps" (Seiten 226/227) nachschlagen, auf welcher Kapitelseite der Begriff im Mittelpunkt steht. Bearbeite diese Seite dann nochmals – am besten mit einer Partnerin oder einem Partner.

1. Gestaltet mit diesen Begriffen eine Mindmap mit dem Titel „Mensch und Natur". Schreibt anschließend zu einem der Begriffe einen Beitrag für ein Jugendlexikon.[1]

2. Bildet kleine Gruppen. Ordnet die Begriffe den folgenden Philosophen und Persönlichkeiten zu: Francis Bacon. Hsiang Hsiu, Immanuel Kant, Papst Franziskus, Julian Nida-Rümelin, Nathalie Weidenfeld, Fernando Savater, Al Gore, Max Tegmark, Platon, Neil Harbisson, Mary Wollstonecraft.

Das kann ich: Stellung nehmen und argumentieren[2]

- zur Frage, ob bzw. warum Tiere Mitgeschöpfe sind (siehe die Seiten 126/127).
- zur Frage, inwiefern die menschliche Kultur die Natur verändert (siehe die Seiten 130–137).
- zur Frage, ob Natur unabhängig vom Blick des Menschen bestimmt werden kann (siehe die Seiten 128/129).
- zur Frage, warum das Spielen der Ursprung von Kunst und Kultur ist (siehe die Seiten 136/137).
- zur Frage, warum die Technik für den Menschen Chancen und Risiken birgt (siehe die Seiten 140/141).
- zur Frage, welche Vor- und Nachteile Cyborgotopia hat (siehe die Seiten 144/145).
- zur Frage, warum Menschen sich nicht von Robotern beherrschen lassen sollten (siehe die Seiten 146/147).

2: Suche dir ein oder zwei dich interessierende Fragen aus und schreibe eine Stellungnahme dazu. Stütze deine Meinung durch Argumente und gehe auf Positionen ein, die du kennengelernt hast. Hinweise zum Abfassen von Stellungnahmen bzw. Erörterungen findest du im Anhang, Seite 233 (Eine Erörterung / einen Essay verfassen).

Das probiere ich aus: Einen Roboter bauen

Ihr bildet kleine Gruppen. Die Gruppen erhalten den Auftrag, einen Roboter zu bauen, der den Menschen die Hausarbeit erleichtert. Dazu wählt ihr zu Beginn einen Konstrukteur, der den Bau des Roboters koordiniert.
Bei der Gestaltung des Roboters solltet ihr folgende Schritte machen:

1. Ihr fertigt zunächst eine Skizze eures Roboters an und schreibt auf, was er alles können soll. Anschließend gebt ihr ihm einen Namen.
2. Danach legt ihr fest, wie ihr den Roboter zusammenbauen wollt: Wer gestaltet welches Teil bzw. welche Funktion?
3. Der Konstrukteur setzt anschließend den Roboter zusammen und verbindet die einzelnen Maschinenteile an Händen, Füßen, Knien oder Hüften.
4. Zum Schluss muss sich der Roboter in Bewegung setzen. Gelingt dies nicht, muss der Konstrukteur eingreifen.

1. Tauscht Erfahrungen aus, welche Schwierigkeiten ihr beim Bau des Roboters hattet.

2. Begründet, ob Maschinen eines Tages den Menschen ersetzen können.

3. Diskutiert darüber, welche Art von Robotern ihr euch für die Zukunft wünscht.

4. Schreibt zum Abschluss einen Bericht für eine Schülerzeitung. Erklärt und begründet darin, welche Aufgaben Roboter künftig in der Gesellschaft übernehmen und welche Aufgaben ausschließlich den Menschen vorbehalten sein sollten. Vergleicht eure Ideen in der Philosophiegruppe.

6. Die Frage nach Wahrheit, Wirklichkeit und Medien

Wahr und falsch / Virtualität und Schein

Die Welt urteilt nach dem Scheine.

*Johann Wolfgang von Goethe**

Diskutiert über die Aussage des Zitates und erörtert dabei auch die Frage, ob es erstrebenswert ist, hinter den Schein zur Wahrheit zu gelangen.

In diesem Kapitel lernst du
- wie wir im Alltag und in der Wissenschaft Erkenntnisse gewinnen
- wie Philosophen die Wahrheit suchen
- den Begriff „Wirklichkeit" zu verstehen
- was Fake News sind
- Folgen von Cybermobbing kennen

Du nutzt als Methoden
- genaues Wahrnehmen und Beschreiben
- Um- und Weiterschreiben von Texten
- eine Pro- und Kontra-Debatte führen

… und beurteilst und bewertest
- welche Rolle Sinne und Vernunft beim Erkennen spielen
- ob Menschen zur Erkenntnis der Wahrheit fähig sind
- ob und wie man Fake News erkennen kann
- die Chancen und Risiken von digitalen Medien

Wie kommen wir zu Erkenntnissen?

Was unsere Sinne leisten

„Das Sehen – der Sinn der Augen – womit der Mensch alles anschaut und begreift, hält mit Recht unter den übrigen Sinnen die Spitze […]. Und so erkennt der Mensch mit der Schau seiner Augen den vollen Gebrauch der natürlichen Dinge auf eine ganz natürliche Weise."
Hildegard von Bingen (1098–1179), Philosophin (siehe auch Seite 38)

Die Sinne sind die Grundlage des Erkenntnisvermögens. Durch sie vermag der Mensch einen Gegenstand wahrzunehmen. Es gibt Sinne der ersten Klasse; das sind die Sinne der Betastung, des Gesichts und des Gehörs. Die Sinne der zweiten Klasse umfassen den Geschmack und den Geruch. […] Der Sinn der Betastung liegt in den Fingerspitzen und den Nervenwärzchen (papillae) derselben, um durch die Berührung der Oberfläche eines festen Körpers die Gestalt derselben zu erkundigen. – Die Natur scheint allein dem Menschen dieses Organ angewiesen zu haben, damit er durch die Betastung von allen Seiten sich einen Begriff von der Gestalt eines Körpers machen kann. […]

Der Sinn des Gehörs ist einer der Sinne von bloß mittelbarer Wahrnehmung. – Durch die Luft, die uns umgibt, und vermittels derselben, wird ein entfernter Gegenstand in großem Umfang erkannt. […]

Auch das Gesicht ist ein Sinn der mittelbaren Wahrnehmung durch eine nur für die Augen empfindbare bewegte Materie, durch Licht. […] Er ist von allen Sinnen der edelste […], weil er dem Menschen in erheblichem räumlichen Umfang Vorstellungen von einem Gegenstand vermittelt.

Diese drei Sinne leiten den Menschen zur Erkenntnis eines Gegenstandes. Die Sinne des Geschmacks und des Geruchs sind subjektiver als die drei ersten, da ihr Kontakt mit einem Gegenstand durch Ausdünstungen des eigenen Körpers beeinflusst werden kann.

Nach **Immanuel Kant**[1]

1: Zu **Immanuel Kant** siehe Seite 104.

Von der Wahrnehmung zur Erkenntnis

1. Schritt › Wir nehmen die Dinge um uns herum zuerst mit unseren Sinnen wahr. Wenn wir einen Gegenstand oder ein Lebewesen wahrnehmen, dann betrachten, fühlen, riechen oder hören wir den Gegenstand oder das Lebewesen. Dabei ist es wahrscheinlich, dass der Gegenstand oder das Lebewesen eine Empfindung in uns hervorrufen.

2. Schritt › Anschließend versuchen wir, diese Gegenstände möglichst so zu beschreiben, wie sie uns erscheinen. Wir beschreiben zum Beispiel die Form, das Material, die Farbe, den Geschmack. Alles, was wir an diesem Gegenstand wahrnehmen, versuchen wir möglichst genau wiederzugeben.

3. Schritt › Dann beschreiben wir die Gefühle und Gedanken, die wir dabei haben, wenn wir einen bestimmten Gegenstand wahrnehmen. Wenn wir etwa eine Katze beschreiben, dann denken wir vielleicht an unsere eigene Katze, die ein sehr weiches Fell hat und schnurrt, wenn wir sie berühren. Oder wenn wir einen Kirschbaum beschreiben, dann werden wir womöglich an den Geschmack von Kirschen erinnert.

4. Schritt › Wahrnehmungen können unterschiedlich sein, weil jeder seine eigenen Erfahrungen mit Gegenständen macht. Wir nehmen einen Gegenstand meist in einer bestimmten Betrachtungsweise und mit Vorurteilen wahr. Wer zum Beispiel gerade von einer Katze gekratzt worden ist, wird Katzen anders wahrnehmen als ein Katzenfreund. Wer keine Kirschen mag oder noch nie Kirschen gegessen hat, wird einen Kirschbaum anders beschreiben als andere Leute. Ich frage also: „Welche Beziehung habe ich zu einem Gegenstand?“ oder „Welche Erfahrungen habe ich bereits mit ähnlichen Gegenständen gemacht?“ oder „Was fällt mir besonders auf?“

Indem wir unsere Wahrnehmungen genau beschreiben, können wir unsere Wahrnehmung mit den Eindrücken anderer Menschen vergleichen und so aus der Wahrnehmung anderer Menschen lernen.

1. Fasst zusammen, welche Rolle die Sinne nach Immanuel Kant bei der Erkenntnis der Welt spielen. Stimmt ihr Kant zu, dass es Sinne erster und zweiter Klasse gibt? Begründet euren Standpunkt und arbeitet dabei mit Beispielen.
2. Gebt die vier Schritte der Erkenntnis durch Wahrnehmung in eigenen Worten wieder.
3. Bildet Arbeitsgruppen, die sich jeweils einen anderen Gegenstand suchen, und wendet die vier Schritte an. Bei welchen Schritten tauchen Schwierigkeiten auf? Haltet sie fest.
4. Diskutiert darüber, ob Erkenntnisse von Gegenständen nach den aufgeführten vier Schritten als sicher gelten kann.

Unsere Sinne können uns täuschen

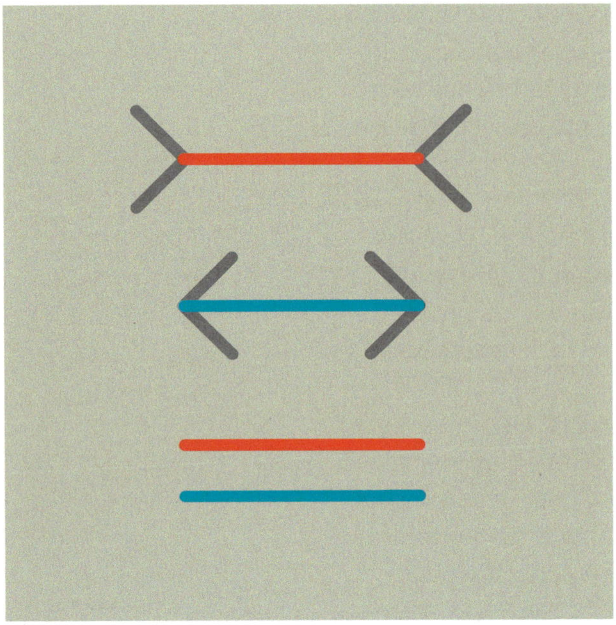

1: **Bertrand Russell** (1872–1970) war ein britischer Philosoph und Mathematiker.

Für gewöhnlich halten wir viele Dinge für sicher und gewiss, an denen bei näherem Zusehen so viele Widersprüche sichtbar werden, dass wir lange nachdenken müssen, bevor wir wissen, was wir glauben dürfen.

Bertrand Russell[1]

Die Welt aus unterschiedlichen Blickwinkeln betrachten

In der westlichen Welt leben die Menschen in einer visuellen Umwelt mit vielen langen Parallelen, wie Straßen, und rechtwinkligen Ecken, wie man sie bei Häusern und Möbeln findet [...]. Wir können uns fragen, ob Menschen, die in einer anderen Umgebung leben – mit wenigen rechten Winkeln und wenigen langen Parallelen – über eine etwas andere Wahrnehmung verfügen? Glücklicherweise gibt es eine Reihe von Untersuchungen über die Wahrnehmung von Menschen, die in einer solchen Umgebung leben.
Menschen, die in einer besonders ausgeprägten aperspektivischen[1] Welt leben, sind die Zulus. Ihre Welt ist als „Kreis-Kultur" beschrieben worden – traditionell sind ihre Hütten rund, und sie pflügen ihr Land nicht in geraden Furchen, sondern in Kurven, und kaum etwas von dem, was sie besitzen, weist Ecken oder gerade Begrenzungen auf [...]. Sie sind daher ideale Versuchspersonen für unsere Zwecke. Wie sich gezeigt hat, unterliegen sie der Müller-Lyer-Pfeiltäuschung[2] [...] nur in geringem Maße und sind von allen anderen derartigen Täuschungsfiguren praktisch gar nicht betroffen.
Es wurden auch Untersuchungen an Menschen durchgeführt, die in dichten Wäldern leben. Solche Menschen sind insofern interessant, als sie kaum Erfahrung mit weiter entfernten Objekten haben, weil sie relativ kleine Waldlichtungen bewohnen. Bringt man sie aus dem Wald heraus und zeigt ihnen zum ersten Mal entfernte Objekte, so sehen sie diese nicht als entfernt, sondern lediglich als klein an. (Sie meinten sogar, weidende Kühe sähen wie Insekten aus.) Menschen aus westlichen Zivilisationen[3] erleben eine ähnliche Täuschung, wenn sie aus großer Höhe herabsehen. Von einem hohen Gebäude aus betrachtet, sehen Objekte viel zu klein aus.

Richard L. Gregory[4]

1: Eine Wahrnehmung, in der der Blickwinkel keine Rolle spielt.

2: Zeichnung siehe Seite 154, links oben

3: Gesellschaften

4: Richard L. Gregory (1923–2010) war ein britischer Psychologe und Erforscher des menschlichen Gehirns. Er hat sich insbesondere mit dem Verhältnis zwischen Umwelt und Wahrnehmung beschäftigt.

1. Betrachtet die unterschiedlichen Bilder. Beschreibt anschließend, worin die Täuschung jeweils besteht.
2. Erklärt das Zitat von Bertrand Russell.
3. Gebt die Gedanken von Richard Gregory in eigenen Worten wieder und bezieht euch dabei auf die beiden Abbildungen von Kuh und Bauer.

Versetzt euch in die Lage eines Menschen aus einer Kreiskultur, der sich auf einer Reise durch eure Stadt befindet. Verfasst in seinem Namen einen fiktiven Brief*, in dem er seinen Leuten zu Hause berichtet, wie er eure Welt wahrnimmt.

Der besondere Text:
Tricks und Täuschungen des Baron Münchhausen

Das Pferd am Kirchturm

[…] Ich ritt weiter, bis Nacht und Dunkelheit mich überfielen. Nirgends war ein Dorf zu hören noch zu sehen. Das ganze Land lag unter Schnee; und ich wusste weder Weg noch Steg.
Des Reitens müde, stieg ich endlich ab und band mein Pferd an eine Art von spitzem Baumstumpf, der über dem Schnee hervorragte. Zur Sicherheit nahm ich meine Pistolen unter den Arm, legte mich nicht weit davon in den Schnee nieder und tat ein so gesundes Schläfchen, dass mir die Augen nicht eher wieder aufgingen, als bis es heller lichter Tag war. Wie groß war aber mein Erstaunen, als ich fand, dass ich mitten in einem Dorfe auf dem Kirchhofe lag! Mein Pferd war anfänglich nirgends zu sehen; doch hörte ich es bald darauf irgendwo über mir wiehern. Als ich nun empor sah, da sah ich, dass es an den Wetterhahn des Kirchturms gebunden war und von da herunterhing. Nun wusste ich sogleich, was geschehen war. Das Dorf war nämlich die Nacht über ganz zugeschneit gewesen; das Wetter hatte sich auf einmal verändert; ich war im Schlafe nach und nach, so wie der Schnee zusammengeschmolzen war, ganz sanft herabgesunken; und was ich in der Dunkelheit für den Stummel eines Bäumchens, der über dem Schnee hervorragte gehalten und daran mein Pferd gebunden hatte, das war das Kreuz oder der Wetterhahn des Kirchturms gewesen. Ohne mich nun lange zu bedenken, nahm ich eine von meinen Pistolen, schoss nach dem Halfter, kam glücklich auf die Art wieder an mein Pferd und verfolgte die Reise.
Hierauf ging alles gut, bis ich nach Russland kam […]. [Dort nahm ich mir einen kleinen Rennschlitten für] ein einzelnes Pferd und fuhr wohlgemut Richtung St. Petersburg. [Da plötzlich], es war mitten in einem fürchterlichen Walde, als ich einen entsetzlichen Wolf mit aller Schnelligkeit […] hinter mir ansetzen sah. Er holte mich bald ein, und es war schlechterdings unmöglich, ihm zu entkommen. Mechanisch legte ich mich platt in den Schlitten nieder und ließ mein Pferd zu unserm beidseitigen Besten ganz [los]. Der Wolf kümmerte sich nicht im Geringsten um meine Wenigkeit, sondern sprang über mich hinweg, fiel wütend über das Pferd her […]. Wie ich nun auf diese Art so unbemerkt und gut davongekommen war, so erhob ich ganz verstohlen mein Gesicht und nahm mit Entsetzen wahr, dass der Wolf das ganze Pferd verschlungen hatte.

Gottfried August Bürger[1]

1: Gottfried August Bürger (1747–1794) war ein Dichter der Aufklärung*. Berühmt wurde er mit seiner Bearbeitung der Lügengeschichten des Barons Münchhausen. Er hielt aber auch Vorlesungen über die Philosophie Immanuel Kants (siehe Seite 104) und machte sie an deutschen Universitäten populär.

Der Taschenspieler

Hieronymus Bosch[1]*: Der Gaukler (auch „Der Zauberkünstler"), 1502*

1: Hieronymus Bosch (um 1450–1516) war ein niederländischer Maler. In seinen Werken arbeitete er oft mit rätselhaften Symbolen*, die schwer zu entschlüsseln sind.

Lasst euch nichts vormachen!

Wenn man fest davon überzeugt ist, einen Betrug entdeckt zu haben, so sollte man nicht gleich anfangen zu spotten. Man gehe lieber Schritt für Schritt vor. Da die Sinne leichter getäuscht werden können als die Vernunft, so fordere man den Zauberer auf, dass er zunächst erkläre, was genau er tun werde und wie alles funktioniert, bevor die Vorführung beginne. Die Erklärungen sollen aber verständlich sein, nicht in bildhafter Sprache und mit unklaren Ausdrücken. Man hüte sich, sich etwas vormachen zu lassen! Es mag jemand seine Freude daran haben, einen schmutzigen Kiesel für einen Diamanten zu halten. Doch glaube man nicht einfach solchen Behauptungen. Wenn man sich mit Edelsteinen nicht auskennt, dann kann man, ohne dass dies peinlich wäre, sagen, dass der Kiesel für einen bloß ein Kiesel ist. Es ist keine Schande, etwas nicht zu verstehen, aber es ist mehr als eine Schande, es ist Betrug seiner selbst, so zu tun, als verstünde man, was man nicht versteht.

Nach **Adolph Freiherr Knigge**[2]

2: Adolph Freiherr Knigge (1752–1796) war ein deutscher Schriftsteller und Aufklärer. Berühmt wurde er mit seinem Buch über Regeln für das Zusammenleben in Gemeinschaften, den „Knigge".

1. Diskutiert: Was hat die Geschichte vom Baron Münchhausen mit Sinnestäuschungen zu tun?

2. Beschreibt das Bild von Hieronymus Bosch (Methode siehe Seite 181). Welche Botschaft könnt ihr daraus erkennen? Schreibt sie in euer Heft.

3. Versetzt euch in eine der abgebildeten Personen im Publikum und berichtet in einem fiktiven Brief* an einen Verwandten, was ihr bei dem Gaukler erlebt habt.

4. **Projektvorschlag:** Sucht ähnliche Kunstwerke zum Thema „Zauberkünstler" und vergleicht sie mit dem Gaukler von Hieronymus Bosch.

Verfasst einen Dialog* zwischen Knigge und Münchhausen, in dem Knigge versucht, Münchhausen nachzuweisen, dass er lügt. Achtet darauf, dass ihr die folgenden Begriffe verwendet: Erfahrung, sinnliche Wahrnehmung, Täuschung, Zweifel. Beachtet außerdem die Ratschläge Knigges.

Vernunft als Kompass

Ich denke, also bin ich

Der französische Philosoph René Descartes[1] war Soldat im Dreißigjährigen Krieg[2]. Sein Leben widmete er den Wissenschaften und der Philosophie. Dort wollte er das bisherige Wissen auf eine neue sichere Grundlage stellen.

1: René Descartes (1596–1650) war Philosoph und Mathematiker. Er hat nie eine Universität besucht. Dennoch gilt er als Begründer der Vernunft-Philosophie, des Rationalismus (siehe auch die Seite 126).

2: Der Dreißigjährige Krieg dauerte von 1618–1648. Er wurde zwischen Protestanten, den Anhängern Luthers (siehe die Seiten 208/209), und Katholiken geführt. Descartes kämpfte auf Seiten der Katholiken.

3: Manfred Geier (geb. 1943) ist ein deutscher Philosoph und Literaturwissenschaftler. Für Jugendliche hat er das Buch geschrieben: „Was konnte Kant, was ich nicht kann?“

Descartes wollte klar und deutlich erkennen, was wirklich ist. Er suchte nach einer sicheren Wahrheit, an der nicht zu zweifeln ist. Wie schwer das sein kann, hatten ihm seine Träume in der Nacht vom 10. auf den 11. November 1619 gezeigt. Sie hatten ihn getäuscht; denn er hatte sie, während er fest schlief, für Erfahrungen in der wirklichen Welt gehalten. Descartes wäre kein Philosoph gewesen, wenn er über diese rätselhafte Verwirrung zwischen Träumen und Wachsein nicht nachgedacht hätte. Dabei kam er dann schließlich auf eine verrückte Idee. Er drehte seinen Gedanken einfach um. Er sagte nicht: Meine Träume sind nur fantasievolle Einbildungen und Täuschungen, aus denen ich aufwachen kann. Sondern er stellte sich umgekehrt vor: Alles, was ich im Wachsein erlebe und denke, könnte nur ein Traum sein. Es ist nicht wahrer als die Trugbilder meiner nächtlichen Träume.
Er schrieb sich auf: „Meinetwegen: wir träumen.“ Und dabei fiel ihm etwas ein, das er später so beschrieb: „Während ich dachte, alles sei vielleicht nur geträumt, wusste ich doch sicher, dass ich es bin, der das dachte. Und so erkannte ich die Wahrheit: ‚Ich denke, also bin ich.‘ Diese Erkenntnis steht ohne Zweifel fest. Niemand kann ihre Wahrheit erschüttern. Und so entschloss ich mich, sie zum ersten Grundsatz der Philosophie zu erklären.“
So also ist es damals passiert, dass das denkende Ich zur Grundlage der neuzeitlichen Philosophie wurde und dass der Satz „Ich denke, also bin ich“ einer der berühmtesten philosophischen Sätze geworden ist. Im Original hat Descartes ihn lateinisch aufgeschrieben: „Cogito, ergo sum.“

Manfred Geier[3]

Regeln des richtigen Vernunftgebrauchs

Ich glaubte, statt einer großen Anzahl von Regeln, aus denen die Logik besteht, nur vier befolgen zu müssen, um in der Philosophie und den Wissenschaften zu wahren Erkenntnissen zu gelangen.

Die *erste* war, niemals eine Sache als wahr anzunehmen, die ich nicht sicher und einleuchtend erkennen würde. Das heißt sorgfältig Übereilung und Vorurteil zu vermeiden und nur so viel in meinen Urteilen anzuerkennen, wie sich meinem Geist klar und deutlich zeigt.

Die *zweite*: Jedes der Probleme, das ich untersuchen würde, in so viele Teile zu zerlegen wie nur möglich und zur Lösung notwendig.

Die *dritte*: Meine Gedanken zu ordnen; dabei mit den einfachen Gegenständen zu beginnen und allmählich stufenweise zur Erkenntnis der komplizierten Zusammenhänge aufzusteigen und selbst solche Dinge für geordnet zu halten, bei denen natürlicherweise eine Ordnung nicht feststellbar ist.

Und die *letzte*: Überall so vollständige und Aufzählungen und so umfassende Übersichten zu machen, dass ich sicher wäre, nichts auszulassen oder zu vergessen.

Nach **Descartes**

Wissen und Merken: Was ist Vernunft?

Die Vernunft ist nicht etwas, das mir die anderen erzählen, und sie ist auch nicht das Ergebnis meines Lernens oder meiner Erfahrung, sondern ein kritisches intellektuelles Verfahren. Ich benutze es, um die Nachrichten, die ich erhalte, die Studien, die ich betreibe oder die Erfahrungen, die ich mache, zu organisieren, indem ich bestimmte Dinge akzeptiere – zumindest vorläufig, in Erwartung besserer Argumente –, andere dagegen nicht. Dabei versuche ich immer, meine Annahmen untereinander in Einklang zu bringen. […]

Das Ziel der rationalen Methode ist es, die Wahrheit festzustellen – das heißt die größtmögliche Übereinstimmung zwischen dem, was wir glauben, und dem, was tatsächlich in der Wirklichkeit geschieht, deren Teil wir sind. „Wahrheit" und „Vernunft" teilen die gleiche universalistische Berufung, das gleiche Ziel: gültig sowohl für mich wie für alle anderen Menschen zu sein.

Fernando Savater[1]

„Wahrheit ist die Übereinstimmung der Dinge bzw. Sachverhalte mit dem menschlichen Verstand."
Nach **Thomas von Aquin**

1: Zu **Fernando Savater** siehe Seite 23.

1. Gebt Descartes' Erkenntnis und die ihn dahin führenden Gedanken in eigenen Worten wieder und diskutiert, ob sein „Cogito, ergo sum" wirklich unbezweifelbar ist.

2. Findet für jede der vier Regeln Descartes' eine passende Überschrift und verdeutlicht deren Aktualität an Beispielen aus den Naturwissenschaften, zum Beispiel der Erforschung der Hebelgesetze oder der Gesetze der Lichtbrechung in der Physik.

3. Diskutiert über den Nutzen der Regeln Descartes' für die Erforschung der Wahrheit. Bezieht dabei die Wahrheitsdefinition von Thomas von Aquin (siehe oben) mit ein.

Welche Rolle spielen die Sinne und welche die Vernunft bei der Erkenntnis? Schreibt dazu eine kleine Erörterung*.

Wahrheit in den Wissenschaften

Wie funktioniert Wissenschaft?

Ich besuchte die Schulklasse meiner Tochter, um mit den Schülern einige wissenschaftliche Versuche auszuführen. Bei einem unserer Projekte wollten wir herausfinden, welche Dinge Strom leiten und welche nicht. Dazu schlossen die Kinder eine Batterie und eine Glühbirne mit Hilfe von Drähten zusammen. Die Kinder fügten nun verschiedene Gegenstände zwischen beiden Drähten ein und beobachteten, ob die Glühbirne leuchtete oder nicht. Wenn sie anging, dann handelte es sich bei dem Gegenstand um einen Leiter. Es stellte sich heraus, dass die meisten Leiter aus Metall waren (Büroklammern, Schlüsselanhänger, Zahnspangen usw.) Aber dann gab es für die Kinder eine große Überraschung: Auch (Grafit-) Bleistifte funktionierten als elektrische Leiter, obwohl sie weder glänzten noch metallisch aussahen wie der Rest ihrer Sammlung. [...]
Diese kleine Geschichte veranschaulicht viele Aspekte dessen, wie Wissenschaft funktioniert: Man beginnt mit einigen bekannten Ideen, Vorstellungen und Begriffen. Man beobachtet die Welt und probiert verschiedene Dinge aus. Man bildet einen stimmigen Kontext und erkennt Muster, formuliert Hypothesen* und Vorhersagen. Man stößt an Grenzen, an denen das bisherige Verständnis versagt. Man macht plötzlich neue Entdeckungen, weil etwas Unvorhergesehenes passiert, und formuliert neue und umfangreichere Zusammenhänge, mit Hilfe derer man versucht, die beobachteten Dinge und Vorkommnisse zu verstehen.

Gregory N. Derry[1]

1: Gregory N. Derry (geb. 1952) ist ein amerikanischer Physiker.

Wissenschaft und Wahrheit

Im folgenden Auszug aus einem Interview antwortet der Klimaforscher Stefan Rahmstorf[1] auf Fragen des Meeresbiologen Nikolaus Gelpke.

Wie finden Sie Gewissheit für Ihre wissenschaftlichen Aussagen?
Eine letzte Gewissheit findet die Wissenschaft nie – sie gewinnt ihre Stärke gerade daraus, alles immer wieder zu hinterfragen. Naturwissenschaftliche Thesen zeichnen sich ja dadurch aus, dass sie zwar prinzipiell widerlegbar sind, nicht aber endgültig beweisbar wie Aussagen der Mathematik. Es geht also nicht um Gewissheit, sondern um Fragen wie: Wie nah kommt eine Modellvorstellung oder Theorie der Realität? Wie gut ist sie durch Beobachtungsdaten gestützt? Wie wahrscheinlich ist eine darauf basierende Zukunftserwartung? [...] Wissenschaft ist eine Suche nach Erkenntnis. Im Laufe dieser Suche werden viele Ideen vorgeschlagen und dann auf den Prüfstand gestellt, nur ein Teil davon hat Bestand. Allmählich werden dabei die gut gesicherten Erkenntnisse herausdestilliert.

Wie lange oder wie genau muss ein Wissenschaftler forschen, bis er sicher ist, dass die Ergebnisse der Wahrheit entsprechen? Oder gibt es diese im Sinn von René Descartes gar nicht?
Aus meiner Sicht gibt es in der Naturwissenschaft „die Wahrheit" nicht, es gibt nur mehr oder wenig gut abgesicherte und mehr oder weniger präzise Erkenntnisse. Nehmen wir das Weltmodell von Kopernikus[2a], wonach die Erde mit den anderen Planeten um die Sonne kreist. Ist das die Wahrheit? Es ist eine Modellvorstellung, deren Grundidee sich als entscheidender Erkenntnisfortschritt erwiesen und bestens bewährt hat. Das Modell erwies sich aber dann doch insofern als falsch, als es von kreisförmigen Planetenbahnen ausging, und Kepler[2b] konnte später zeigen, dass es sich eher um Ellipsen handelt. Die Modellvorstellung von Ellipsen passt wesentlich besser zu den Beobachtungsdaten, ist aber auch nicht die endgültige „Wahrheit". Derart gut abgesicherte Erkenntnisse werden durch den weiteren Fortschritt allerdings nicht mehr völlig über den Haufen geworfen, sondern verfeinert.

1: Stefan Rahmstorf (geb. 1962) lehrt Physik der Ozeane an der Universität Potsdam und zählt weltweit zu den führenden Klimaforschern.

2: Nikolaus Kopernikus (1473–1543) und **Johannes Kepler** (1571–1630) waren berühmte Astronomen in der frühen Neuzeit.

„Ein Wissenschaftler muss Ordnung schaffen. Wissenschaft ist aus Fakten gebaut wie ein Haus aus Steinen. Aber eine Sammlung von Fakten ist ebenso wenig Wissenschaft wie ein Steinhaufen ein Haus ist."
Henry Poincaré
(1854–1912, französischer Mathematiker und Physiker

1. Berichtet von eigenen Experimenten im naturwissenschaftlichen Unterricht und davon, wie ihr selbst auf (falsche oder richtige) Ideen zur Erklärung ungewöhnlicher Phänomene gekommen seid.

2. Diskutiert, was wissenschaftliche Ideen von anderen Ideen unterscheidet, die einem so in den Kopf kommen.

3. Erklärt, ob und inwiefern die Naturwissenschaften nach den Antworten von Stefan Rahmstorf „wahr" sind und was sie von mathematischen Aussagen unterscheidet. Stimmt ihr zu?

Bestimmt das Verhältnis von Erkenntnis durch die Sinne (siehe die Seiten 154/155) und durch die Vernunft in den Wissenschaften und bezieht euch dabei auf das Zitat von Henry Poincaré (siehe oben).

Wahrheit in der Philosophie

Sokrates' Suche nach der Wahrheit

Der erste Philosoph, der sich der Suche nach der Wahrheit in Fragen des menschlichen Zusammenlebens zuwandte, war Sokrates[1]*. Dazu versuchte er in Gesprächen wichtige ethische Begriffe zu klären, hier im Dialog mit dem etwa 12-jährigen Lysis den Begriff des Glücks.*

1: Sokrates (um 470–399 v. Chr.) zählt zu den berühmtesten griechischen Philosophen der Antike. Als Begründer einer Ethik*, die sich am Gewissen orientiert, ist er bis heute einflussreich. Er wurde in Athen zum Tode verurteilt, weil er sich bei seinen Entscheidungen auf seine innere Stimme und nicht auf die Götter berief und weil er die ihm folgende Jugend zum Philosophieren „verführte".

Sokrates: Dein Vater und deine Mutter haben dich doch sehr lieb, [...] Lysis?
Lysis: Natürlich.
Sokrates: Also wollen sie doch bestimmt, dass du möglichst glücklich bist.
Lysis: Was denn sonst.
Sokrates: Glaubst du aber, dass jemand glücklich sein kann, der nur gehorcht, wie ein Diener, und der nichts tun darf, wozu er Lust hat.
Lysis: Beim Zeus, das glaube ich auf keinen Fall.
Sokrates: Wenn also dein Vater und deine Mutter dich lieben und wenn sie möchten, dass du glücklich wirst, dann tun sie doch alles dafür, dass du auch wirklich glücklich bist?
Lysis: Das ist doch klar.
Sokrates: Sie lassen dich folglich tun, was du willst, und schimpfen auch nicht oder hindern dich daran, etwas zu tun, wozu du Lust hast?
Lysis: Doch, beim Zeus, und an wie vielen Sachen die mich hindern!
Sokrates: Was sagst du da? Sie wollen, dass du glücklich bist, hindern dich aber daran zu tun, wozu du Lust hast. Sag mal, wenn du Lust hättest, auf einem von den Pferdewagen deines Vaters zu fahren und bei einem Pferderennen die Zügel zu führen, würden sie es dich nicht tun lassen, sondern dich daran hindern?
Lysis: Klar, beim Zeus, die würden mich doch nicht lassen.
Sokrates: Aber wen denn sonst?
Lysis: Da gibt es einen Wagenführer, der von meinem Vater seinen Lohn dafür bekommt.
Sokrates: Was sagst du da? Einem Bediensteten erlauben deine Eltern eher als dir, mit den Pferden zu tun, was er will, und bezahlen dafür auch noch Geld?
Lysis: Aber was ist denn dabei? [...]

Sokrates kommt nun auf die Erziehung von Lysis zu sprechen:
Sokrates: Und passt jemand auf dich auf?
Lysis: Ja, ein Aufpasser, ein Erzieher, er beherrscht mich.
Sokrates: Was tut aber dieser Erzieher beispielsweise, wenn er dich beherrscht?
Lysis: Er bringt mich zu meinem Lehrer.
Sokrates: Und herrschen die etwa auch über dich, die Lehrer?
Lysis: Und wie die das tun.
Sokrates: Eine ganze Menge Herrscher und Gebieter also setzt dein Vater für dich ein, und dazu mit voller Absicht. Aber wenn du nach Hause zu deiner

Mutter kommst, lässt die dich doch machen, was du willst, damit du nur recht glücklich bist, ob mit der Wolle oder am Webstuhl, wenn sie webt. Denn sicher verbietet sie dir doch nicht, die Weblade[1a] anzufassen oder das Webschiffchen[1b] und was sonst zur Weberei gehört.

Lysis (lachend): Beim Zeus, Sokrates, das verbietet die mir nicht nur, sondern ich bekäme sicher auch eine gehörige Strafe, wenn ich etwas anrührte. [...]

Sokrates: Aber weshalb hindern sie dich denn mit aller Gewalt daran, glücklich zu sein und zu tun, was du willst. Und warum behandeln sie dich so, dass du den ganzen Tag lang immer irgendjemandem gehorchen musst? Du kannst doch, kurz gesagt, fast gar nichts tun, wozu du Lust hast.

Sokrates, *überliefert nach* **Platon**[2]

1: Weblade und Webschiffchen sind Teile eines Webstuhls, mit dem in der Antike besonders Frauen in Heimarbeit Stoffe herstellten.

2: Platon (427–347 v. Chr.) war einer der angesehensten Philosophen in Athen. Er hieß eigentlich Aristokles. Sein Gymnastiklehrer, ein Ringkämpfer, benannte ihn jedoch in Platon um. Das Wort heißt „Der Breite". Platon hatte breite Schultern.

Philosophinnen und Philosophen als Wahrheitssucher

Wer nach der Wahrheit in der Mathematik sucht, ist normalerweise Mathematiker. Nach der Wahrheit in der Geschichte suchen in der Regel Historiker. Und so fort. Wenn auch die Philosophen nach der Wahrheit auf allen diesen Gebieten suchen, müssen sie es auf eine besondere Weise tun, als arbeiteten sie auf einem Gebiet, das sich durch alle anderen hindurch zieht. Wir müssen nicht lange nach der Lösung suchen: Die Philosophen suchen die Wahrheit auf dem Gebiet der Ideen. Jedes Mal, wenn du verstehen möchtest, wie ein Philosoph ein bestimmtes Gebiet betrachtet, kannst du einfach hinzufügen „die Idee des oder der". Der Philosoph befasst sich nicht wie ein Anwalt oder Richter mit der Gerechtigkeit, sondern mit der „Idee" der Gerechtigkeit. Er interessiert sich nicht für die Macht wie ein Politiker, sondern versucht, die „Idee" der Macht zu erfassen. So ist das auf allen Gebieten. In der Mathematik beschäftigt sich der Philosoph mit der Idee des Beweises oder der Idee der Zahl. [...] In der Moral* interessiert er sich für die Idee des Guten und die Idee des Bösen, oder auch für die Idee der Schuld, der Verantwortung, der Regel.

Roger-Pol Droit[3]

3: Roger-Pol Droit (geb. 1949) ist ein französischer Philosoph und Journalist, der sich u. a. mit fernöstlicher Ethik beschäftigt hat (siehe auch die Seite 35).

1. Erläutert und formuliert das von Sokrates im Gespräch mit Lysis heraus gearbeitete Problem und diskutiert, ob die Verbote der Eltern Lysis zum Glück führen können.

2. Tragt zusammen, was ihr unter Glück versteht (alternativ: was für euch zum Glück gehört) und sprecht über die Unterschiede in euren Vorstellungen (siehe die Seiten 180–193).

3. Erklärt, warum Philosophinnen und Philosophen in besonderer Weise nach Wahrheit suchen.

4. Diskutiert, ob sich die von Philosophinnen und Philosophen gesuchte Wahrheit überhaupt finden lässt und vergleicht sie mit der Wahrheit, die die Naturwissenschaften suchen (siehe die Seiten 160/161).

Setzt den Dialog fort und diskutiert auf dieser Basis die Frage in Aufgabe 2 erneut.

Die Welt des schönen Scheins

Germany's next Book Model

Auch der Film „Matrix“ beschäftigt sich mit der Frage, ob die Welt echt ist oder nur eine Simulation: Sind wir Menschen vielleicht nur ein Gehirn in einem Tank im Cyberspace (siehe hierzu auch die Seiten 172/173).

Wir philosophieren: Wahrnehmen und Beschreiben

Wenn ihr einen Gegenstand, eine Situation oder ein Erlebnis beschreiben wollt, dann müsst ihr sie zunächst wahrnehmen – wenn möglich, mit allen Sinnen:

1. Schritt › sehen, hören, riechen, schmecken und fühlen;

2. Schritt › das Wahrgenommene möglichst neutral beschreiben, ohne eigene Bewertungen wie „das finde ich gut“ oder „das gefällt mir“;

3. Schritt › zum Schluss das Wahrgenommene bewerten, d. h. eigene Gedanken und Gefühle dazu darstellen.

Täuschen uns die schönen Bilder?

Chiaras Freundinnen treffen sich regelmäßig zum Shoppen. Für sie sind schöne Kleider sehr wichtig im Leben. Sie kaufen von ihrem Taschengeld verschiedene Stoffe und schneidern daraus Super-Klamotten. Vorher informieren sie sich allerdings bei ihren Lieblings-Influencerinnen über die neusten Modetrends, denn sie wollen sich nicht „wie im letzten Jahrhundert" anziehen. Chiara kann mit all den Influencerinnen und deren Modetrends nicht viel anfangen. „An denen ist doch nichts echt", sagt sie zu ihrer Freundin Alma, als diese ihr einen superlangen schwarzen Rock zeigt. „Die eine Influencerin hat leuchtend weiße Zähne, die wahrscheinlich künstlich sind, und die andere glänzt mit pechschwarzen Haaren, die eine unnatürliche Farbe haben. Und euer Joe zeigt sich als Typ im Anzug!" Chiara redet sich in Rage. „Und dann stellen sie die Kamera auch noch so ein, dass ihr immer nur schöne Bilder zu sehen bekommt. Gibt es da auch was Hässliches?" Alma zuckt mit den Schultern. „Die zocken euch doch nur ab", entgegnet Chiara. „Sie zeigen euch Modetrends und bekommen von den Modelabels Geld dafür, dass ihr das alles kauft!"
„Ja, aber unsere Kleider machen wir trotzdem selbst!"
„Klar, aber wenn ihr eure Ideen auch noch selbst entwickeln würdet, wäre das viel besser!"

Barbara Brüning

„Schönheit als Look
… verzichtet auf innerliche, ja moralische Werte, er pfeift auf ethische Tugenden* und solidarische Kompetenzen im Glauben daran, dass nicht nur alles Jacke wie Hose ist, sondern im Wissen darum, dass sich weder unter Jacke noch Hose irgendetwas Wichtiges verbirgt."
Andreas Brenner *und* **Jörg Zirfas**, *Philosophen*
(siehe die Seite 59)

1. Macht schriftlich einen Vorschlag: Was könnte am Ende der Junge in der Bildgeschichte (Seite 164) zu dem Mädchen sagen? Diskutiert eure Ideen in der Philosophiegruppe.

2. Deutet den Ausspruch des Mädchens aus der Bildgeschichte: „Die Welt da draußen ist nicht meine Welt."

3. Fasst die Kritik von Chiara am Schönheitswahn als gesellschaftlichem Trend des 21. Jahrhunderts mit eigenen Worten zusammen und berücksichtigt auch das Zitat über „Schönheit als Look".

Interpretiert die Überschrift der Doppelseite „Die Welt des schönen Scheins".

Philosophisches Forum:
Verschiedene Wirklichkeiten?

Wirklichkeit ist das, was wir dafür halten

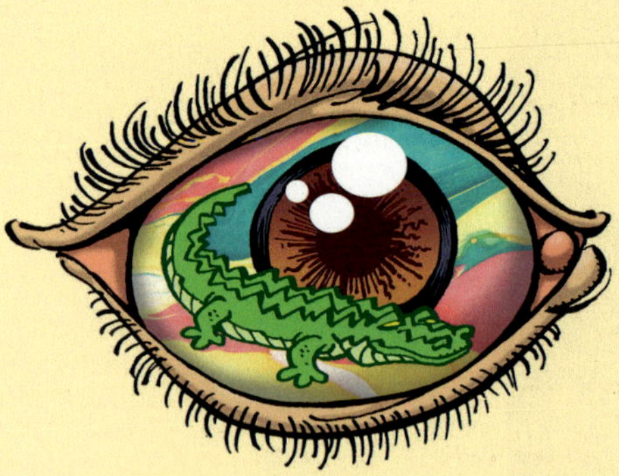

Leesn Sie enimal deiesn Txet. Wtteen, Sie vetsehern ihn, owbhol er egitenilch uverntsädnilch ist? Mit solchen Leseexperimenten hat der Linguist[1] Graham Rawlinson* nachgewiesen, dass man Texte auch versteht, wenn die Buchstaben vertauscht sind.

Der Versuch zeigt, wie sehr unser Leseverständnis von unserem Vorwissen geprägt ist, und belegt damit: Sehen heißt konstruieren. Statt die Wirklichkeit objektiv wahrzunehmen, sind wir ständig dabei, sie zu interpretieren. Was wir naiverweise für real halten, hängt [...] stark von unserer persönlichen Deutung ab. [...]

Ein schönes Beispiel für unser subjektives Realitätsempfinden ist das Phänomen[2] der Zeit. Auf dem Zahnarztstuhl dehnen sich Minuten zu Stunden. Aber je mehr wir die Zeit auskosten wollen, desto schneller rast sie dahin. Für dieses schwankende Zeitgefühl haben Psychologen eine Fülle von Faktoren zutage gefördert – zum Beispiel: Je unangenehmer und monotoner eine Situation ist und je weniger wir aktiv sind, desto langsamer scheint die Zeit zu vergehen.

Aber was ist mit der physikalischen Zeit? Gibt es nicht doch einen unverrückbaren Takt des Universums? Einstein[3] definierte pragmatisch: „Zeit ist das, was man an der Uhr abliest." Und in seiner Relativitätstheorie zeigte er, dass jede Zeitmessung von der Bewegung des Betrachters abhängt. Von der Erde aus gesehen, geht eine Uhr in einem schnellen Raumschiff etwas langsamer. Das wurde mit Atomuhren tatsächlich nachgewiesen. [...]

Bei der Frage nach der Realität landen wir am Ende bei uns selbst, bei den Begrenzungen und kulturellen Prägungen der menschlichen Wahrnehmung. Vielleicht lautet die beste Antwort auf die Frage nach der Realität daher einfach so: Realität ist stets das, was wir dafür halten.

Ulrich Schnabel, *Wissenschaftsjournalist*

1: Sprachwissenschaftler

2: Etwas, das sich beobachten und wahrnehmen lässt (Erscheinung)

3: Albert Einstein
(siehe Seite 75)

Wissen und Merken: Albert Einstein und die Relativitätstheorie

Albert Einstein veröffentlichte 1905, im Alter von 26 Jahren, seine bekannte Relativitätstheorie. Das Wort „relativ" besagt, dass wir eine Sache nicht absolut, d. h. nicht sicher und immer gleichbleibend betrachten, sondern auch in Beziehung auf eine andere Sache. Ändert sich eine Sache, so ändert sich auch das Verhältnis zwischen beiden. Ein Elefant ist zum Beispiel relativ groß, wenn er direkt vor uns steht, und relativ klein, wenn wir ihn aus 200 Meter Entfernung anschauen. Es kommt also immer auf den Bezugspunkt des Betrachters an. Relativ sind nach Albert Einstein auch die Größen „Raum" und „Zeit". Sie hängen beispielsweise vom Bewegungsmaßstab der Uhren und vom Längenmaßstab ab (zum Beispiel bei einem Lineal).

Reality und Disney-Reality

Was würden Sie lieber sehen – einen Krokodilroboter von Disney oder ein echtes Krokodil? Die Disney-Variante besitzt eine gewisse Lebendigkeit. Sie rollt mit den Augen, kriecht auf allen vieren, verschwindet unter der Wasseroberfläche und taucht wieder auf. Das Disney-Krokodil soll uns elektrisieren und unsere Aufmerksamkeit fesseln. Bei einem echten Krokodil im Zoo, das die meiste Zeit vor sich hin zu dösen scheint, ist dies nicht unbedingt der Fall.
Da wir nach einfachen Lösungen streben, glauben wir nur allzu gern, das Internet liefere uns einen vollwertigen Ersatz für reale Interaktionen. Doch der Übergang in die Virtualität entstellt unsere Erfahrung des Realen in mehrfacher Hinsicht, beispielsweise indem [...] künstliche Erfahrungen als real erscheinen. Wir wollen dies den „Disneyland-Effekt" nennen. Nach einem Brunch in der Royal Street von Disneyland mag ein Cappuccino in einem Restaurant der Kette „Bonjour Café" vergleichsweise real erscheinen. Nach einem Videospiel mit einem Computerprogramm als Gegner mag Ihnen die soziale Welt der MUDs[1] ebenfalls real vorkommen. Immerhin werden die meisten Rollen hier von echten Menschen gespielt, und der Spielraum ist relativ offen. Ein Teilnehmer vergleicht die Rollen, die er in Videospielen und in MUDs gespielt hat. „Es gibt ein klasse Nintendo-Spiel, bei dem man vier Figuren spielen kann. Aber auch wenn die echt stark sind", sagt er, „sind sie dir doch vorgegeben." Sie wirken künstlich. In den MUDs dagegen „ist nichts festgeschrieben". Hier fühle er sich frei, MUDs seien „echt", weil man sie selbst gestalten könne.
[...] Pädagoginnen und Pädagogen meinen, dass Kinder, die jahrelang regelmäßig spannende Natursendungen gesehen haben, kein Interesse mehr an wirklichen Naturerlebnissen zeigen. Tiere in freier Wildbahn verhalten sich nur selten so bühnengerecht wie Tiere vor der Kamera. Dadurch wird die Welt der direkten, unvermittelten Erfahrung entwertet.

Nach **Sherry Turkle**[2]

1: MUD = Multi-User-Dungeon ist eine von vielen Usern genutzte Spielwelt im Internet, in der die Teilnehmer/innen bestimmte Rollen spielen, die sie verändern oder ausbauen können.

2: Sherry Turkle (geb. 1948) ist eine amerikanische Psychologin und Computer-Philosophin. Sie untersuchte in zahlreichen Büchern wie z. B. „Leben im Netz", wie die digitalen Medien das Selbstbild von Menschen verändern.

1. Erklärt anhand der Zeichnungen die drei Realitätskonzepte: Wirklichkeit, virtuelle Wirklichkeit und konstruierte Wirklichkeit. Arbeitet Gemeinsamkeiten und Unterschiede heraus.
2. Findet heraus, ob die drei Wirklichkeitskonzepte miteinander vernetzt sind. Begründet euren Standpunkt.
3. Erarbeitet in Zusammenarbeit mit dem Physikunterricht ein Kurzreferat zur Relativitätstheorie von Albert Einstein, bezogen auf die Begriffe „Raum" und „Zeit" als physikalische Größen im Weltall.
4. **Projektvorschlag:** Beschäftigt euch mit dem Leben von Albert Einstein und stellt auch sein Konzept einer Friedensethik vor.

Klärt auf der Grundlage des Textes von Sherry Turkle den Unterschied zwischen realen und künstlichen Erfahrungen.

Fake News

1: Erscheinung
2: Gefälschte Nachrichten
3: Bedeutung
4: Vertreter, Sachwalter

Wissen und Merken: Was sind Fake News?

Früher wurde Propaganda größtenteils von staatlich gelenkten Organen verbreitet – heute kennt man ein ähnliches Phänomen[1] unter dem englischen Begriff Fake News[2]: Manipulative und inhaltlich in der Regel falsche oder mindestens um Halbwahrheiten ergänzte Meldungen, die sich vor allem aufgrund der heutigen Relevanz[3] von modernen Informations- und Kommunikationstechnologien rasant verbreiten.
Das Internet [... ist] nahezu perfekt für die schnelle Verbreitung von Informationen. Die Krux daran: Häufig werden Meldungen ungeprüft weitergegeben – unabhängige Stellen, die den Wahrheitsgehalt der Nachrichten prüfen, sind von eingeschränkter Reichweite. Insbesondere in sozialen Netzwerken [...] ist die Verbreitung von Fake News nicht aufzuhalten, da die Nutzer selbst als Kuratoren[4] agieren – und sich selten die Mühe machen, Hintergründe und Beweise auf ihre Stichhaltigkeit zu untersuchen.

Aus der Frankfurter Allgemeinen Zeitung

1. Greta Thunberg (geb. 2003) begründete 2018 mit ihrem „Schulstreik fürs Klima" vor dem schwedischen Parlament in Stockholm die Aktion „Fridays for Future". Diese inzwischen internationale Jugendbewegung hat zum Ziel, die Erderwärmung zu verlangsamen und bei Entscheidungen zum Klimaschutz wissenschaftliche Erkenntnisse stärker zu berücksichtigen.

2: Eine gefährliche Virusinfektion, die 2019 zuerst in China aufgetreten ist und bis Ende 2021 weltweit mehr als fünf Millionen Menschenleben gekostet hat.

Ein ungewöhnlicher Blogeintrag*

Sally sieht auf ihr Handy und staunt. Sie hat einen weitergeleiteten Blogeintrag von Greta Thunberg[1] erhalten. Dort schreibt die schwedische Klimaaktivistin, dass sie angesichts der Corona-Pandemie[2] ihr Engagement für mehr Klimaschutz für beendet erklärt. Es würden ja kaum noch Flugzeuge fliegen und weniger Autos fahren. Die Produktion laufe in vielen Bereichen nur noch eingeschränkt und deshalb würden die europäischen Staaten im Jahr 2030 ihre Klimaschutzziele erreichen. Und sie, Greta Thunberg, gehe davon aus, dass die Menschen auch künftig weniger Auto fahren und fliegen werden. Die Erde sei somit gerettet.

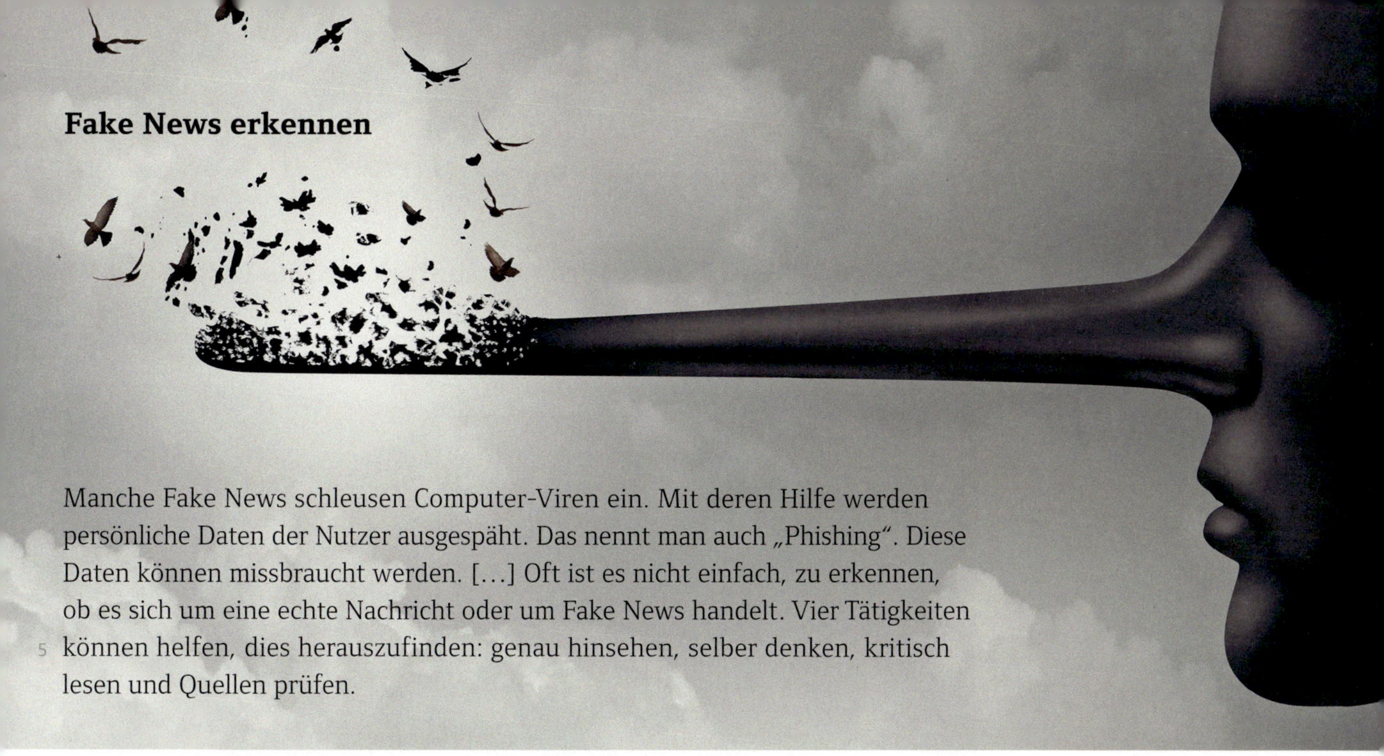

Fake News erkennen

Manche Fake News schleusen Computer-Viren ein. Mit deren Hilfe werden persönliche Daten der Nutzer ausgespäht. Das nennt man auch „Phishing“. Diese Daten können missbraucht werden. [...] Oft ist es nicht einfach, zu erkennen, ob es sich um eine echte Nachricht oder um Fake News handelt. Vier Tätigkeiten können helfen, dies herauszufinden: genau hinsehen, selber denken, kritisch lesen und Quellen prüfen.

News genau anschauen
Schau die Nachricht aufmerksam an. Wenn alles wie eine Schlagzeile aussieht, wenn es vor allem um Stimmungsmache geht und nur eine Meinung geäußert wird, ohne Erklärung, dann sei vorsichtig. Denke immer nach, bevor du eine Nachricht weiterleitest. Bei Zweifel an der Echtheit der Nachricht: Lieber nicht liken und verbreiten.

Kritisch lesen
Oft werden in Fake News Zahlen und Zitate genannt. Sie erscheinen, ohne dass man erkennt, woher sie kommen. Da ist Vorsicht geboten. Prüfe, ob der Beitrag sehr einseitig ist. Wird nur eine Meinung vertreten oder kommen auch andere Ansichten zur Sprache?

Quellen prüfen
Echte Nachrichten kommen aus zuverlässigen Quellen. Prüfe, wer die Nachricht verbreitet! Auf jeder Veröffentlichung muss es ein „Impressum“ geben. Dort müssen Name, Adresse und Kontaktmöglichkeiten der Person stehen, die für die Nachrichten auf der Seite verantwortlich ist. Wenn diese Angaben fehlen oder fehlerhaft sind, besteht Anlass zur Vorsicht. Wenn andere Medien diese Nachricht nicht verbreiten, besteht Anlass, an der Richtigkeit der Nachricht zu zweifeln.

Nach **Christiane Toyka-Seid**, *Autorin und Redakteurin*

1. Entwerft einen kurzen Antworttext für die freie Sprechblase. Vergleicht eure Ideen anschließend in der Philosophiegruppe.

2. Stellt fest, welche Merkmale von Fake News auf die Geschichte mit dem ungewöhnlichen Blogeintrag* zutreffen.

Ein Journalist hat geschrieben, dass wir als Gesellschaft immer mehr zu Fake News tendieren. Trifft diese Behauptung zu und wenn ja, worin seht ihr die Ursachen. Diskutiert darüber in der Philosophiegruppe.

Schreibt den Text „Ein ungewöhnlicher Blogeintrag“ so um, dass er kein Fake ist. Stellt eure Geschichten in kleinen Gruppen einander vor.

Informationen und Materialien zu Fake News: *https://www.bpb.de/gesellschaft/medien-und-sport/fake-news*

Exklusiv:
Kann das Fernsehen manipulieren?

Fragen an Volker Herres, Programmdirektor Das Erste[1]

1: Das Erste ist ein deutschlandweites Fernsehprogramm unter dem Dach der ARD (Arbeitsgemeinschaft der öffentlich-rechtlichen Rundfunkanstalten der Bundesrepublik Deutschland).

Volker Herres wurde 1957 in Cuxhaven geboren, studierte an der Universität München und wurde auch an der Deutschen Journalistenschule ausgebildet. Er ist heute Fernsehjournalist und war von 2008 bis 2021 Programmdirektor des Ersten Deutschen Fernsehens.
Die Schüler Mats und Tom haben Volker Herres die folgenden Fragen gestellt.

1. Wir haben herausgefunden, dass bei wichtigen Ereignissen in der Welt die Fernsehsender manchmal unterschiedlich berichten. Wie verhindert die ARD, dass einzelne Journalisten manipulieren?
Jeder Bericht wird von erfahrenen Redakteuren[2] geprüft, bevor er ausgestrahlt wird. Im Journalismus heißt dieser Prozess „Abnahme“. Die Reporter, die die Berichte vor Ort schneiden und vertonen, stehen in einem engen Austausch mit den Redaktionen, die für die Sendung verantwortlich sind. Indem wir uns selbst ständig gegenprüfen, stellen wir sicher, dass wir nur korrekte Fakten verbreiten. Eine Information gilt nur als gesichert, wenn man zwei unabhängige Quellen hat, die sie bestätigen. Dieses Zwei-Quellen-Prinzip ist uns sehr wichtig. Natürlich unterscheiden sich die Nachrichtensendungen der einzelnen Sender, zum Beispiel in der Themenauswahl und Schwerpunktsetzung. Das ist aber keine Manipulation, sondern liegt daran, dass Redaktionen unterschiedliche Themen für wichtig erachten oder die Nachrichtenformate auf verschiedenen Sendeplätzen unterschiedlichen Erwartungen folgen.

2: Das Wort „Redakteur“ leitet sich aus dem Lateinischen „redigere“ ab: zurückführen, in Ordnung bringen. Das heißt: Ein Redakteur überarbeitet Texte oder Filmbeiträge, so dass sie veröffentlicht werden können.

2. Gibt es überhaupt eine „objektive Berichterstattung", oder ist es nicht vielmehr so, dass Journalisten immer auch ihre eigene Meinung mit übermitteln?

Objektivität[3] ist in der Berichterstattung immer ein Leitwert. Unsere Reporter und Redakteure achten sehr darauf, dass die Berichte ausgewogen sind. Bei einem politischen Thema kommen zum Beispiel immer Regierung und Opposition zu Wort, damit die Zuschauer die widerstreitenden Positionen kennenlernen. Auch wenn wir sehr kritisch berichten, geben wir jedem Beteiligten die Chance, sich zu Vorwürfen zu äußern.

Natürlich gehört Meinung auch zum Journalismus. Dann kennzeichnen wir das aber auch so. Das bekannteste Beispiel dafür ist der Kommentar in den Tagesthemen. Dieser spiegelt die persönliche Meinung des kommentierenden Journalisten wider, ist also bewusst subjektiv und wird von der restlichen Berichterstattung getrennt.

3: Der Begriff der Objektivität wird von dem lateinischen Wort „objectivum" abgeleitet und heißt auf Deutsch „das Entgegengeworfene". Er bezeichnet die Darstellung eines Sachverhaltes unabhängig vom Standpunkt des Betrachters.

3. Logo ist die Nachrichtensendung auf dem Kinderkanal; wir sind aber aus dem Alter schon ein bisschen raus. Deshalb gucken viele Jugendliche – wenn überhaupt – Nachrichten online. Ist das traditionelle Fernsehen nur noch etwas für unsere Eltern und Großeltern?

Nein, überhaupt nicht. Die Tagesschau, die erfolgreichste Nachrichtensendung im deutschen Fernsehen, ist auch bei Jugendlichen und jungen Erwachsenen äußerst beliebt – und eben nicht nur bei tagesschau.de, auf Facebook, Twitter oder Instagram.

4. „News for Youth" um 18 Uhr in der ARD vor der Vorabendserie – wäre das ein guter Vorschlag für eine Nachrichtensendung für Jugendliche?

Wir erreichen, wie gesagt, mit der Tagesschau diese Zielgruppe schon. Darüber hinaus geht die ARD ja dorthin, wo ihr Jugendlichen euch auch aufhaltet – nämlich im Internet, auf Facebook, Twitter, Instagram oder Youtube. Funk, unser Jugendangebot, findet man auf all diesen Plattformen und nicht im herkömmlichen Fernsehen. Funk bietet nicht nur Unterhaltung, sondern auch Informationsformate, etwa das Y-Kollektiv.

1. Fasst mit eigenen Worten zusammen, wie in der Fernsehberichterstattung der ARD Manipulationen vermieden werden sollen.

2. **Projektvorschlag:** Überprüft „Funk", das von Volker Herres erwähnte Angebot für Jugendliche im Internet. Sucht euch eine Sendung aus und berichtet in der Philosophiegruppe darüber, worum es darin ging. Stellt dar, wie diese Sendung für Jugendliche aufbereitet wurde, und legt vorher Merkmale für die Bewertung fest, z. B. verständliche Sprache, Unterhaltungs- Bildungs- und Informationswert. Achtet besonders darauf, ob auch ethische Themen behandelt werden.

Diskutiert, warum Objektivität in der Berichterstattung ein Leitwert sein sollte. Berücksichtigt dabei auch die Seiten 168/169 über Fake News.

Lebenswelt im Cyberspace

Cyberkunst

1: **Mariusz Siergiejew** ist ein polnischer Künstler und Grafikdesigner. Er lebt und arbeitet in Krakau.

Mariusz Siergiejew[1]: *Galaxy Shaper*

Wie die Cybertechnologie unser Leben verändert hat

Wissen für alle

Heute ist der Mensch unter idealen Bedingungen erstmals in der Lage, über das Internet jederzeit in Kommunikation mit anderen zu treten – zu geringen Kosten und ohne sich fortbewegen zu müssen. Er kann Informationen abrufen, entfernte Maschinen steuern und in Sekundenschnelle weltweit publizieren [...]. Die Grundvoraussetzung dafür ist allerdings, dass möglichst viele Menschen, Maschinen und Geräte mit Mikroprozessoren ans Netz angeschlossen sind. Darüber hinaus müssen Informationen ohne Kosten, Zugangsbeschränkungen und Zensur zirkulieren. Außerdem müssen die Menschen in der Lage sein, mit den Informationen auch etwas anzufangen. Denn schließlich kann man Wissen, will man es produktiv nutzen, nicht wie einen Rohstoff einfach aus der Erde holen. Unter bestimmten Umständen könnte das Internet oder ein künftiges Computernetz zu einer kollektiven Wissensbasis werden. Es würde dann so etwas wie eine digitale, stetig wachsende und sich neu verknüpfende Enzyklopädie entstehen, die das Projekt und der Traum der Aufklärung[1] gewesen ist. Man könnte sogar von einem globalen Gehirn sprechen, in dem die Menschen die gleichfalls Informationen aussendenden und empfangenden Neuronen[2] wären. Damit könnte sich eine Gleichheit des Wissens entwickeln, in der Grenzen und Entfernungen keine Rolle mehr spielen.

Nach **Florian Rötzer**[3]

1: Die Aufklärung* war eine geistige Bewegung zwischen ca. 1650 und 1800. Im Mittelpunkt standen die Orientierung an der Vernunft, den Naturwissenschaften und die Kritik an der Gängelung durch die damalige Kirche.

2: Nervenzellen

3: Florian Rötzer (geb. 1953) ist Philosoph und Chefredakteur des Online-Magazins „Telepolis". Polis heißt auf Griechisch Staat, Stadt oder Welt.

Wissen und Merken: Die Entstehung der Enzyklopädie

Der Begriff der Enzyklopädie wird von dem griechischen Wort *Paideia* abgeleitet, was auf Deutsch „Bildung" heißt. Dabei handelt es sich um ein Nachschlagewerk, das alle Gebiete menschlichen Wissens umfasst. Die älteste Enzyklopädie erschien 77 n. Chr. in Rom. Sie heißt *Naturalis historia* (Naturgeschichte) und stammt von dem Historiker Gaius Plinius Secundus (23–79 n. Chr.). Eine Enzyklopädie, die alle Wissensgebiete umfasst, entstand jedoch erst während der Aufklärung. Sie wurde von 1751–1765 von den beiden Philosophen Denis Diderot (1713–1784) und Jean Baptiste le Rond d´Alembert (1717–1783) in 17 Bänden herausgegeben. Beide Philosophen mussten sich immer wieder mit der katholischen Kirche auseinandersetzen, die eine an Naturwissenschaften und Vernunft orientierte Bildung damals als Gefahr für den Glauben betrachtete. Darüber erzählt das Buch „Die Philosophin" des deutschen Autors Peter Prange, das 2004 erschienen ist.

1. Deutet das Bild des polnischen Künstlers Mariusz Siergiejew. Erstellt in Zusammenarbeit mit dem Kunstunterricht ein ähnliches Bild mit einem Computer-Zeichenprogramm.

2. Ergänzt das Schema auf der Seite 172 und diskutiert: Warum eröffnet das Internet Chancen auf „Wissen für alle"? – Seht ihr auch Risiken?

3. Haltet Kurzreferate zu den Enzyklopädisten und zur Entwicklung der Enzyklopädie. Informiert euch darüber, welche digitalen Nachschlagewerke es gegenwärtig gibt.

Führt eine Pro- und Kontra-Debatte darüber, ob es einen Unterschied zwischen Cyberkunst und traditioneller Kunst gibt (Methode siehe Seite 89).

Cybermobbing – ein Unterwäsche-Bild zerstörte alles

Falsche Freunde

Emina ist 13 Jahre alt, als sie sich zum ersten Mal verliebt. Sie fühlt so viel: das Grummeln im Bauch, wenn sie den Jungen sieht; das Nicht-die-Worte-finden, wenn sie ihm gegenübersteht; den schnellen Herzschlag und diese Sehnsucht. Sie sagt es niemandem, weil ihre Eltern ihr den Schwarm oder gar einen Freund verbieten würden – sie sind sehr konservativ und streng religiös. Emina schwärmt für den Jungen und er sagt, es ginge ihm genauso. Heimlich schreiben sie sich.

[...] Die Verliebtheit hält an, es geht jetzt schon ein paar Wochen so mit den beiden. Irgendwann wird sie mutiger, schickt ihm ein Foto von sich. Sie denkt, das erwartet er vielleicht. Auf dem Bild hat sie nur Unterwäsche an. Sie trägt ziemlich züchtige Unterwäsche. Wären ihr Büstenhalter und ihre Unterhose ein Bikini, im Schwimmbad würde sich deswegen niemand umdrehen.

Doch dann verläuft ihre Geschichte, zumindest für eine Liebesgeschichte, nicht mehr so erfreulich. Jetzt wird ihre Geschichte eine klassische Cybermobbing-Geschichte.

Der Junge verbreitet das Bild über sein Smartphone. Er schickt es in einen Verteiler des Instant-Messaging-Programms WhatsApp. Die Antworten kommen prompt. Plötzlich ist sie eine „Hure", eine „Schlampe". Sie bekommt Nachrichten von sogenannten Freunden und Bekannten, die sie wiedererkannt haben und jetzt beschimpfen; aber auch Fremde melden sich zu Wort.

Später, als sie über die Zeit spricht, in der sich ihr Bild in den sozialen Medien verbreitet hat, will sie nicht von den schlimmsten Begriffen erzählen.

Am nächsten Tag in der Schule hat sie das Gefühl, alle haben das Foto schon gesehen. Sie steht allein. Niemand stellt sich mehr zu ihr. Niemand sagt, dass sie nicht drauf hören soll, was die Leute reden oder ihr schreiben, dass sie keine „Hure" sei. Der Gang zur Schule wird zum Spießrutenlauf und zu Hause hat sie ebenfalls keine „Ruhe". Dort poppen immer wieder Nachrichten auf ihrem Smartphone auf. [...]

Aus dem Hamburger Abendblatt

Erfahrungen mit dem Internet

35% aller Jugendlichen zwischen 10 und 18 Jahren haben wie Emina schlechte Erfahrungen mit dem Internet gemacht.

Ich bin gemobbt oder beleidigt worden.	14%
Ich habe im Internet Sachen gesehen, die mir Angst machen.	14%
Über mich sind Lügen verbreitet worden.	10%
Jemand hat peinliche Fotos von mir verbreitet.	4%
Ich wurde von Gleichaltrigen sexuell belästigt.	4%
Ich wurde von Erwachsenen sexuell belästigt.	3%
Ich bin finanziell betrogen worden.	3%

Die Reaktionen: Ich habe …	
… mit meinen Eltern darüber gesprochen.	58%
… mit Freunden darüber gesprochen.	50%
… den Vorfall dem Betreiber des Online-Angebots gemeldet.	17%
… mich selbst verteidigt.	14%

Quelle: Bitcom

Verhaltenstipps gegen Cybermobbing

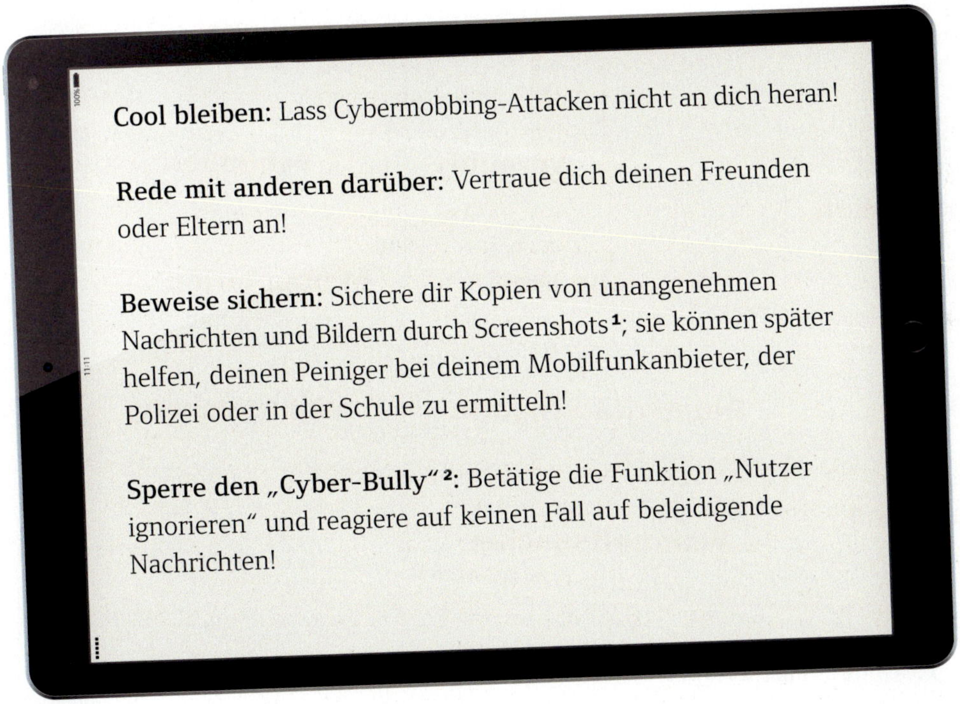

1: Abbildungen des Bildschirminhalts (auch: Bildschirmfotos)

2: Mobber / Menschenschinder im Internet (siehe auch Seite 128)

1. Wie hättet ihr an Eminas Stelle reagiert? Berücksichtigt bei euren Antworten auch die Verhaltenstipps gegen Cybermobbing.

2. Bildet kleine Gruppen. Ergänzt schriftlich die Verhaltenstipps gegen Cybermobbing. Besprecht in der Gruppe auch eure eigenen Erfahrungen mit dem Internet (siehe Tabelle). Stellt anschließend die Ergebnisse einander vor.

Diskutiert in der Philosophiegruppe: Warum werden Jugendliche immer wieder in sozialen Netzwerken gemobbt (siehe auch die Seiten 84–87)?

Wissen und Können:
Die Frage nach Wahrheit, Wirklichkeit und Medien

Das kann ich: Begriffe erklären und zuordnen

1. Tippt in Partnerarbeit abwechselnd auf die Begriffe und erklärt[1] sie einander.

2. Bildet kleine Gruppen. Ordnet die Begriffe den folgenden Philosophen und Persönlichkeiten zu: René Descartes, Nikolaus Gelpke, Richard Gregory, Albert Einstein, Immanuel Kant, Dirk Rossmann, Florian Rötzer, Sokrates, Sherry Turkle.

1: Wenn du bei der Erklärung eines Begriffs unsicher bist, kannst du im Anhang unter „Hilfen und Tipps“ (Seiten 226/227) nachschlagen, auf welcher Kapitelseite der Begriff im Mittelpunkt steht. Bearbeite diese Seite dann nochmals – am besten mit einer Partnerin oder einem Partner.

Das kann ich: Stellung nehmen und argumentieren [2]

- zur Frage, ob wahre Erkenntnis eher durch die Sinne oder eher durch die Vernunft zustande kommt (siehe die Seiten 152–155).
- zur Frage, ob der Mensch durch die Wissenschaft zur Erkenntnis der Wahrheit kommen kann (siehe die Seiten 160/161).
- zur Frage, ob die Philosophie zur sicheren Erkenntnis ethischer Begriffe wie Glück oder Gerechtigkeit gelangen kann (siehe die Seiten 162/163).
- zur Frage, ob es unbezweifelbare Gewissheiten gibt, zum Beispiel in der Mathematik (siehe die Seiten 158/159).
- welche Auswirkungen übertriebene Schönheitsideale auf Jugendliche haben können (siehe die Seiten 164/165)
- zur Frage, ob wir die Wirklichkeit ohne Medien überhaupt erfassen können (siehe die Seiten 166/167).
- zur Frage, wie man Fake News erkennt und verhindert, dass man auf sie hereinfällt (siehe die Seiten 168/169).
- zur Frage, ob Nachrichtensendungen im Fernsehen objektiv sind (siehe die Seiten 170/171).
- zur Frage, wie man sich am besten gegen Cybermobbing schützen kann (siehe die Seiten 174/175).

2: Suche dir ein oder zwei dich interessierende Fragen aus und schreibe eine Stellungnahme dazu. Stütze deine Meinung durch Argumente und gehe auf Positionen ein, die du kennengelernt hast. Hinweise zum Abfassen von Stellungnahmen bzw. Erörterungen findest du im Anhang, Seite 233 (Eine Erörterung / einen Essay verfassen).

Das probiere ich aus: Einen eigenen Medienbeitrag gestalten

Suche dir ein Medium aus, das du magst und in dem du dich einigermaßen zurechtfindest. Wählt in der Gruppe gemeinsam ein Thema aus den 11 Kapiteln dieses Buches aus, zum Beispiel: „Wir sind groß, die Welt ist klein". Gestaltet dazu einen eigenen Medienbeitrag. Folgende Schritte solltet ihr beachten:
1. Schritt: Ihr wählt aus dem gemeinsamen Thema einen Aspekt aus, den ihr gestalten wollt, bei „Wir sind groß, die Welt ist klein" zum Beispiel Vorbilder.
2. Schritt: Ihr wählt das Medium aus, mit dem ihr diesen Aspekt gestalten wollt, z. B. ein Handy für ein Foto oder einen kleinen Film.
3. Schritt: Ihr fertigt eine Skizze oder ein Drehbuch an, was wie gestaltet werden soll: Welches Vorbild wählt ihr aus? Wie soll es aufgenommen werden usw.?
4. Schritt: Ihr setzt eure Ideen praktisch um.

1. Veranstaltet mit euren Medienbeiträgen in der Schule eine Ausstellung.

Glück und Sinn des Lebens / Ethische Grundsätze in Religionen

Wir sind nichts; was wir suchen, ist alles.
Friedrich Hölderlin

1. Bildet Kleingruppen. Interpretiert den Weg des Glücks auf der Gedankenlandkarte*. Untersucht, was der „Weg des Glücks“ mit dem Zitat von Hölderlin zu tun hat, und vergleicht eure Ergebnisse.

2. Entwerft eure eigene Landkarte des Glücks und ergänzt sie im Verlauf der weiteren Beschäftigung mit dem Thema.

Glück und Sinn des Lebens (Seiten 180–193):
Hier lernst du
- verschiedene Formen des Glücks zu unterscheiden
- dass Glück vom eigenen Tun abhängt
- nach Sinn im Leben zu fragen

Du nutzt als Methoden
- die Gedankenlandkarte
- das Nachdenken mit Bildern
- das Glückstagebuch
- ein Gedankenexperiment

… und beurteilst und bewertest
- Vernunft und Leidenschaft als Wege zum Glück
- Erfolg als Schlüssel zum Glück
- was Sinn im Leben geben kann

Ethische Grundsätze in Religionen (Seiten 194–225):
Hier lernst du
- zu verstehen, was Religionen Menschen bedeuten können
- Gebote verschiedener Religionen kennen und in Beziehung setzen
- wie Religionen sich entwickeln
- welchen Einfluss Religionen auf das Zusammenleben heute haben

Du nutzt als Methoden
- ethische Prinzipien in Religionen vergleichen
- religiöse Symbole deuten

… und beurteilst und bewertest
- ethische Grundsätze verschiedener Religionen
- die Aktualität religiöser Vorschriften
- die Wirksamkeit von Gewaltverzicht
- die Gefahren von religiösem Fanatismus
- die Chancen des „Projekts Weltethos“

Findet mich das Glück?

1: Annemarie Pieper (geb. 1941) ist eine deutsche Philosophin. In ihrem Buch „Einführung in die Ethik" hat sie auch über Glück und Lebenssinn nachgedacht.

Was ist Glück?

So unterschiedlich die Lebensläufe sind, so verschieden fallen auch die Ansichten über das Glück aus. Mag sein, dass das Glücksgefühl von den meisten Menschen ähnlich empfunden wird, wobei die Skala von stiller Freude über intensiven Genuss bis hin zu fröhlicher Ausgelassenheit und ekstatischen Erlebnissen reicht. Die Umgangssprache kennt hier viele Beschreibungen von Glückszuständen, denen gemeinsam ist, dass sie den Menschen ganz durchdringen: die Seele baumeln lassen, Schmetterlinge im Bauch haben, sich in einem Freudentaumel befinden, vor Glück weinen, alles als eitel Wonne erleben, vor Lust vergehen, vor Glück aus der Haut fahren, vor Seligkeit zerspringen ...
Über die Glücksauslöser gehen die Meinungen jedoch ebenso weit auseinander wie über die für erstrebenswert gehaltenen Dinge.

Annemarie Pieper[1]

Selbstbildnis vor blühenden Bäumen

Paula Modersohn-Becker: Selbstbildnis vor blühenden Bäumen", um 1902/03*

Wir philosophieren: Mit Bildern nachdenken

Analysiert das Bild Schritt für Schritt, indem ihr in kleinen Gruppen folgende Fragen an das Bild stellt und beantwortet:

1. Schritt > Was seht ihr und was löst das Bild bei euch aus?
Schreibt eure Gedanken und Gefühle in Form eines Gedankenstroms in Stichworten auf.

2. Schritt > Wie ist das Bild aufgebaut?
Zeichnet eine Skizze des Bildes in euer Heft und notiert dann neben dem Bild, was ihr mit den einzelnen Elementen des Bildes verbindet.

3. Schritt > Was sagt euch das Bild zum Thema?
Schreibt auf, was das Bild mit dem philosophischen Thema – in diesem Fall Glück – zu tun haben könnte.

4. Schritt > In welcher Beziehung steht das Bild zu euch bekannten philosophischen Texten oder Bildern? Zur Beantwortung der Frage könnt ihr in diesem Buch schon erarbeitete Kapitel heranziehen. Begründet eure Wahl!

5. Schritt > Kreative Interpretation des Bildes
Schließt für einen Moment die Augen und denkt an das, was euch glücklich macht. Setzt das, was ihr seht, in ein eigenes Kunstwerk über das Glück um.

1. Wie könnte das Glück Tina finden (Seite 180)? Schreibt eure Gedanken dazu auf und tragt sie in der Philosophiegruppe vor.
2. Ordnet die von Annemarie Pieper aufgeführten Redewendungen zu Glückszuständen den von ihr genannten drei Abstufungen des Glücks zu und findet weitere Redewendungen.
3. **Projektvorschlag:** Sammelt Glückssprichwörter, die zu diesem Bild passen könnten oder malt ein ähnliches Selbstbildnis wie Paula Modersohn-Becker.

Gestaltet ein Portfolio* zum Thema „Glück" und führt es über die Unterrichtsreihe hinaus weiter.

Glück hat viele Gesichter

Glück ist wie Blütenduft

1: Christian Morgenstern (1871–1914) war ein deutscher Dichter. Er beschäftigte sich in seinen Gedichten auch mit Themen wie Glück und Lebenssinn.

Glück ist wie Blütenduft
der an dir vorüber fliegt [...]
Du ahnest dunkel Ungeheures,
dem keine Worte dienen –
schließest die Augen,
wirfst das Haupt zurück –
und, ach!
vorüber ist's.

Christian Morgenstern[1]

Wissen und Merken: Formen des Glücks

Glück begegnet uns in vielerlei Formen. Wir sprechen vom glücklichen Zufall, wenn ein Bus genau dann um die Ecke biegt, wenn wir eine Fahrradpanne haben. Einem Menschen, der ständig gewinnt, bescheinigen wir Glück im Spiel und wenn jemand vor einer wichtigen Prüfung steht, wünschen wir ihm viel Glück. Wir kennen auch alle den glücklichen Augenblick – ein Moment, der uns gar nicht lange genug dauern kann und der leider viel zu schnell vorübergeht. Glück hat aber auch etwas mit Wünschen zu tun. Du wünschst dir zum Geburtstag ein neues Fahrrad und spürst deinen Herzschlag, wenn du das erste Mal darauf fährst. Oder wenn du in der Mathearbeit endlich eine gute Note geschrieben hast, bist du glücklich. Denn du hast ein lang ersehntes und hart erarbeitetes Ziel erreicht.

Nicht warten, einfach loslegen!

Wenn man einen Freund hat, der weit weg wohnt und den man gerne wiedersehen würde, kann man natürlich einfach hoffen, dass er irgendwann vorbeikommt. Man kann sich die Freude vorstellen, wenn er endlich da wäre, man kann auf ihn warten. Und es ist durchaus möglich, dass dieser Freund im selben Moment daran denkt, dich zu besuchen, und ganz plötzlich klingelt es an deiner Tür, und – Überraschung! – da steht er! Das wäre natürlich ein unglaublicher Zufall, ein toller Glücksfall, der nur selten vorkommt.
Es gibt aber auch die Möglichkeit, sich nicht mit Warten zu begnügen, sondern alles dafür tun, um den Freund zu treffen: ihn anrufen, die Zugfahrpläne durchschauen, vorschlagen, sich die Kosten zu teilen, einen Tag ausmachen, an dem beide Zeit haben, sich verabreden und ihn am Bahnhof abholen. Dann kann man sich ganz sicher sein, ihn wiederzusehen.
Es hat nichts mit Zufall oder Glückstreffern zu tun: Man hat dieses Glück bringende Ereignis gewollt und alles dafür getan, dass es eintritt. Wenn man ständig nur wartet und hofft, kann es vielleicht sein, dass sich das Unglück in unser Leben einschleicht. Sich etwas vorzunehmen und dann zu handeln, könnte durchaus ein erster Schritt in Richtung Glück sein. Auch wenn wir vielleicht nur eine winzig kleine Vorstellung davon haben, was uns glücklich machen könnte – nichts wie los! Ohne lange Warterei.

Brigitte Labbé [1]

1: Brigitte Labbé (geb. 1960) lebt in Paris. Sie schreibt Philosophie-Bücher für Jugendliche. In Deutschland wurde u. a. das Buch „Denk dir die Welt“ bekannt.

1. Sind die auf den Fotos abgebildeten Personen glücklich? Begründet euren Standpunkt.

2. Welche Form des Glücks wird in dem Gedicht von Christian Morgenstern beschrieben? Tauscht euch darüber untereinander aus.

3. Überlegt euch zu jeder Form des Glücks eigene Beispiele aus eurem Alltag und schreibt sie in euer Heft. Ihr könnt dazu ein Rätsel, ein Gedicht oder eine Geschichte schreiben.

4. Welche Auffassung vom Glück vertritt Brigitte Labbé? Schreibt wichtige Gedanken aus dem Text in euer Heft und berücksichtigt auch die Comic-Szene.

5. **Projektvorschlag:** Führt eine Woche lang ein Glückstagebuch, in dem ihr alle glücklichen Momente festhaltet.

Erklärt die Unterschiede zwischen dem Zufallsglück, dem Glück des erfüllten Augenblicks und dem Glück der Wunscherfüllung. Begründet, welches ihr für das wichtigste haltet.

Erfolg als Schlüssel zum Glück?

Wissen und Merken: Warum der Beruf wichtig ist

Schon jüngere Kinder spielen Feuerwehrmann oder Arzt mit dem Arztkoffer. Denn der Beruf, den jemand sein Leben lang ausübt, kann ein Schlüssel zum persönlichen Glück sein – vor allem dann, wenn wir die Arbeit sehr mögen und in dem aufgehen, was wir tun. Denn mit der Arbeit verbringen wir einen großen Teil unserer Lebenszeit. Während man früher seinen einmal erlernten Beruf sein Leben lang ausübte, werden Berufe heute auch häufiger gewechselt.

Was ich später mal werden möchte …

Ich habe mich mit meinen Eltern unterhalten und mich über verschiedene Berufe informiert. Vielleicht werde ich Fluglotsin. Dann werde ich nicht so viel unterwegs sein und habe trotzdem etwas mit dem Fliegen zu tun.
Alia, *13 Jahre*

Mein Berufswunsch ist es, Rechtsanwältin zu werden und genug Geld zu haben, sodass ich mir auch ohne Zweitjob keine Sorgen um mein Leben machen muss.
Kadija, *13 Jahre*

Über Berufe und Berufswünsche
https://www.srf.ch/sendungen/zambo/zambo/traumberuf (Video-Clips von Jugendlichen zu Traumberufen)

Mein Wunsch ist es schon seit längerem, Astronaut zu werden. Mein Traum wäre es, zur ersten Marsmission geschickt zu werden. Das wäre total genial, da ich das All sehr faszinierend finde.
Niels, *14 Jahre*

In meinem späteren Leben möchte ich mich am liebsten um andere Menschen kümmern, damit es ihnen bessergeht. Ob bei der Polizei oder als Chirurg: In einem solchen Beruf würde ich aufgehen, sodass ich mich auf jeden Tag freuen würde.
Noah, *13 Jahre*

Sich durchbeißen

Der Journalist Jürgen Wiebicke machte sich 2015 allein mit seinem Rucksack für mehrere Wochen zu Fuß auf den Weg durch Deutschland, um das Land und die Menschen besser verstehen zu lernen. Auf seiner Wanderung begegnete er zwei Mädchen, die auf einem Sportplatz trainierten, und verwickelte sie und ihren Trainer in ein philosophisches Gespräch.

Lena und Michelle müssen ständig bestimmte Leistungsnormen erfüllen, um weiterhin dem Kader anzugehören und gefördert werden zu können. Sie haben ihr ganzes Leben um den Sport herum zentriert, wohnen im Internat und verzichten auf fast alle Vergnügungen, die Gleichaltrigen so wichtig sind. Aber dann das Glück. Es lebt von einer Erfahrung des Kontrastes. Es ist überhaupt nur zu denken im Kontext[1] all der selbst auferlegten Entbehrungen zuvor. Stefan (der Trainer der Mädchen) nennt als Kern des Glücksgefühls, wenn man eines Tages dann doch als Sieger oben auf dem Treppchen steht, den Stolz, etwas aus eigenem Antrieb geschafft zu haben. Der ist nicht zu haben, wenn man sich nicht zuvor Tag für Tag „durchgebissen" hat, wie er es nennt. Für ihn ist der Leistungssport „die beste Lebensschule". Wer sich dort bewährt, wird es hinterher auch im wirklichen Leben tun. Damit wird dann aber auch klar, warum Doping im Sport so ruinös wirkt. Wer davon Gebrauch macht, übt nicht nur Verrat an den anderen und an der Idee der Gerechtigkeit im Wettkampf. Er verrät vor allem sich selbst.

Jürgen Wiebicke[2]

1: Zusammenhang

2: Jürgen Wiebicke wurde 1962 in Köln geboren. Er ist Journalist und moderiert jeden Montagabend die Sendung „Das philosophische Radio".

1. Wie stellt ihr euch euren künftigen Beruf vor? Entwerft schriftlich ein Porträt.
2. Könnt ihr die Entscheidung von Lena und Michelle nachvollziehen, ihr Leben ganz dem Sport zu widmen? Begründet euren Standpunkt.
3. Warum verrät jemand, der im Sport Doping betreibt, vor allem sich selbst? Stimmt ihr diesem Gedanken zu?
4. **Projektvorschlag:** Befragt Menschen aus eurem Verwandten- und Bekanntenkreis, ob ihre Arbeit sie glücklich macht.

Lest oder erzählt euch gegenseitig das Märchen vom „Hans im Glück". Erörtert, warum Hans trotz ständiger Verluste immer glücklich bleibt. Ist das für euch nachvollziehbar?

Philosophisches Forum:
Braucht Glück Vernunft oder Leidenschaft?

Auguste Rodin: Der Denker, 1906 (Bronze-Statue)

Wer nachdenkt, ist glücklich

Was ist das höchste Gut, welches man durch sein Handeln erreichen kann? „Das Glück" – so sagen die Leute, und so sagen die feineren Geister, wobei gutes Leben und gutes Handeln gleichgesetzt werden mit Glücklichsein. Aber was das Wesen des Glückes sei, darüber ist man unsicher, und die Antwort der Menge lautet anders als die des Denkers. Die Menge stellt sich etwas Handgreifliches und Augenfälliges darunter vor, zum Beispiel Lust, Wohlstand, Ehre; jeder etwas anderes. Bisweilen wechselt sogar ein und derselbe Mensch seine Meinung: Wird er krank, so sieht er das Glück in der Gesundheit, ist er arm, dann im Reichtum. Für die Mehrzahl der Leute bedeutet Glück Genuss. Für Andere bedeutet Glück Ehre, die sie erlangen, wenn sie dem Staat dienen und wieder andere begreifen das Leben als Hingabe an die Philosophie. Letztere sehen das Glück in der Tätigkeit ihres Verstandes – im Denken also. Darin unterscheidet sich der Mensch nämlich von allen anderen Lebewesen. Das Denken, oder, anders ausgedrückt, die Vernunfttätigkeit, ist also die eigentümliche Leistung des Menschen.

Nach **Aristoteles**[1]

1: Aristoteles (siehe die Seite 57)

Der Walzer galt schon zu Lebzeiten von Emilie du Châtelet als ein Tanz, der mit besonderer Leidenschaft ausgeführt wird.

1: anständig sein, z. B. anderen Menschen Gutes tun

2: Hobbys

3: Wunschvorstellungen.

4: Emilie du Châtelet (1706–1749) wuchs in einer adligen Familie in Paris auf. Sie verlor beim Glücksspiel viel Geld. Mit ihrem Buch „Über das Glück" machte sie sich schon zu Lebzeiten einen Namen als Philosophin.

Leidenschaften und Illusionen

Um glücklich zu sein, muss man sich von Vorurteilen befreit haben, tugendhaft[1] sein und bei guter Gesundheit, Neigungen[2] und Leidenschaften haben und für Illusionen[3] empfänglich sein. Denn wir verdanken die meisten unserer Freuden der Illusion, und unglücklich ist, wer sie verliert. […]
Man muss damit beginnen, sich wirklich selbst zu sagen und es sich zur Überzeugung zu machen, dass wir nur auf dieser Welt sind, um uns angenehme Empfindungen und Gefühle zu bereiten. Die Moralisten, die den Menschen sagen, zügelt eure Leidenschaften und beherrscht eure Begierden, wenn ihr glücklich werden wollt, kennen den Weg zum Glück nicht. Man wird nur glücklich durch befriedigte Neigungen oder Leidenschaften […].

Emilie du Châtelet[4]

1. Aristoteles unterscheidet drei Wege zum Glücklichsein: Erklärt sie in eigenen Worten und erläutert, warum Philosophen nach seiner Auffassung das Glück im Denken sehen.
2. Stellt zusammen, wie man nach Emilie du Châtelet glücklich wird. Klärt dabei, was sie damit meinen könnte, dass Illusionen zum Glück gehören (siehe auch die Seiten 192/193).
3. Führt eine Pro- und Kontra-Debatte: Gehören zum Glück eher geistige Aktivitäten oder Leidenschaften und Illusionen? (Zur Methode siehe Seite 89).

Erörtert, welche Formen des Glücks (siehe Seite 182) sich jeweils durch die Empfehlungen von Aristoteles und die Empfehlungen von Emilie du Châtelet erreichen lassen.

Nach Sinn im Leben fragen

Was möchte ich in meinem Leben erreichen?

Möglichkeiten zur Sinnfindung

1: Thomas Nagel wurde 1937 als Kind einer deutsch-jüdischen Flüchtlingsfamilie in Belgrad geboren. Heute ist er einer der bekanntesten US-amerikanischen Philosophen.

Es gibt verschiedene Möglichkeiten, wie unser Leben einen größeren Sinn haben könnte: Wir könnten Mitglied einer politischen oder sozialen Bewegung sein, die zum Wohle künftiger Generationen die Welt verbessert. Oder wir könnten lediglich unseren Kindern […] ein gutes Leben zu sichern versuchen. Oder wir suchen den Sinn unseres Lebens in einem religiösen Kontext, so dass unsere Zeit auf Erden bloß eine Vorbereitung auf eine Ewigkeit in direktem Kontakt mit Gott sein würde.

Thomas Nagel[1]

Fragen an unser Leben

Momente, in denen wir nach dem Sinn fragen

Albert Camus beschreibt in dem folgenden Text Momente, in denen Menschen nach dem Lebenssinn fragen:

Manchmal stürzen die Kulissen ein. Aufstehen, Straßenbahn, vier Stunden Büro oder Fabrik, Essen, Straßenbahn, vier Stunden Arbeit, Essen, Schlafen, Montag, Dienstag, Mittwoch, Donnerstag, Freitag, Samstag, immer derselbe Rhythmus – das ist meist ein bequemer Weg. Eines Tages aber erhebt sich das „Warum", und mit diesem Überdruss, in den sich Erstaunen mischt, fängt alles an.

Albert Camus[2]

2: Albert Camus (1913–1960) gehört zu den wichtigsten französischen Philosophen und Schriftstellern. Er erhielt 1957 den Nobelpreis* für Literatur. Als Philosoph dachte Camus insbesondere über Themen wie Sinnlosigkeit des Lebens, Leiden und Tod nach.

Die Frage nach dem Sinn des Lebens

Bei der Frage, ob das Leben einen Sinn hat, wollen wir wissen, ob unsere moralischen Anstrengungen belohnt werden, ob es die Mühe lohnt, ehrlich zu arbeiten und den Nächsten zu achten, oder ob es nicht auf das Gleiche hinausliefe, wenn wir uns kriminellen Lastern überließen – mit einem Wort: ob uns etwas jenseits und außerhalb des Lebens erwartet oder nur das Grab, wie es offenkundig der Fall zu sein scheint.

Fernando Savater[3]

3: Fernando Savater (geb. 1947) ist Professor für Philosophie an der Universität Complutense in Madrid. Sein bekanntestes Buch für Jugendliche heißt „Tu, was du willst" (siehe auch Seite 23).

1. Was wollt ihr in eurem Leben erreichen? Fädelt dazu mündlich eine Gedankenkette*.

2. Erläutert anhand von Beispielen die drei Möglichkeiten, die Thomas Nagel anführt, damit unser Leben einen *größeren* Sinn bekommt (Seite 188). Vergleicht die von Nagel genannten Möglichkeiten mit den Zielen, die die Schülerinnen und Schüler erreichen wollen: Geht es hier eher um Sinn oder um Glück?

3. In welcher Situation habt ihr schon einmal die Frage nach dem „Warum" gestellt? Schreibt dazu ähnlich wie Albert Camus einen kurzen Text.

4. Was heißt es für Fernando Savater, nach dem Sinn des Lebens zu fragen? Bezieht seine Antwort auf den Kurztext von Thomas Nagel (siehe Seite 188).

Schreibt selbst einen kleinen Essay* zur Frage nach dem Lebenssinn und dessen Verhältnis zum Glück.

Wenn das Leben auf dem Kopf steht

Nichts hat einen Sinn

Es ist der erste Schultag nach den Sommerferien. Nachdem die Kinder der 7a ihren Lehrer begrüßt haben, passiert etwas Außergewöhnliches.

Genau da stand Pierre Anthon auf.
„Nichts bedeutet irgendetwas“, sagte er. „Das weiß ich schon lange. Deshalb lohnt es sich nicht, irgendetwas zu tun. Das habe ich gerade herausgefunden.“
Ganz ruhig bückte er sich und packte die Sachen, die er gerade herausgenommen hatte, wieder in seine Tasche. Mit gleichgültiger Miene nickte er uns zum Abschied zu und ging hinaus, ohne die Tür hinter sich zu schließen.
Die Tür lächelte. Es war das erste Mal, dass ich sie das tun sah. Mir kam die angelehnte Tür wie ein breit grinsendes Maul vor, das mich verschlingen würde, wenn ich mich dazu verlocken ließ, Pierre Anthon nach draußen zu folgen. Wem lächelte es zu? Mir, uns allen. Ich sah mich in der Klasse um, und die ungemütliche Stille sagte mir, dass die anderen es auch bemerkt hatten.
Aus uns sollte etwas werden.
Etwas werden bedeutete jemand werden, aber das wurde nicht laut gesagt. Es wurde auch nicht leise gesagt. Das lag einfach in der Luft oder in der Zeit oder im Zaun rings um die Schule oder in unseren Kopfkissen oder in den Kuscheltieren, die, nachdem sie ausgedient hatten, ungerechterweise irgendwo auf Dachböden oder in Kellern gelandet waren, wo sie Staub ansammelten. Ich wusste es nicht. Pierre Anthons lächelnde Tür erzählte es mir. Mit dem Kopf wusste ich es immer noch nicht, aber trotzdem wusste ich es.
Ich bekam Angst. Angst vor Pierre Anthon.
Angst. Mehr Angst. Am meisten Angst.

Janne Teller[1]

1: Janne Teller (geb. 1964) ist eine dänische Autorin, die in Berlin und New York lebt. Ihr Jugendbuch „Nichts. Was im Leben wichtig ist“ löste hitzige Debatten über den Sinn des Lebens aus.

„Der Berg aus Bedeutung“

Pierre-Anthon verlässt die Schule und kehrt nicht mehr dorthin zurück. Stattdessen setzt er sich Tag für Tag hoch in einen Baum. Von dort aus ruft er seinen Mitschülern auf dem Weg zur Schule hinterher, dass im Leben nichts etwas bedeutet und bewirft sie mit Pflaumen. Die Kinder beschließen daraufhin Pierre-Anthon zu beweisen, dass es sehr wohl Dinge gibt, die etwas bedeuten. Sie beginnen Dinge zu sammeln, die für sie von großer Bedeutung sind, und tragen diese zu einem „Berg aus Bedeutung“ zusammen, den sie Pierre-Anthon zeigen wollen.

Was ist sinnlos?

Die Frage, ob das Leben einen Sinn hat, ist schwer zu verstehen, und je länger man seine Verstandeskräfte auf sie richtet, desto mehr scheint sie sich unserem Verständnis zu entziehen oder sich als verstehbare Frage ganz in Luft aufzulösen. Man möchte sie einfach links liegen lassen, als eine Quelle von Verlegenheit, etwas Anstößiges, was man, wenn es schon nicht ganz aus der Welt zu schaffen ist, zumindest unter Verschluss halten sollte. Doch jeder „denkende Mensch“ sieht wohl, dass sie ein wichtiges Problem anspricht, das nach einer signifikanten[1] Lösung verlangt.

Wenn es in diesem Zusammenhang schwer fällt zu verstehen, was es heißt, dass eine Sache einen Sinn hat, und wir uns darüber im Unklaren sind, wie eine Antwort auf die Frage nach dem Lebenssinn überhaupt aussehen könnte, so ist vielleicht leichter zu begreifen, wann etwas sinnlos ist. Wenn wir uns in einem Bild deutlich vor Augen führen können, was wir unter einem sinnlosen Dasein verstehen, kommen wir mit unserer Ausgangsfrage vielleicht besser zurecht: Wir überlegen uns, inwieweit unser Bild von Sinnlosigkeit mit unserem wirklichen Leben übereinstimmt, und versuchen aus dem Vergleich zu lernen, so gut es geht.

Richard Taylor[2]

1: bedeutungsvoll

2: Richard Taylor (1919–2003) war ein amerikanischer Philosoph, der sich vor allem mit dem Thema „Freiheit und Selbstbestimmung“ beschäftigt hat.

1. Warum bekommt Agnes, die Ich-Erzählerin des Romanauszugs, Angst, als Pierre-Anthon die Klasse verlässt? Erzählt von ähnlichen Situationen, die ihr selbst erlebt habt.

2. Sammelt Ideen zu der Frage, weshalb Pierre Anthon sein Leben als sinnlos empfindet.

3. **Projektvorschlag:** Was würdet ihr auf den „Berg aus Bedeutung“ legen? Malt ein Bild von dem, was euch am meisten bedeutet, und klebt alle eure Bilder zu einem „Berg aus Bedeutung“ zusammen, den ihr im Kursraum aufhängt.

Stellt euch vor, Richard Taylor würde an dem Baum vorbeispazieren, auf dem Pierre-Anthon sitzt. Schreibt in Partnerarbeit einen Dialog* zwischen den beiden und tragt ihn danach in der Klasse vor (zur Methode siehe Seite 236 im Anhang).

Wissen und Können: Glück und Sinn des Lebens

Das kann ich: Begriffe erklären und zuordnen

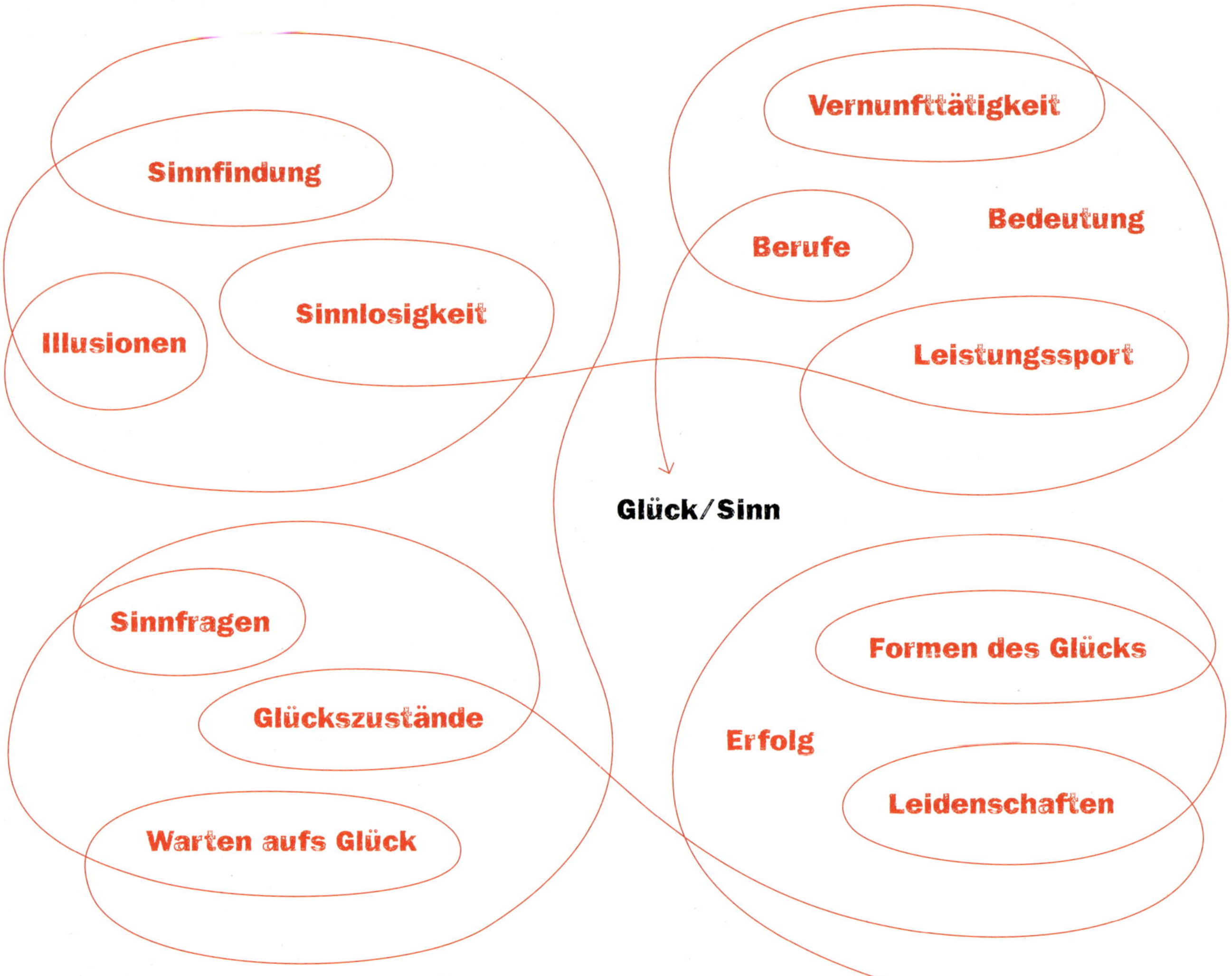

1: Wenn du bei der Erklärung eines Begriffs unsicher bist, kannst du im Anhang unter „Hilfen und Tipps“ (Seiten 226/227) nachschlagen, auf welcher Kapitelseite der Begriff im Mittelpunkt steht. Bearbeite diese Seite dann nochmals – am besten mit einer Partnerin oder einem Partner.

1. Ordnet die Begriffe in einer Mindmap*. Wählt anschließend zwei oder drei nebeneinander liegende Begriffe aus und erklärt[1] eure Entscheidung, diese nebeneinander anzuordnen.

2. Bildet Arbeitspaare oder Dreiergruppen und ordnet mindestens acht der aufgeführten Begriffe den folgenden Philosophen und Persönlichkeiten zu: Aristoteles, Albert Camus, Emilie du Châtelet, Brigitte Labbé, Thomas Nagel, Annemarie Pieper, Fernando Savater, Richard Taylor, Jürgen Wiebicke.

3. Erklärt euch gegenseitig die Zuordnungen, indem sich zum Beispiel zwei Arbeitspartner/innen bzw. Dreiergruppen treffen und ihre Ergebnisse vergleichen – mit dem Ziel, sich auf eine gemeinsame Lösung zu einigen.

Das kann ich: Stellung nehmen und argumentieren[2]

- zur Frage, welche Glückszustände am erstrebenswertesten sind (siehe die Seiten 182/183).
- zur Frage, wie man im Leben sein Glück erreichen kann und welche Rolle dabei Vernunft und Leidenschaften spielen (siehe die Seiten 186/187).
- zur Frage, ob Erfolg ein Schlüssel zum Glück ist (siehe die Seiten 184/185).
- zur Frage, ob zum Erreichen des Glücks auch Entbehrungen und Rückschläge gehören (siehe die Seiten 188–191).
- zur Frage, ob es reicht, sich im Leben überschaubare Ziele zu setzen oder ob das Leben einen größeren, umfassenderen Sinn benötigt (siehe die Seiten 188–191).
- zur Frage, was man Erfahrungen von Sinnlosigkeit, etwa in den eigenen Lebenszielen, entgegensetzen kann (siehe die Seiten 188–191).

2: Suche dir ein oder zwei dich interessierende Fragen aus und schreibe eine Stellungnahme dazu. Stütze deine Meinung durch Argumente und gehe auf Positionen ein, die du kennengelernt hast. Hinweise zum Abfassen von Stellungnahmen bzw. Erörterungen findest du im Anhang, Seite 233 (Eine Erörterung / einen Essay verfassen).

Das probiere ich aus: Ein Gedankenexperiment* zum Lebensglück durchführen

Stelle dir eine Erlebnismaschine vor, die dir jedes gewünschte Erlebnis herstellt. Neurowissenschaftler reizen dein Gehirn so, dass du das Gefühl hast, du löst jede Mathe-Aufgabe mit Leichtigkeit, schließt erfüllte Freundschaften oder erlebst die tollsten Partys. Dabei schwimmst du die ganze Zeit in einem Becken, wirst künstlich ernährt und hast Elektroden ins Gehirn eingeführt. Während du in dem Becken schwimmst, weißt du natürlich nichts davon; du glaubst, dass alles, was du erlebst, wirklich geschieht.

Wenn du dich sorgst, dir könnten wünschenswerte Erlebnisse entgehen und du verlörest so die Kontrolle, dann nimm an, dass das Leben vieler anderer Menschen von Firmen gründlich erforscht wurde, um einen Katalog von Erlebnissen auszuwählen, die Menschen in der Regel glücklich machen. Aus diesem Katalog kannst du die eigenen Erlebnisse für die nächsten zwei Jahre auswählen. Nach dieser Zeit kommst du für ein paar Stunden aus dem Becken heraus und suchst dir deine Erlebnisse für die nächsten zwei Jahre aus. Auch hier gilt: Während du in dem Becken schwimmst, hältst du wieder alles, was du erlebst, für Realität.

Nach **Robert Nozick**[3]

3: Robert Nozick (1938–2002) war ein libertärer (staatskritischer) US-amerikanischer Philosoph.

1. Überlege zuerst allein und schreibe eine Begründung für deine Entscheidung auf: Würdest du dich lebenslang an die im ersten Absatz beschriebene Erlebnis-Maschine anschließen lassen?

Wenn du dich gegen diese Maschine entschieden hast: Würdest du dich dann an die im weiteren Text beschriebene Maschine anschließen lassen?

3. Tauscht euch über eure getroffenen Entscheidungen und ihre Gründe aus.

4. Erklärt unter Rückgriff auf die Ausführungen zum Gedankenexperiment* im Anhang, warum es sich bei der Erlebnismaschine um ein solches Experiment handelt. Was zeigt es über die Rolle von Illusionen im Hinblick auf ein glückliches Leben? (siehe Seite 187).

Bezieht die Ergebnisse des Gedankenexperiments auf euren Umgang mit künstlichen Welten in Internet und Computerspielen (siehe die Seiten 172/173).

Warum Religion wichtig sein kann

„Herr, als ich anfing, dir nachzufolgen,
da hast du mir versprochen, auf allen Wegen bei mir zu sein.
Aber jetzt entdecke ich, dass in den schwersten Zeiten
meines Lebens nur eine Spur im Sand zu sehen ist.
Warum hast du mich allein gelassen,
als ich dich am meisten brauchte?"
Da antwortete er:
„Mein liebes Kind, ich liebe dich
und werde dich nie allein lassen,
erst recht nicht in Noten und Schwierigkeiten.
Dort, wo du nur eine Spur gesehen hast,
da habe ich dich getragen."

Margaret F. Powers[1]

1: Margaret F. Powers wurde um1944 in einer deutsch-kanadischen Farmersfamilie geboren. Die Kinder- und Jugendbuchautorin erzielte mit ihrem 1964 verfassten Gedicht „Spuren im Sand" einen millionenfachen Welterfolg.

„Nun sag, wie hast du's mit der Religion?"

Auf diese „Gretchenfrage" antwortet Faust im gleichnamigen Drama von Johann Wolfgang Goethe in wohlgesetzten Versen. Wie könnten Antworten heutiger Menschen aussehen?

Ich bin ohne Religion aufgewachsen und habe nichts vermisst. Wir Menschen müssen aus eigener Kraft mit dem Leben klarkommen und uns Regeln geben.
Sabrina, *32*

Ich bin religiös erzogen und für mich ist der Koran das Wichtigste. Dort erfährt man, wie man sich gegenüber anderen und sich selbst verhalten soll und worauf es im Leben ankommt.
Tukur, *24*

Früher hatte ich mit Religion nicht viel am Hut, aber als ich einmal sehr krank war, habe ich entdeckt, dass der Glaube an Gott Trost und Kraft gibt. Seitdem gehe ich regelmäßig in den Gottesdienst und habe dort nette und hilfsbereite Menschen kennen gelernt.
Rita, *56*

Als ich mitbekam, dass in meiner Kirche alles von oben bestimmt wird und Frauen nicht gleichberechtigt sind, bin ich ausgetreten. Ich glaube an Gott, aber das kann ich auch ohne Kirche.
Cordula, *46*

Ich selbst bin nicht besonders fromm, aber an Religionen finde ich gut, dass sie eigentlich alle zu Rücksichtnahme und zum Frieden auffordern. Aber schlimm sind die Fanatiker, die sich auf ihre Religion berufen, wenn sie Attentate verüben oder Kriege führen. Deshalb bleibe ich skeptisch.
Ben, *17*

Glaube schenkt Mut

In seinem autobiografischen Buch „Winter im Sommer, Frühling im Herbst" erzählt der ehemalige Bundespräsident Joachim Gauck[1], wie er seinen Glauben an Gott gefunden hat.

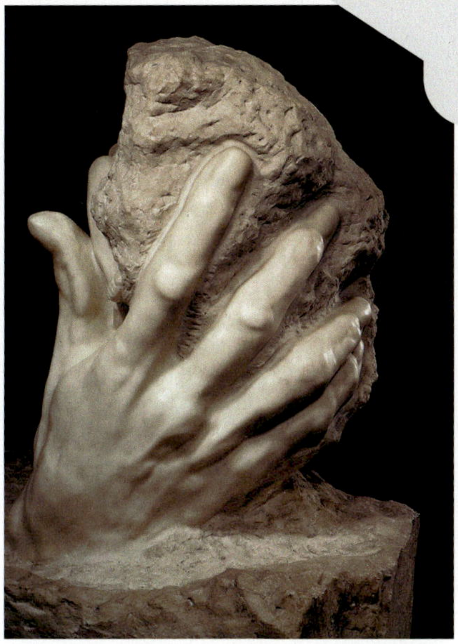

Auguste Rodin: Die Hand Gottes, 1902

Mein Elternhaus war nicht besonders religiös. Aber die Zeit und verschiedene Menschen führten uns Kinder näher an Glaube und Kirche heran. Selbstverständlich ging ich als Junge zu Herrn Jarmatz in die leer stehende Garage in unserer Straße. Auf den kargen Holzbänken saßen Woche für Woche zwanzig bis dreißig Kinder. Der stoppelbärtige, vielleicht vierzigjährige Mann mit dem traurigen Blick und dem knurrenden Magen erzählte dann von wunderbaren Dingen und rätselhaften Fernen. Ich hörte fremde Namen wie Esau und Moses, hörte von der Schlange im Paradies, von Jerusalem, der Stadt auf dem Berg. Zum ersten Mal sprach mir ein Erwachsener von Gott so, als könnte ich ihm begegnen wie einem Menschen.

Wenn er erzählte, wichen Traurigkeit, Hunger und Kälte aus Herrn Jarmatz, und für kostbare Minuten wurde er ein Bote. Gott beschrieb er als einen liebenden fürsorglichen Vater. Für uns war das eine Offenbarung. Viele Väter waren gefallen oder noch in Kriegsgefangenschaft, und die bereits heimgekehrten verhielten sich oft herrschsüchtig, prügelten und betranken sich oder wussten alles besser. Wenn Herr Jarmatz sagte, dass Jesus nicht nur Mensch, sondern auch göttlich sei, wandelte sich die Garage zur „Hütte Gottes bei den Menschen", und Gott war in den Augen und Worten seines Zeugen. In diesen Augenblicken fühlten sich die Flüchtlingskinder heimisch und die Hungrigen satt.

1: Joachim Gauck wurde 1940 in Rostock geboren. Er arbeitete zu DDR-Zeiten als evangelischer Pastor. Von 2012 bis 2017 war er Bundespräsident der Bundesrepublik Deutschland.

1. Formuliert eigene Antworten auf die „Gretchenfrage". Verdeutlicht auf dieser Grundlage eure Beziehung zur Religion, indem ihr auf einem Strahl an Tafel oder Whiteboard ein Kreuz nah oder fern von einem Punkt macht, der für Religion steht. Wer will, kann seine Positionierung erläutern.
2. Beschreibt und vergleicht, welche Erfahrungen Margaret F. Powers und Joachim Gauck zur Religion geführt haben.
3. Was macht einen religiösen Menschen aus? Tragt Merkmale zusammen und überlegt, was Menschen zu Religion und Glaube führen kann.
4. **Projektvorschlag:** Führt ein Interview zur „Gretchenfrage" an eurer Schule in verschiedenen Jahrgangsstufen durch oder sammelt entsprechende Antworten in einer Fußgängerzone.

Lest Fausts Originalantwort auf die „Gretchenfrage" (J. W. Goethe, Faust I, Verse 3415–3468) und stellt sie in der Philosophiegruppe in eigenen Worten vor.

Die jüdische Religion und der Bund mit Gott

1: Das „Höre Israel" ist ein wichtiges und wohl das älteste jüdische Glaubensbekenntnis, das wesentliche Glaubensgrundsätze des Judentums enthält. Sein Anfang wird von religiösen Juden täglich im Gebet gesprochen.

„Höre Israel" – Schma Jisrael[1]

Höre, Israel! Adonaj ist für uns Gott, einzig und allein Adonaj ist Gott. So liebe denn Adonaj, Gott für dich, mit Herz und Verstand, mit jedem Atemzug, mit aller Kraft. […] So schärfe diese Worte deinen Kindern ein und sprich davon, ob du nun zu Hause oder unterwegs bist, wenn du dich hinlegst und wenn du aufstehst.

Deuteronomium 6, 4–5 und 7

Die Zehn Gebote

1. Ich, Adonaj, bin deine Gottheit, weil ich dich aus der Versklavung in Ägypten befreit habe.
2. Neben mir sollst du keine anderen Gottheiten verehren. Mache dir kein Gottesbild noch irgendein Standbild von etwas im Himmel, auf der Erde oder im Wasser. Verneige dich nicht vor ihnen, bete sie nicht an.
3. Missbrauche nicht den Namen deiner Gottheit.
4. Denke an den Schabbat, er sei dir heilig. Nur sechs Tage sollst du arbeiten und alles tun, was du zu erledigen hast.
5. Respektiere und versorge deinen Vater und deine Mutter, dann wirst du lange in dem Land leben, das deine Gottheit dir gibt.
6. Töte niemanden.
7. Gehe nicht fremd.
8. Bestiehl niemanden.
9. Verbreite keine Lügen und Verleumdungen über deine Mitmenschen.
10. Giere nicht nach dem, was zu deinem Mitmenschen gehört, weder nach seiner Partnerin oder seinem Partner noch nach irgendetwas, das ihm oder ihr gehört.

Nach Exodus 20, 2–17

2: In der Torah findet sich auch die Aufforderung zur Nächstenliebe:
„Trage keinen Hass gegenüber deinem Bruder und deiner Schwester in dir. […] Nimm nicht Rache und lass sich nichts gegenüber den Mitgliedern deiner Abstammungsgemeinschaft aufstauen, liebe vielmehr deinen Nächsten und deine Nächste als dich selbst – Ich, Adonaj."
Levitikus, 19, 17f.
(siehe auch die Verse 33f.)

Wissen und Merken: Die jüdische Religion

Das Judentum ist die älteste der drei monotheistischen Weltreligionen. Wie Christen und Muslime gehen Juden von der Existenz eines einzigen Gottes aus – sie nennen ihn *Adonaj* (wörtlich „mein HERR"). Orientierung für das richtige Tun bietet religiösen Juden vor allem die *Torah* („Weisung"). Sie umfasst die ersten fünf Bücher der Bibel; aus ihr stammt auch das „Höre Israel"(siehe Randspalte).[2] Im Zentrum der Torah steht ein *Bund*, den Gott mit dem Volk Israel geschlossen hat. Dieser „Vertrag" wird durch die Zehn Gebote, die Adonaj den Israeliten durch Mose am Berg Sinai gegeben hat, besiegelt. Wenn die Israeliten alle Gebote konsequent einhalten, so die Vorstellung vieler religiöser Juden, wird Gott sie schützen und seine Herrschaft errichten. Doch schon die Torah erzählt: Die Israeliten verstoßen immer wieder gegen Gottes Willen; letztlich wendet sich Gott aber nicht von ihnen ab.

Das Judentum – die größte Religion in Israel

In ihrem Roman „Theos Reise“ lässt die französische Autorin Catharine Clément den 14-jährigen Theo gemeinsam mit seiner Tante Marthe die Religionen der Welt erforschen. Der folgende Auszug erzählt vom Aufenthalt der beiden im heutigen Israel.

„In Israel wird am Freitag bei Sonnenuntergang bis Samstagabend um die gleiche Zeit jegliche Tätigkeit eingestellt. Das ist der Sabbat[1], der sehr ernst genommen wird. Die […] praktizierenden Juden wollen die religiösen Grundsätze anwenden, nach denen der Jude sich während des Sabbats dem Beten widmet, ohne Feuer zu machen, elektrischen Strom zu benutzen, zu kochen oder den Lift zu nehmen. Das wird streng beachtet. Aber man muss auch sagen, dass viele Israelis laizistisch sind.“

„Also Atheisten?“, sagte Theo.

„Ihr Neffe ist sehr bewandert, meine liebe Marthe“, fuhr der Konsul fort. „Aber Atheismus und Laizismus[2] sind nicht dasselbe, junger Mann. ‚Atheist‘ bedeutet, dass man nicht an Gott glaubt, während der ‚Laizist‘ jemand ist, der die bürgerlichen Rechte seines Landes achtet und nicht bei allem, was er tut, die Religion berücksichtigt. Man kann katholisch und laizistisch sein, jüdisch und laizistisch, protestantisch und laizistisch …“ […]

„Das Judentum ist die israelische Staatsreligion[3], aber nicht alle Bürger üben sie auf dieselbe Weise aus. Manche begnügen sich damit, an den Gott der Juden zu glauben und seine Gebote zu befolgen, andere sind Atheisten, wieder andere sind sehr fromm. Das sind die Orthodoxen. Ihre Vorstellung ist sehr einfach: Solange es auf der Erde einen einzigen Juden gibt, der die Sabbatruhe nicht respektiert, kann der Messias nicht erscheinen und die Welt erlösen. Deshalb verlangen die Orthodoxen die genaue Anwendung der Regeln. Meistens erkennt man sie an ihrem Bart und an den schwarzen Hüten. Die andern religiösen jüdischen Männer tragen eine Kippa.“

„Was ist das?“, fragte Theo.

„Eine runde bestickte Mütze. Dem Brauch entsprechend bedeckt der jüdische Mann vor Gott seinen Kopf. Die meisten tragen die Kippa.“

Nach **Catherine Clément**

1: Hebräisch „Schabbat“

2: Weltanschauung, die sich für eine radikale Trennung von Staat und Religion einsetzt.

3: Das Judentum ist in Israel die vorherrschende Religion. Die meisten Israelis verstehen ihr Jüdisch-Sein als eine Mischung aus Religion und Nation. Daneben gelten in Israel auch andere Religionen als „Staatsreligionen“, zum Beispiel der Islam, denn auch Moscheen und Imame werden vom Staat finanziert. Obwohl Israel eine moderne Demokratie ist, üben die verschiedenen Religionen einen großen Einfluss auf das Leben ihrer Angehörigen aus, zum Beispiel im Ehe- und Familienrecht.

1. Stellt fest, weshalb die Zehn Gebote in eine erste und in eine zweite Gebotstafel unterteilt werden.

2. Wählt die Gebote aus, die ihr auch heute noch für alle Menschen als gültig anseht. Versucht euch auf eine entsprechende Reihenfolge der Gebote zu einigen.
Überlegt, woher mögliche Schwierigkeiten kommen.

3. Fasst zusammen, was ihr im Auszug aus „Theos Reise“ über das Judentum und den Schabbat erfahrt, und erklärt dabei den Unterschied zwischen „atheistisch“ und „laizistisch“.

4. Stellt zusammen, was ihr im oberen Textauszug über verschiedene jüdische Gruppen und ihre Religiosität erfahrt.

5. Die meisten der Zehn Gebote sind als Verbote formuliert. Überlegt, warum sie manchmal trotzdem als die „Zehn Gebote der Freiheit“ bezeichnet werden (siehe die Seiten 198/199).

Lest in einer Bibel die ausführliche Fassung des „Höre Israel“ (5. Buch Mose 6) und der Zehn Gebote (2. Buch Mose 20, 1–17). Vergleicht die obige Kurzfassung der Gebote mit den älteren Komplettübersetzungen.

Exklusiv:
Sind die Zehn Gebote immer noch wichtig?

Fragen an Margot Käßmann[1]

Schülerinnen und Schüler einer 7. Klasse haben im Philosophie-Unterricht über die Zehn Gebote und die jüdisch-christliche Aufforderung zur Nächstenliebe gesprochen. Im Anschluss daran stellten Sie die folgenden Fragen an Margot Käßmann[1].

1: Margot Käßmann (geb. 1958) ist Professorin, evangelische Theologin, Pfarrerin und Mutter von vier Töchtern. Sie war Bischöfin der evangelischen Landeskirche in Hannover und 2009/2010 Ratsvorsitzende der Evangelischen Kirche in Deutschland. Margot Käßmann hat viele Bücher geschrieben, unter anderem „Du darfst – die Zehn Gebote".

2: Eine Gesellschaft, die vor allem ländlich-bäuerlich geprägt ist.

3: Je nach Tradition werden die 10 Gebote unterschiedlich gezählt: siehe die Seite 196 mit den Zehn Geboten in der jüdischen Zählweise.

1. Wir haben im Philosophie-Unterricht über die Zehn Gebote gesprochen. Sie sind ja schon mehr als 2000 Jahre alt. Warum sind sie heute noch wichtig?
Margot Käßmann: Das Spannende an den 10 Geboten ist ja gerade, dass sie sowohl in einer Agrargesellschaft[2] damals als auch in einer hochtechnisierten Gesellschaft heute Grundregeln für das Zusammenleben von Menschen sind. Sie bilden die Basis für Vertrauen, Verlässlichkeit und Verantwortung. Mich fasziniert, wie einleuchtend diese Gebote auch noch heute sind.

2. Einige Schülerinnen und Schüler stört es, dass die Gebote 6 bis 10 Verbote sind. Brauchen wir wirklich Verbote, um gut miteinander zu leben?
Margot Käßmann: Wenn ihr in der Klasse darüber sprecht, was euch wichtig ist, käme sicher auch heraus: Andere sollen mich nicht beklauen. Es geht ja nicht um Gesetze, sondern um Regeln, die Menschen miteinander verabreden. Ich sehe in den Verboten weniger einen erhobenen Zeigefinger als die Ermutigung: Du hast die Kraft, das nicht zu tun und anders zu leben, nämlich im gegenseitigen Vertrauen.

3. Wir waren auch zum großen Teil der Meinung, dass man das 9. Gebot „Du sollst nicht lügen" nicht immer einhalten kann. Was meinen Sie dazu?
Margot Käßmann: Alle Gebote sind von Menschen immer wieder übertreten worden. Das macht sie aber nicht sinnlos. Wir kennen gerade im christlichen Glauben das Bekenntnis von Schuld – ich weiß, dass ich etwas Böses gemacht habe – und die Möglichkeit der Vergebung. Im Übrigen heißt das 8. Gebot[3] „Du sollst nicht falsch Zeugnis reden wider deinen Nächsten!" Das ist noch etwas ganz anderes als eine kleine Notlüge. Das Gebot soll die Menschen davor bewahren, absichtlich falsche Dinge über ihre Mitmenschen zu verbreiten.

4. Einig waren wir uns, dass das Gebot der Nächstenliebe für alle Menschen und Religionen wichtig ist. Warum?
Margot Käßmann: Nächstenliebe ist für mich das entscheidende Kennzeichen des Christentums und des Zusammenlebens überhaupt. Uns ist nicht gleichgültig, wie es anderen Menschen in Not geht. Das übt sich am besten schon in der Kindheit ein.

Nächstenliebe heißt achtsam sein

Wer liebt, wer sich für andere einsetzt, wird das immer als Bereicherung erleben. Es gibt sozusagen einen Segenskreislauf[1] der Nächstenliebe. Es ist doch immer wieder eine viel schönere Erfahrung, etwas geben zu dürfen, als auf Gaben anderer angewiesen zu sein. Der Segenkreislauf meint: Wir begegnen einander auf Augenhöhe. Wer empfängt, muss nicht demütig am Boden hocken. Nächstenliebe ist Zeichen eines Miteinanders, bei dem die Leistungsstarken selbstverständlich mit Freude, mit Dank für die Leistungsschwachen eintreten. Und niemand wird dafür irgendeine Auszeichnung erwarten […]. Für mich geht es dabei um eine Haltung der Achtsamkeit. Andere dürfen niemals einfach nur Objekte meiner Zuwendung sein – das wäre eine herablassende Haltung. Aber ich will so durchs Leben gehen, dass ich anderen achtsam begegne. Schauen, was ich beitragen kann zu ihrer Fülle des Lebens. Würde[2] ist mir wichtig in der Nächstenliebe; Almosengeben darf nicht herablassend daherkommen.

Margot Käßmann

1: Segen heißt: von Gott umsorgt und beschenkt zu sein.

2: Respekt, Anerkennung und Wertschätzung, die jedem Menschen zusteht.

Eine Gruppe junger Menschen säubert einen Park.

Der Verein „Schüler helfen leben" organisiert einmal pro Jahr einen sozialen Tag. An diesem Tag arbeiten Schülerinnen und Schüler außerhalb der Schule. Mit ihrem Geld helfen sie weltweit Kindern und Jugendlichen, denen es nicht so gut geht. Siehe auch: *www.schueler-helfen-leben.de*

1. Tauscht euch darüber aus, warum Margot Käßmann Nächstenliebe mit Achtsamkeit verbindet, und sucht weitere Begriffe, die zu Nächstenliebe passen (siehe Seite 81: Methode „Begriffe klären").

2. „Geben ist schöner als Nehmen", heißt es in einem berühmten Sprichwort aus der Bibel: Stimmt ihr zu? Begründet eure Meinung.

3. **Projektvorschlag:** Gestaltet in eurer Schule einen sozialen Tag, wie die Schülerinnen und Schüler auf dem Foto. Überlegt euch vorher, wofür ihr arbeiten und Geld sammeln wollt.

Jesus und die frühen Christen

Die Bergpredigt

Im Neuen Testament findet sich im Matthäus-Evangelium die Bergpredigt, in der Jesus sich vor vielen Zuhörern mit den Weisungen der Torah auseinandersetzt. Dabei ist der Berg, von dem herab er spricht, ein Symbol dafür, dass seine Predigt genauso wichtig ist wie die Offenbarung der Zehn Gebote an Mose auf dem Berg Sinai.*

1: Bei den kursiv hervorgehobenen Sätzen bezieht sich Jesus auf die Torah. Jesus bringt auf den Punkt, was seinen Zuhörern auch aus anderen Stellen der Hebräischen Bibel* bekannt ist, zum Beispiel: „Hungern Menschen, die dich nicht leiden können, dann gib ihnen Brot zu essen, und wenn sie durstig sind, dann lass sie Wasser trinken, […] der Ewige wird es dir vergelten.“
Sprüche 25, 21 und 22

Denkt nicht, ich sei gekommen, die Torah und die prophetischen Schriften außer Kraft zu setzen! Ich bin nicht gekommen, sie außer Kraft zu setzen, sondern sie zu erfüllen. […]
Ihr habt gehört, dass Gott gesagt hat: *Auge für Auge und Zahn für Zahn*[1]. Ich lege euch das heute so aus: Leistet dem Bösen nicht mit gleichen Mitteln Widerstand. Vielmehr, wenn dich jemand auf die rechte Backe schlägt, halte ihm auch die andere Backe hin. Und wenn jemand gegen dich prozessiert, um dein Hemd zu bekommen, gib diesem Menschen auch deinen Mantel. Wenn dich jemand zur Zwangsarbeit für eine Meile Weg nötigt, gehe mit ihm zwei. Gib denen, die dich darum bitten, und wende dich nicht ab von denen, die etwas von dir borgen wollen.
Ihr habt gehört, dass Gott gesagt hat: *Liebe deine Nächste und deinen Nächsten und hasse die feindliche Macht*. Ich lege das heute so aus: Begegnet denen, die euch Feindschaft entgegenbringen, mit Liebe und betet für die, die euch verfolgen. So werdet ihr Töchter und Söhne Gottes, eures Vaters und eurer Mutter im Himmel, die ihre Sonne über Böse und Gute aufgehen lässt und es über Gerechte und Ungerechte regnen lässt. Denn wenn ihr [nur die] liebt, die euch lieben, welchen Lohn wird Gott euch geben? […]
Richtet nicht, damit Gott euch nicht dafür richtet […].
Warum siehst du den Splitter im Auge deines Mitmenschen, aber den Balken in deinem Auge bemerkst du nicht? […] Zieh zuerst aus deinem Auge den Balken, dann siehst du klar und kannst den Splitter aus dem Auge deines Mitmenschen ziehen.
Matthäus 5, 17 und 38–46; 7, 1–3 und 5

Wissen und Merken: Botschaft und Wirken von Jesus

Im Neuen Testament, dem zweiten Teil der christlichen Bibel, wird erzählt, dass Jesus in Bethlehem geboren wurde. Im Alter von ca. 30 Jahren zog er als jüdischer Wanderprediger umher und verkündete das kommende Reich Gottes. Als Zeichen dafür heilte er Kranke, half Armen und wandte sich den Außenseitern in der damaligen Gesellschaft zu. Eine Gruppe von Anhängern, seine Jünger, folgte ihm. Die damals in Israel herrschenden Römer fürchteten, Jesus könnte einen Aufstand anzetteln und ließen ihn deshalb am Kreuz hinrichten. Nach christlicher Überlieferung wurde Jesus nach drei Tagen durch Gott von den Toten auferweckt. Schon die ersten Christen sahen in Jesus den erwarteten Messias[1], der zur Erlösung der Menschen starb und am Ende aller Zeit zurückkommen wird, um das endgültige Reich Gottes zu errichten.

1: Wörtlich „Gesalbter“ (griechisch „Christos“), weil die Könige in Israel zum Zeichen ihrer Königswürde gesalbt wurden.

Christliche Symbole: Kreuz und Fisch

Das Kreuz ist das wichtigste christliche Symbol: Es steht für das Leiden Christi, aber auch für Auferstehung und Erlösung der Menschen vom Tod.
In alten Wandmalereien findet sich auch das Symbol des Fisches, das den oft verfolgten ersten Christen, von denen einige auch als Märtyrer* starben, als geheimes Erkennungszeichen diente. Die einzelnen Buchstaben des griechischen Wortes für Fisch (= ΙΧΘΥΣ) ergeben ihr frühes Glaubensbekenntnis. Zugleich ist der Fisch Symbol für die (unter Wasser) verborgene Wahrheit, die in die Welt kommt.

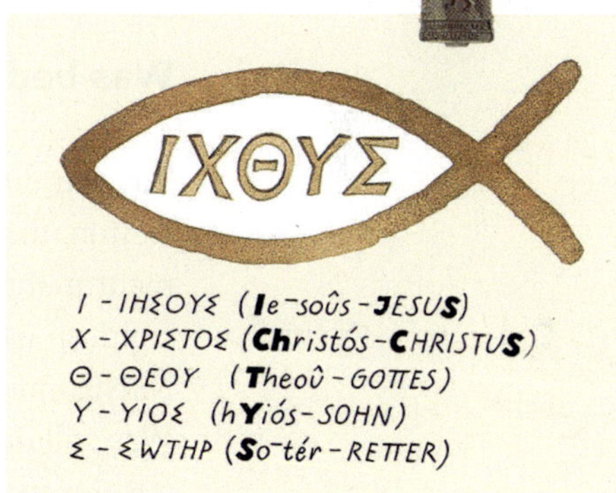

Wir philosophieren: Symbole deuten[2]

1. Schritt > Religionen sind von Symbolen geprägt. Wenn ihr sie verstehen wollt, dann schaut euch das Symbol zunächst an. Beschreibt, was ihr seht: Wie ist das Symbol dargestellt, könnt ihr bestimmte Formen oder Zeichen erkennen? Fällt euch etwas Besonderes oder Einzigartiges auf?

2. Schritt > Symbole sind Bedeutungsträger, d. h. nach der Wahrnehmung müsst ihr versuchen, ihre Bedeutung(en) herauszufinden, indem ihr in dem wahrgenommenen Gegenstand einen tieferen Sinn zu entdecken versucht. Recherchiert gegebenenfalls die Bedeutung(en), wenn ihr sie nicht erkennen könnt.

1. Erklärt, welche Empfehlungen Jesus in der Bergpredigt zum Umgang mit Gewalt und mit Feinden gibt und ob sich seine Auslegung von den Regeln in der Torah dazu unterscheidet (siehe die Randspalten-Einträge auf den Seiten 196 und 200).

2. Wie werden die Menschen damals wohl auf seine Worte reagiert haben? Was haltet ihr heute von seinen Empfehlungen (siehe Seite 202/203)?

3. Erörtert, wie Gewalt friedlich überwunden werden kann (siehe die Seiten 88/89 und 218/219). Tauscht euch darüber aus, ob man auch seine Feinde „lieben“ kann.

4. Findet weitere Symbole aus verschiedenen Religionen und deutet sie (zur Methode: siehe oben).

Die Aktualität der Bergpredigt

Heutiger Ausblick vom Ort der Bergpredigt in Israel

Was bedeuten Nächstenliebe und Gewaltverzicht?

Das war die neue Botschaft von Jesus: Die Nächstenliebe bedeutet die Pflicht zum Helfen, und zwar jedem gegenüber, der in Not ist. Der Grund zum Helfen liegt nicht mehr in der Zugehörigkeit zum eigenen Volk oder zur eigenen Religion, sondern ist begründet in der Not des anderen. [...] Nothilfe ist eine Pflicht der Nächstenliebe.

Was soll dann aber Feindesliebe bedeuten? Das Evangelium gibt Antworten, die aus der modernen Friedens- und Aggressionsforschung stammen könnten. [...] Tue dem Nächsten Liebe an – also tue etwas für ihn. Jesus verlangt nicht eine Gefühlsduselei, sondern eine praktizierende Liebe – an anderer Stelle nennt er die Beispiele: Hungernden Essen, Dürstenden Wasser geben, Kranke pflegen, Verbrecher im Gefängnis besuchen, Fremde aufnehmen. Die Liebe ist immer konkret. [...]

Plötzlich bekommt die zunächst unverständliche Forderung einen Sinn. Jesus selber macht klar, was er meint: „Wenn dich einer zwingt, eine Meile mit ihm zu gehen, dann gehe zwei Meilen mit ihm." Die Römer als Besatzer hatten das Recht, einen Juden zu zwingen, eine Meile das Gepäck zu tragen. Jesus sagt nun dem Juden: Gehe freiwillig eine zweite Meile mit – in der richtigen Erwartung, dass das Verhältnis zwischen den beiden am Ende der zweiten Meile ein anderes ist als nach der ersten Meile. Der Römer fasst sich an die Stirn, aber er wird vermutlich mit dem Juden ein Gespräch beginnen, und vielleicht trinken die beiden am Ende der zweiten Meile zusammen ein Glas Wein. Das Sich-Hochschaukeln von Hass und Gegenhass, Gewalt und Gegengewalt wird gesprengt.

In eine solche Entspannungsstrategie passt auch der berühmte Satz hinein: „Wer dich auf die rechte Backe schlägt, dem halte auch die andere hin." [...]. Wer will, kann mit einer solchen Geste an die Menschlichkeit des anderen appellieren. Für einen radikalen Pazifismus[1] gibt er aber nichts her: [...] Nächstenliebe und

1: Ethische Grundhaltung, die unter allen Umständen jede Art von Gewalt und Krieg ablehnt.

Feindesliebe verlangen ein Handeln, nicht ein passives Dulden. [...]
Die Reden Jesu zeigen, wie die Welt aussehen könnte: ein hoher Maßstab, der nicht schon deswegen falsch ist, weil er nicht immer und überall erfüllt werden kann. Aber dieser Maßstab enthält eine Verpflichtung zum Handeln.
Nach **Heiner Geißler** [2]

2: Heiner Geißler (1930–2017) war ein deutscher Politiker. Sein politisches Engagement begründete er christlich – 2011 zum Beispiel als Schlichter im Konflikt um das Bahnhofsbauprojekt „Stuttgart 21".

Wissen und Merken Die Bergpredigt

Die Bergpredigt findet sich im Neuen Testament im Matthäus-Evangelium und gilt als Kern der ethischen Botschaft Jesu. In ihr legt Jesus die Torah neu aus und setzt sich für eine bedingungslose Menschenliebe ein. Schon früh wurde die Radikalität der Bergpredigt bemerkt, was zu unterschiedlichen Auslegungen führte: Sie gelte etwa nur für die Jünger Jesu oder solle Gebote für das zukünftige Reich Gottes darlegen. Dass die Forderungen der Bergpredigt gar nicht so lebensfern sind, wurde in den 1980er Jahren deutlich, als sich in der Auseinandersetzung um die Aufrüstung mit Atomraketen viele Nachrüstungsgegner auf die Bergpredigt beriefen.

„Wir brauchen Ethik*, nicht Religion"

Nach meiner Überzeugung können Menschen zwar ohne Religion auskommen, aber nicht ohne innere Werte, nicht ohne Ethik. Der Unterschied zwischen Ethik und Religion ähnelt dem Unterschied zwischen Wasser und Tee: Ethik und innere Werte [...] sind wie Wasser. Ohne Wasser kein Leben. Der Tee, den wir trinken, besteht zum größten Teil aus Wasser, aber er enthält noch weitere Zutaten – Teeblätter, Gewürze, vielleicht ein wenig Zucker. [...] Aber sein Hauptbestandteil ist immer Wasser. Wir können ohne Tee leben, aber nicht ohne Wasser. Und genauso werden wir zwar ohne Religion geboren, aber nicht ohne das Grundbedürfnis nach Mitgefühl. [...]
Unabhängig davon, ob wir einer Religion angehören oder nicht, haben wir alle eine menschliche ethische Urquelle in uns. [...] Ethik, nicht Religion, ist in der menschlichen Natur verankert. [...] Ethik geht tiefer und ist natürlicher als Religion.
Dalai-Lama [3]

1: Der **Dalai-Lama** (geb.1935) ist Buddhist und das religiöse Oberhaupt der Tibeter. Seit 1959 lebt er in Indien im Exil. Sein neustes Buch heißt „Ethik ist wichtiger als Religion".

1. Gebt in eigenen Worten wieder, wie Heiner Geißler die Forderungen Jesu nach Nächstenliebe und Feindesliebe deutet.
2. Diskutiert darüber, ob die Bergpredigt mit den beiden genannten Forderungen Jesu heute noch aktuell ist.
3. Erklärt, wie der Dalai-Lama begründet, dass Ethik wichtiger als Religion ist, und nehmt Stellung zu seiner These von einer ethischen „Urquelle" im Menschen.
4. Diskutiert, zum Beispiel in einer Pro- und Kontra-Debatte (siehe Seite 89), ob zum Handeln nach ethischen Maßstäben Religion nötig ist.

Klöster damals und heute

Wie Klöster entstanden sind

Seit dem 6. Jahrhundert entstanden in Europa zahlreiche Klöster. Das Wort kommt aus dem Lateinischen von claustrum, was auf Deutsch „eingeschlossen sein" heißt. Männer und Frauen verzichteten bewusst auf eine Ehe und lebten im Kloster von der Welt zurückgezogen, um sich ihrem Glauben zu widmen. Beten, Einkehr und Stille bestimmten ihr Leben. Sie kümmerten sich auch um Kranke, gaben Reisenden Unterkunft, verliehen Gelder wie heutzutage Banken, betrieben Handwerk, Landwirtschaft sowie Handel und brauten sogar Bier. Klöster waren darüber hinaus auch Bildungs- und Forschungszentren, in denen Wissen weiterentwickelt und weitergegeben wurde. So verdanken wir beispielsweise die Übersetzungen der griechischen Philosophen Aristoteles[1] und Platon[2] ins Lateinische der wissenschaftlichen Forschung in Klöstern. Der Eintritt in ein Kloster war darüber hinaus für Mädchen im Mittelalter die einzige Möglichkeit, Lesen und Schreiben zu lernen.
Es gibt auch heute noch weltweit verschiedene Orden (religiöse Gemeinschaften) sowie Frauen- und Männerklöster. Eines der berühmtesten deutschen Frauenklöster entstand 1258 in Helfta vor den Toren Eislebens, der späteren Geburtsstadt von Martin Luther[3]. Dort philosophierten die drei Mystikerinnen[4] Mechthild von Magdeburg, Mechthild von Hackeborn und Gertrud von Helfta. Helfta ist auch heute noch ein aktives Kloster, in dem Nonnen leben und arbeiten. Es wurde nach einer wechselvollen Geschichte der Zerstörung 1999 unter Leitung der Äbtissin Assumpta Schenkl (1924–2009) wiedereröffnet.

1: Zu **Aristoteles** seht nach auf der Seite 57.

2: **Platon** (siehe Seite 163).

3: Zu **Martin Luther** schaut nach auf den Seiten 208/209.

4: Der Ausdruck „Mystik" geht auf das griechische Wort „mystikós" zurück und bedeutet „geheimnisvoll" und „Mund oder Augen schließen". Mystiker/innen entwickeln ein besonderes Verhältnis zu Gott.

Philosophieren in Helfta

Mechthild von Magdeburg arbeitete fast 40 Jahre als Begine in der Armenpflege in der Stadt Magdeburg, bevor sie zu Fuß und fast erblindet in das Kloster Helfta fliehen musste. Dort erhielt sie Asyl und konnte nicht mehr verfolgt werden. Sie hatte in ihrem Buch „Das fließende Licht der Gottheit" einige Geistliche wegen ihres Luxuslebens kritisiert. Als Mechthild in Helfta ankam, war sie aufgrund ihres Buches schon eine berühmte Frau, denn sie hatte das Buch in Niederdeutsch geschrieben und nicht auf Latein. Dadurch konnten es viele Menschen lesen. Mit ihren beiden Schülerinnen Gertrud von Helfta (auch Gertrud die Große genannt) und Mechthild von Hackeborn hielt sie einmal wöchentlich eine Philosophiestunde ab. Sie lasen gemeinsam Werke von Augustinus* und Aristoteles. Manchmal besprach Mechthild mit den beiden anderen Mystikerinnen auch Probleme aus ihrem Leben und fragte sie nach ihrer Meinung, wie bei der folgenden Geschichte.*

Plastik der drei Philosophinnen von Helfta vor dem Klosterreich

Mechthild von Magdeburg (ca. 1207–1282) verzichtete bewusst auf eine Ehe, um nur Gott zu dienen.

Gertrud von Hackeborn (1232–1292) war Leiterin der Klosterschule von Helfta.

Gertrud die Große (1256–ca. 1302) schrieb ihre mystischen Erlebnisse im Buch „Gesandter der göttlichen Liebe" auf.

Niemand hat das Recht zu lügen

Eines Tages entdeckte Mechthild in den Straßen Magdeburgs einen hungrigen Jungen, der Brot gestohlen hatte. Sie fragte ihn, was er da weggenommen habe. Er antwortete ihr: „Nichts". Daraufhin stellte sie ihn zur Rede und sagte ihm, dass niemand auf der Welt das Recht habe zu lügen, auch wenn er noch so arm sei. Auch die Angst vor Strafe gebe ihm nicht das Recht dazu. Denn die Wahrheit sei eine „Schulmeisterin".

1. Informiert euch über den Tagesablauf in einem Kloster in eurer Nähe. Wie unterscheidet sich das Leben dort von eurem Alltagsleben? Notiert euch Stichworte dazu.

2. Recherchiert im Internet zu der Geschichte des Klosters Helfta und präsentiert eure Ergebnisse in Kurzreferaten.

3. Stimmt ihr Mechthild von Magdeburg zu, dass Menschen unter keinen Umständen lügen dürfen? Führt eine Pro- und Kontra-Debatte (siehe Seite 89) und begründet eure Standpunkte mit überzeugenden Argumenten.

4. **Projektvorschlag:** Plant eine Exkursion in ein Kloster in eurer Nähe. Bereitet dafür Fragen vor, die ihr dort Nonnen oder Mönchen stellen wollt.

Der besondere Text:

„Wir öffnen nicht das Klostertor!“

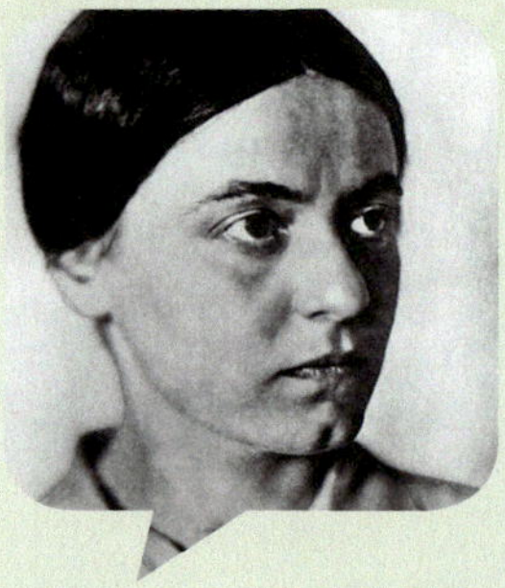

Edith Stein (1891-1942) war Philosophin, Lehrerin und Nonne (siehe auch Seite 27). Sie übernahm als Jüdin den katholischen Glauben.

Mechthild von Magdeburg floh vor Verfolgung in das Kloster Helfta (siehe vorherige Seite).
Die Nonne Edith Stein, die aus einer jüdischen Familie stammte, versteckte sich 1940 vor den Nationalsozialisten in einem Kloster der Karmelitinnen[1] *in der holländischen Stadt Echt. Einige Mönche und Nonnen halfen damals jüdischen Menschen, sich vor dem Transport in ein Vernichtungslager zu retten.*

Sie haben fünf Minuten Zeit!

Am 2. August 1942, einem Sonntag, melden sich zwei SS-Männer[2] an der Pforte des Klosters der Karmelitinnen in der niederländischen Stadt Echt. Sie wollen Schwester Benedicta sehen. Im Sprechzimmer werden sie von der Priorin[3] empfangen. Schwester Benedicta sei gerade mit den anderen Nonnen in den Chor zur Anbetungsstunde gegangen. Doch die Priorin holt sie.
Der eine SS-Mann sagt knapp: „Innerhalb von fünf Minuten müssen Sie mit uns gehen.“ Die Karmelitin antwortet, sie könne das nicht, sie lebe hier in strengster Klausur. „Öffnen Sie das Gitter und gehen Sie mit!“ Die Frau hinter dem Gitter weiß, wie schwer es aufzubrechen wäre, und sagt etwas spöttisch: „Das müssen Sie mir schon vormachen.“ „Rufen Sie die Oberin!“
Die Priorin kommt, schickt Schwester Benedicta in den Chor zurück und versucht zu verhandeln. Die SS-Männer geben der Nonne und ihrer leiblichen Schwester, der Pfortenhelferin Rosa, zehn Minuten Zeit und machen die Priorin darauf aufmerksam, welche Konsequenzen ein Widerstand nach sich zöge.
Die Priorin holt Schwester Benedicta aus dem Chor, die sich noch an die andern wendet: „Betet für mich!“

In aller Hast wird zusammengepackt. Rosa steht völlig verstört an der Schwelle. Schwester Benedicta fasst ihre Hand. „Komm, wir gehen für unser Volk.“
Sie werden abgeführt, zum Wagen der SS gebracht. Die Menschen auf der Straße protestieren. Eine Dame klammert sich an Schwester Benedicta, will sich nicht abschütteln lassen. Die Leute haben Rosa und ihre freundliche Art an der Pforte sehr gemocht. Und sie wissen, dass es sich bei ihr und ihrer Schwester um Deutsche handelt, die vor Hitler fliehen mussten und die nun hier, in den Niederlanden, von Hitlers Truppen eingeholt worden sind. Einige wissen wohl auch, dass Schwester Benedicta eine große Gelehrte ist, berühmt unter ihrem bürgerlichen Namen: Dr. Edith Stein.

1: Der Karmeliterorden wurde um 1150 am Berg Karmel in Palästina gegründet.

2: Die „SS“ war in der Zeit des Nationalsozialismus eine Art Parteipolizei, die im Zweiten Weltkrieg mit besonderer Brutalität gegen Juden und Andersdenkende vorging.

3: Eine Priorin ist die Vorsteherin des Klosters.

Protest von der Kanzel

Die SS-Männer sind empörte Reaktionen der niederländischen Bevölkerung gewohnt. Ähnliche Szenen spielen sich ohnehin an diesem Tag an vielen Orten der Niederlande ab; denn es wird in großem Rahmen eine Vergeltungsmaßnahme der Besatzungsmacht durchgeführt. Die katholischen Bischöfe haben gewagt, von der Kanzel herab gegen die Verfolgung und Verschleppung der Juden zu protestieren. Bisher hat man sich mit den Kirchen zu arrangieren versucht, indem man auf die getauften Juden Rücksicht nahm. Jetzt aber sollen an einem Tag so viele getaufte Juden wie möglich, vornehmlich katholische Ordensleute und Geistliche, in den Lagern zusammengetrieben werden.
Es sind schon Opfer im Wagen, in Roermond kommen neue hinzu. Man verlädt sie am Abend in zwei Polizeiwagen und bringt sie noch in der Nacht nach Amersfoort, einer ersten Sammelstelle, wo sie in Baracken zusammengepfercht werden. Der Montag in Amersfoort ist qualvoll und erniedrigend. In der folgenden Nacht werden sie zum Bahnhof Amersfoort gebracht und in einen Zug gepfercht.

Elisabeth Endres

Selektion von Juden an der Bahnrampe in Auschwitz-Birkenau, 1944

Wissen und Merken: Der Holocaust

Das Wort *Holocaust*, im Hebräischen *Schoah*, kommt aus dem Altgriechischen und heißt auf Deutsch „völlig verbrannt". Damit wird der Völkermord an mehr als sechs Millionen europäischen Juden bezeichnet, den die deutschen Nationalsozialisten und ihre Helfershelfer während des Zweiten Weltkrieges verübt haben. Edith Stein war eines der Opfer. Sie wurde zum letzten Mal am 9. August 1942 an der Rampe von Auschwitz in ihrer Nonnentracht gesehen, ehe sich ihre Spur in den Gaskammern verliert. Im Jahr 1987 sprach sie Papst Johannes Paul II. als „Schwester Teresa Benedicta vom Kreuz" heilig[1].

1: Der Papst spricht eine Person „heilig", die eine ungewöhnlich intensive Beziehung zu Gott bzw. zum Glauben hat.

1. Informiert euch über das Leben von Edith Stein und gestaltet dazu eine Wandzeitung. Ihr findet dazu Informationen unter *www.blinde-kuh.de.*

2. Welche Konsequenzen hätte es für das Kloster in Echt gegeben, wenn Edith Stein nicht freiwillig mit ihrer Schwester dem Befehl der SS gefolgt wäre? Sprecht darüber in der Philosophiegruppe.

3. Was meinte Edith Stein mit dem Ausspruch „Komm, wir gehen für unser Volk"? Schreibt dazu einen Miniaturtext*.

Edith Stein philosophierte in ihren Schriften über das Wir-Gefühl von Menschen in verschiedenen Gemeinschaften. Übertragt diesen Gedanken auf das Verhalten der Mitschwestern im Kloster Echt.

Martin Luther: Zwischen Gut und Böse unterscheiden

Martin Luther, gezeichnet von Lukas Cranach, 1529

Martin Luthers Leben

1483 in Eisleben geboren
1501 Studium in Erfurt (bis 1505)
1505 Eintritt in das Augustinerkloster in Erfurt
1512 Professor für Bibelauslegung an der Universität Wittenberg
1517 Thesenanschlag in Wittenberg, Beginn der Reformation
1525 Heirat mit der Nonne Katharina von Bora
1546 Tod in Eisleben

Chat

Ian war mit seiner kirchlichen Jugendgruppe am Wochenende auf der Wartburg bei Eisenach. An seine Freunde Ben und Ali aus der PP-Gruppe chattet er:

Auf der Wartburg versteckte sich vor 500 Jahren Martin Luther. Er hatte die Katholische Kirche kritisiert und musste untertauchen. Dort übersetzte er das Neue Testament der Bibel in nur elf Wochen aus dem Griechischen ins Deutsche. Er wollte nämlich, dass möglichst viele Menschen Gottes Wort selbst lesen konnten. Aber das Tollste ist die von Besuchern abgekratzte Wand in der Luther-Stube. Dort war mal ein Fleck, entstanden als Luther mit seinem Tintenfass nach dem Teufel warf. Fast noch wie im Mittelalter!

Die Gründung der evangelischen Kirche

Die Protestanten verdanken ihren Namen tatsächlich einem Protest. Sie folgten vor 500 Jahren dem katholischen Mönch Martin Luther. Er wollte in seiner Kirche einiges ändern und vor allem die Ablassbriefe abschaffen. Damit konnten sich Christen von den Strafen für ihre Sünden freikaufen[1]. Wer kein Geld dafür hatte, blieb auf seinen Sündenstrafen sitzen. Das fanden viele Christen falsch, denn davon stand nichts im Evangelium[2]. Das ist ein Teil der Bibel, der ihnen besonders wichtig war. Später benannten die Protestanten ihre neue Kirche nach dem Evangelium die „Evangelische Kirche". Auch heute gibt es noch beträchtliche Unterschiede zwischen den beiden christlichen Kirchen; zum Beispiel können nur in der evangelischen Kirche Frauen Geistliche (Pfarrerinnen) werden. Aber schon seit vielen Jahren verabreden sich evangelische und katholische Christen immer häufiger zu gemeinsamen Gottesdiensten.

Nach **Jane Baer-Krause**

1: Da die damalige Kirche viel Geld für den Bau des Petersdoms in Rom benötigte, warben Ablassprediger für den Freikauf von Sündenstrafen für verstorbene Angehörige: Man glaubte, so deren Zeit im Fegefeuer verkürzen zu können.

2: Bedeutet wörtlich „Gute Nachricht" (griechisch/lateinisch) – bezieht sich auf das einzigartige Leben und Wirken Jesu.

Nicht gegen das eigene Gewissen handeln

Martin Luther auf dem Reichstag in Worms (Kolorierter Holzschnitt von 1557)

Martin Luther sollte am 17. April 1521 auf dem Reichstag in Worms vor Kaiser Karl V. und den deutschen Fürsten seine 95 Thesen widerrufen, die er am 31. Oktober 1517 an der Schlosskirche in Wittenberg angebracht hatte. Die Thesen und weitere von ihm verfasste Schriften richteten sich u. a. gegen den Handel mit Ablassbriefen (siehe Seite 208). Luther sprach zum Kaiser und den anwesenden Fürsten die folgenden Worte:
„(Da) mein Gewissen in den Worten Gottes gefangen ist, kann und will ich nichts widerrufen, weil es gefährlich und unmöglich ist, etwas gegen das Gewissen zu tun. Gott helfe mir. Amen."
Der Reichstag verurteilte Luther als Kirchenabtrünnigen und erklärte ihn für vogelfrei: Jeder durfte ihn nun gefangen nehmen oder sogar töten. Kurfürst Friedrich der Weise von Sachsen[1] versteckte ihn deshalb für einige Zeit auf der Wartburg. Luther gab sich dort den Tarnnamen „Junker Jörg".

1: Friedrich der Weise (1463–1525) gehörte zu den ersten Herrschern, die sich für Luthers Ideen offen zeigten. Obwohl er im Hintergrund blieb, trug er maßgeblich zur Ausbreitung reformatorischer Ideen bei.

Mit der Lutherrose, seinem „Logo", wollte Martin Luther zeigen, dass sein Glaube tief im Herzen verwurzelt ist.

Gute und böse Werke

So muss [...] der Mensch in seiner Person zuvor gerecht oder böse sein, ehe er gute oder böse Werke tut. Und seine Werke machen ihn nicht gut oder böse, sondern er tut gute oder böse Werke. Dasselbe sehen wir in allen Handwerken. Ein gutes oder schlechtes Haus macht keinen guten oder schlechten Zimmermann, sondern ein guter oder schlechter Zimmermann macht ein schlechtes oder gutes Haus. Kein Werk macht einen Meister nach dem, was das Werk ist, sondern wie der Meister ist, so ist auch sein Werk. Ebenso verhält es sich mit den Werken des Menschen auch: Wie es mit ihm steht im Glauben[2] oder Unglauben, danach sind seine Werke gut oder schlecht.

Martin Luther: *Von der Freiheit eines Christenmenschen (1520)*

2: Gemeint ist: Vertrauen in die Liebe und Zuwendung Gottes

1. **Projektvorschlag:** Recherchiert in Zusammenarbeit mit dem Geschichtsunterricht über das Leben Martin Luthers und die Ausbreitung der Reformation in Europa (siehe auch die Seite 225 zu den Lutherwegen). Gestaltet dazu eine Plakatserie.
2. Visualisiert den Hauptgedanken aus Luthers Text über „Gute und böse Werke" und erklärt ihn.
3. Allein durch Glauben kann nach Luther der sündige Mensch vor Gott bestehen. Überlegt Konsequenzen, die sich aus diesem Grundsatz für den Ablasshandel ergeben, bei dem man sich durch Geld (Werke) von Sündenstrafen glaubte loskaufen zu können.

Informiert euch über Katharina von Bora und Luthers Verhältnis zu Klöstern.

Mohammed – der Prophet und Gesandte

Am Berg Hira

Mohammeds Leben

570 in Mekka geboren, verliert als Kind seine Eltern, hat wahrscheinlich nie lesen oder schreiben gelernt, wird Karawanenhändler

595 Heirat mit der erfolgreichen Kauffrau Chadidscha

622 Flucht nach seinen Offenbarungen nach Yatrib, heute Medina

632 Tod in Medina

Eines nachts, im Jahr 610, betete Mohammed[1] im Alter von 40 Jahren in einer Höhle am Berg Hira. Plötzlich hörte er eine Stimme seinen Namen rufen: „Lies!" Der Erzengel Gabriel stand vor Mohammed und hielt ihm ein Tuch hin, das wie Brokat[2] aussah. „Ich kann nicht lesen", antwortete Mohammed. Der Engel drückte das Tuch auf ihn, dass er glaubte, sterben zu müssen: „Lies!"
„Ich kann nicht lesen!" Gabriel legte ihm das Tuch um den Hals und würgte ihn: „Lies!"
„Ich kann nicht lesen!" Wieder würgte der Engel Mohammed fast zu Tode, und in seiner Angst rief dieser: „Was soll ich lesen?" Und dann las Mohammed: „Lies im Namen eines Herrn, der erschaffen hat! Erschaffen hat er die Menschen aus einem Tropfen. Lies! Dein höchst ehrwürdiger Herr hat mit dem Schreibrohr gelehrt: gelehrt, die Menschen, was sie nicht wussten."

Was Mohammed somit gelesen, eigentlich rezitiert[3] oder vorgelesen hatte, bildet heute den Anfang der 96. Sure des Korans. Die Muslime räumen diesen Versen im allgemeinen den Rang der ältesten Herabsendung ein, zumal nirgends sonst im Koran Mohammed so deutlich aufgefordert wird: Lies! Koran bedeutet so viel wie Lesung, Vortrag, Rezitation. Mohammed trug vor, was der Engel des Herrn ihm überbracht hatte. Er fühlte sich berufen.

Nach **Melanie Miehl**, *Islamwissenschaftlerin*

1: Mohammed ist der Religionsstifter des Islam.

2: Stoff aus schwerem, festem und gemustertem Material

3: Betont aufgesagt

Der Berg Hira im heutigen Saudi-Arabien (2021)

Wissen und Merken: Heilige Schriften im Islam

Im Koran heißt es, dass Mohammed ein gutes Beispiel für alle Muslime sei. Um diesem Beispiel folgen zu können, haben Muslime nach dem Tod des Propheten versucht, sich an seine Worte und an das, was er tat, zu erinnern und dies an die nachfolgenden Generationen weiterzugeben. Nach Mohammeds Tod wurden diese Erinnerungen in dicken Büchern festgehalten, die Sunna genannt werden. Für ihr religiöses Leben steht der Koran für Muslime an oberster Stelle. Da der Koran aber auf viele Glaubensfragen keine Antworten gibt, orientieren sich die meisten Muslime an der Sunna. Die Sunna umfasst alles, was Mohammed zu Lebzeiten gesagt, getan, empfohlen und verboten hat – viele Hundert Aussprüche und Ereignisse aus dem Leben des Propheten. Sie werden Hadithe genannt.

Nach **Lamya Kaddor**[1]

1: Lamya Kaddor wurde 1978 als Tochter syrischer Einwanderer in Ahlen geboren. Sie ist Lehrerin, Autorin und Islamwissenschaftlerin.

Gebote aus dem Koran (Auszüge aus Sure 17)

1. Setze Gott keinen anderen Gott zur Seite!
2. Dein Herr hat bestimmt, dass man die Eltern gut behandeln soll!
3. Lass deinem Verwandten, dem Bedürftigen und dem Reisenden sein Recht zukommen!
4. Tötet nicht eure Kinder aus Furcht vor Verarmung!
5. Betrügt nicht euren Partner!
6. Tötet keinen Menschen!
7. Achtet den Besitz des Waisenkindes!
8. Haltet euch an abgeschlossene Verträge!
9. Tue das, wovon du Ahnung hast!
10. Lebe nicht arrogant, und sorge dich um andere!

Nach **Lamya Kaddor**

1. Fasst zusammen, was mit Mohammed am Berg Hira geschah. Erzählt von anderen Offenbarungen, die ihr kennt, zum Beispiel von Mose. Deutet auch die Zeichnung.

2. Welche Gebote des Korans könnten auch für Nichtmuslime gelten? Begründet euren Standpunkt.

3. Vergleicht in Arbeitsgruppen die abgedruckten Gebote aus dem Koran mit den Zehn Geboten aus der Bibel (siehe Seite 196). Ihr könnt diese Gebote in der Übersetzung von Martin Luther[1] vorher nochmals auf der Homepage der Evangelischen Kirche lesen. Suchwörter: Kleiner Katechismus (*https//www.ekd.de*). Jede Gruppe gestaltet anschließend ein Lernplakat mit Gemeinsamkeiten und Unterschieden. Hängt die Plakate im Klassenraum auf und vergleicht sie.

1: Zu Luther schaut auf den Seiten 208/209 nach.

Ethische Fundamente: Die fünf Säulen des Islam

Die fünf Säulen des Islam

Tahar Ben Jelloun (geb. 1944) wurde in Marokko geboren. Er lebt und schreibt in Paris. Sein Buch für Jugendliche heißt: Papa, was ist der Islam?

Im folgenden Gespräch erklärt der marokkanisch-französische Schriftsteller Tahar Ben Jelloun seiner 13-jährigen Tochter die fünf Säulen des Islam.

Die erste Regel ist die SCHAHADA, das Glaubensbekenntnis, das heißt, du musst in deinem tiefsten Innern akzeptieren, dass es nur einen Gott gibt, Allah, und dass Mohammed sein Prophet ist. Diesen Satz musst du aussprechen. Es ist der Satz, den jeder Muslim auf dem Sterbebett sagt. Man sagt dazu: Er bekennt. Er hebt den Zeigefinger der rechten Hand und sagt: „Ich bezeuge, dass es keinen Gott außer dem einen Gott gibt und Mohammed sein Prophet ist."
Kannst du das auf Arabisch sagen?
Asclihadu anna La Ilalia illa Allah, Mohammed rassul Allah.
Kann man das auch sagen, wenn man nicht stirbt?
Selbstverständlich. […]

Die zweite Regel?
DAS GEBET. Es gibt fünf Gebete am Tag: das erste zum Sonnenaufgang, das zweite, wenn die Sonne am höchsten Punkt steht, das dritte ist am Nachmittag, das vierte zum Sonnenuntergang und das letzte zur Nacht. All diese Gebete werden in Richtung Mekka verrichtet.
Muss man die Gebete genau dann verrichten, wenn der Gebetsruf erschallt?
Nein, wenn man arbeitet, wenn man keine Zeit hat, seine Waschungen zu vollziehen, kann man die Gebete zusammenlegen und am Abend verrichten. Wenn man krank ist, kann man später beten.

[…] Was ist der dritte Pfeiler?
Das ist der Fastenmonat RAMADAN, Muslime dürfen dann von Sonnenaufgang bis Sonnenuntergang einen Monat lang weder essen noch trinken. Das lehrt uns Hunger und Durst auszuhalten und prüft die Widerstandsfähigkeit gegen Versuchungen und die Fähigkeit, über das Leben und das Jenseits nachzusinnen.

Einen ganzen Monat lang soll jeder Muslim in erster Linie sich besinnen, beten und über sein Verhalten im Leben nachdenken. Das Ende des Fastenmonats wird mit einem Fest begangen, das *Id al Segir* heißt.
Darf niemand mehr essen und trinken?
Nein, Kinder, die noch nicht in der Pubertät sind, und Kranke brauchen nicht zu fasten. [...]

Der nächste Pfeiler?
Das Almosen, das man auch ZAKAT nennt. Das ist ein Teil des Geldes, das der Gläubige das Jahr über verdient hat. Er verteilt es an Arme und Notleidende. Das muss diskret verlaufen. Er darf sich nicht damit brüsten und auch nicht auf die Armen zeigen, um sie nicht zu beschämen. Allerdings ist dieses System heute überholt; doch die Leute helfen weiterhin Menschen, die in Schwierigkeiten sind.

Der fünfte Pfeiler oder das fünfte Gebot ist die Pilgerfahrt nach Mekka, auch AL HADSCHDSCH genannt. Der Muslim reist nach Mekka und Medina, um das Grab des Propheten Mohammed zu besuchen und um den Tempel der Kaaba herumzugehen, wo er versucht, den berühmten Schwarzen Stein eigenhändig zu berühren. [...]

Tahar Ben Jelloun

Die Kaaba steht im Innenhof der Heiligen Moschee von Mekka. Sie soll von Abraham und seinem Sohn Ismael nach der Zerstörung wiederaufgebaut worden sein.

1. Fasst mit eigenen Worten zusammen, welche fünf Gebote Muslime erfüllen sollen.

2. Warum ist es wichtig, Menschen zu helfen, die in Not sind? Vergleicht dieses Gebot mit dem jüdisch-christlichen Gebot der Nächstenliebe (siehe die Seiten 196, 198 und 200/201).

Tahar Ben Jelloun sagt seiner Tochter, dass sich Menschen niemals damit brüsten sollen, dass sie mehr als andere haben. Vergleicht diesen Gedanken mit dem Prinzip der jüdischen und christlichen Nächstenliebe, wie es Margot Käßmann versteht (siehe Seite 199).

Frauen im Islam

Verhülle dich nicht!

Die muslimischen Frauen müssen erkennen, dass ihre Identität nur darin bestehen kann, ihren Verstand zu entschleiern, und nicht darin, ihr Gesicht zu verschleiern.

Nach **Nawal El Saadawi**

Verhülle dich!

Sprich zu den gläubigen Frauen, sie sollen ihre Blicke senken und ihre Scham bewahren, ihren Schmuck nicht offen zeigen, mit Ausnahme dessen, was sonst sichtbar ist. Sie sollen ihren Schleier auf den Kleiderausschnitt schlagen und ihren Schmuck nicht offen zeigen, es sei denn ihren Ehegatten, ihren Vätern, [...] ihren Söhnen [...].

Koran, Sure 24, Vers 31

Nawal El Saadawi (1931–2021) wuchs in einem Dorf in Ägypten in einer armen Bauernfamilie auf. Sie musste schon als 7-Jährige ein Kopftuch tragen. Später wurde sie bekannt als Ärztin, Philosophin und Frauenrechtlerin.

Das Kopftuch gibt mir Selbstbewusstsein

Das Kopftuch ist für mich vor allem ein Dienst an Gott, da es so im Koran vorgeschrieben ist. Dabei fragen sich manche Menschen, warum es so vorgegeben ist: Das Kopftuch soll vor falschen Blicken der Männer schützen, da das Haar ein wichtiger Bestandteil der Schönheit einer Frau ist.

Doch für mich macht das Kopftuch viel mehr aus als nur das. Mit dem Kopftuch nehme ich mir die Freiheit, frei zu sein. Es verleiht mir Selbstbewusstsein und ist eine einfache, freie Glaubenshandlung. Außerdem sehe ich darin auch etwas Feministisches[1]: In den Medien wird die Frau oft zu einem Objekt der sexuellen Lust gemacht. Männer sehen Frauen und Mädchen nur als Hochglanz-Objekte und bewundern sie nur für ihre oberflächliche Schönheit, doch das möchte ich vermeiden. Ich möchte, dass die Menschen auch meine inneren Werte wahrnehmen und in erster Linie darauf achten, wer ich bin, und nicht wie ich aussehe. Frauen werden eben nicht nur durch ihr Äußeres definiert. Des Weiteren ist das Kopftuch für mich eigentlich nur ein simples Kleidungsstück, nicht wichtiger als ein Oberteil oder eine Hose und gehört somit zu meiner alltäglichen Kleidung. Doch vor allem trage ich es aus religiöser Überzeugung, denn für mich steht es als ein Symbol* des Islams. Ich bin stolz auf meine Entscheidung und auf meine Selbstbestimmung ein Kopftuch zu tragen.

Firhana, *Schülerin aus Hamburg*

1: Die Rechte von Frauen betreffend

Warum ich kein Kopftuch trage

Ich bin eine Muslima, 14 Jahre alt, und trage kein Kopftuch. Im Koran wird von Bedeckung der weiblichen Reize gesprochen. Die eigene Frömmigkeit und der Anstand eines Menschen wird im Koran jedoch viel häufiger vorgeschrieben. Das Gute zu tun und gut zu sein, ist nach meiner Meinung aber nicht vom Hidschab[1] abhängig.
Meine Familie trägt überwiegend kein Kopftuch, und mir wurde nie gesagt, dass ich es tragen soll, bzw. wurde ich nie dazu gezwungen. Jedoch kleiden wir uns anständig, indem wir unseren Körper angemessen verdecken. Auch wenn ich meine Haare nicht verdecke, wurden mir die wichtigsten Werte des Islams vermittelt: Aufrichtigkeit, Frömmigkeit, Anstand und Gottergebenheit. Für mich haben diese Werte eine größere Bedeutung als das Kopftuch.
Des Weiteren leben wir in Deutschland, wo die meisten Menschen kein Kopftuch tragen. Ich denke, es ist wichtig, sich in einer Gesellschaft anzupassen. Das heißt nicht, sich freizügig anzuziehen, wenn es die Mitmenschen auch machen. Für mich ist es jedoch am wichtigsten, dass jeder für sich selbst entscheiden kann, ob er ein Kopftuch trägt oder nicht. Es gibt viele Menschen, vor allem Männer, die die Religion ausnutzen. Sie zwingen Frauen ein Kopftuch zu tragen und wollen ihre Rechte einschränken. Dagegen bin ich! Ich kenne Menschen, die gut und anständig sind, jedoch kein Kopftuch tragen, und genauso viele, die es tun.

Hosna, *Schülerin aus Hamburg*

1: Arabisch „Hülle“, „Vorhang“ oder „Schleier“. Hidschab bezeichnet im übertragenen Sinn die Verschleierung von Frauen durch ein Kopftuch.

Wissen und Merken: Die Scharia - ein religiöses Rechtssystem

Scharia heißt übersetzt „Weg“ oder „Straße“. Für Muslime ist sie die Gesamtheit aller Regeln, die aus dem Koran und den Hadithen (siehe die Seiten 210/211) herausgelesen werden können. Die Scharia hat in denjenigen Ländern eine besondere Bedeutung, in denen das islamische Recht angewendet wird – zum Beispiel in Afghanistan, Saudi-Arabien, Iran oder Indonesien. Sie umfasst u. a. das Erb- und Familienrecht, aber auch harte Körperstrafen. Die Scharia wurde immer wieder von Gelehrten neu ausgelegt. Manche Muslime berufen sich auf bestimmte Jahrhunderte alte Auslegungen der Scharia. Sie fordern zum Beispiel, dass auch Körperstrafen wie die Steinigung[2], die aus dem 7. Jahrhundert stammen, für angebliches oder tatsächliches Fehlverhalten vollzogen werden sollen.

2: Steinigung bedeutet z. B., dass Frauen, die Ehebruch begangen haben, solange mit Steinen beworfen werden, bis sie tot sind.

1. Welchen Zweck erfüllt das Kopftuch für muslimische Mädchen und Frauen? Diskutiert über die Standpunkte von Firhana, Hosna und Nawal El Saadawi. Befragt auch Schülerinnen eurer Schule und wertet das Ergebnis aus.

2. Firhana spricht von inneren Werten. Überlegt schriftlich, was ihr darunter versteht.

3. Erarbeitet ein Kurzreferat zu Nawal El Saadawi und den Rechten von Frauen in Ägypten. Ihr findet weitere Informationen in Saadawis Buch über „Fundamentalismus gegen Frauen“ (2002).

Was meint Nawal El Saadawi damit, dass Frauen ihren Verstand entschleiern sollten? Diskutiert darüber und begründet eure Meinungen.

Kriege im Namen Gottes

Janis war plötzlich weg

Janis bewarb sich nach dem Abitur auf einer Schauspielschule in Köln. Er war begabt, ging oft mit Freunden aus und trank auch gern mal ein Bier mit seinem Vater. Doch im Sommer 2016 kam plötzlich die Wende. Er traf einen alten Schulfreund wieder und fing an, ihn in die Moschee zu begleiten. Einige Wochen später eröffnete Janis seinen Eltern, wie sehr er vom „strenggläubigen" Islam fasziniert sei. Janis' Vater gefiel überhaupt nicht, dass sein Sohn sein „altes Leben" aufgeben wollte. Denn Janis hatte bereits vom Theater kleine Rollenangebote erhalten und seiner Schauspielkarriere stand nichts mehr im Weg. Doch Janis interessierte seine Zukunft als Schauspieler plötzlich nicht mehr, obwohl dieses immer sein Traumberuf gewesen war. Er ging in den Wald zum Beten, ließ sich einen langen Bart wachsen – eines Tages war er weg.
Die Eltern erhielten im März 2017 vom IS[1] aus Syrien einen Brief, dass ihr Sohn Janis ein guter Sohn sei. Er habe im Dschihad gekämpft und sei für Allah gestorben.

1: Abkürzung für „Islamischer Staat". Es handelt sich um sog. Gotteskrieger, die mit Gewalt einen Gottesstaat auf der Grundlage der Scharia (siehe auch Seite 215) schaffen wollen.

Wissen und Merken: Dschihad – was ist das?

Dschihad bedeutet „Anstrengung". Die Muslime haben es zuerst als „an sich selbst arbeiten", „den Versuchungen, der Anziehungskraft des Bösen widerstehen" begriffen und benutzt. Dann wurde es als Schlachtruf eingesetzt, als der Prophet[2] von den Bewohnern Mekkas, die nicht an seine Botschaft glaubten, bedroht und verfolgt wurde. Nach dem Tod des Propheten breitete sich der Islam durch Kämpfe und Eroberungen aus. Im elften Jahrhundert, zur Zeit der Kreuzzüge, als die Christen gegen die Muslime in den Krieg zogen, erklärten diese den Dschihad, den Kampf gegen die Angreifer, um sich zu verteidigen.
Heute hat dieses Wort keinen Sinn mehr, denn der Islam breitet sich mit friedlichen Mitteln weiter aus, und es gibt keine wirkliche Bedrohung gegen ihn. Also gehen diejenigen, die das Wort heute benutzen, widersinnig vor. Sie sind es, die versuchen, anderen Angst und Schrecken einzujagen.

Tahar Ben Jelloun[3]

2: Mit „Prophet" ist hier Mohammed gemeint (siehe Seite 210/211).

3: Zu Tahar Ben Jelloun siehe Seite 212.

Sind „Heilige Kriege“ gute Kriege?

Unheilige Kriege: damals und heute

[…] Es gibt keinen guten Krieg, denn jeder Krieg bringt Angst, Gewalt und Zerstörung. Das gilt auch für „Heilige Kriege“. Sie wurden in der Vergangenheit von den Anhängern verschiedener Religionen geführt, die davon überzeugt waren, dass Gott dies von ihnen erwartete.

Zum Beispiel haben sich die Israeliten die Rückkehr in ihr „Gelobtes Land“ erkämpft[1]. Viele Juden sind überzeugt, dass Gott es ihnen anvertraut hat. Heute heißt das Land Israel. Dort gibt es noch immer keinen Frieden, weil auch andere Völker wie die Palästinenser es als ihr Land ansehen.

Später haben Christen Kreuzzüge geführt, weil sie ihren Glauben für den einzig richtigen hielten. In blutigen Schlachtzügen brachten sie viele Tausend Juden und Muslime auf grausame Weise um. Heute greifen fanatische Islamisten zu Waffen und Sprengstoff und wollen damit alle Andersgläubigen in einem „Heiligen Krieg“ auslöschen. Diese Terroristen verbreiten viel Angst und Leid, sind aber nur eine […] Minderheit. Alle anderen Menschen lehnen ihre Taten ab. Jeder einzelne dieser Kriegsführer behauptet, von Gott beauftragt zu sein. Tatsächlich gibt es Texte in einigen heiligen Schriften, die sich gegen Andersgläubige richten. Sie stammen aber aus einer früheren Zeit und werden heute ganz anders verstanden. Denn Krieg ist genau das Gegenteil von dem, was alle Religionen zum Ziel haben: Ein Leben in Frieden, in dem sich die Menschen mit Respekt behandeln und sich umeinander kümmern.

Wenn man genau hinsieht, gibt es auch noch viele andere Gründe für die „Heiligen Kriege“, zum Beispiel Armut und Ungerechtigkeit. Manche Menschen suchen bei religiösen Fanatikern die Anerkennung, die sie sonst nicht bekommen. Dafür begehen sie sogar Gewalttaten.

Nach **Jane Baer-Krause**

1: Damit ist die Flucht der Israeliten aus Ägypten unter Moses Führung gemeint, die in der Bibel erzählt wird: siehe Denk(t)räume wagen. Praktische Philosophie 1, Seite 177.

1. Sucht mögliche Gründe, warum Janis in den sogenannten Heiligen Krieg gezogen ist. Bezieht auch den Comic in eure Überlegungen mit ein.

2. Begründet mit Argumenten aus dem Text von Jane Baer-Krause, warum „heilige Kriege“ keine „guten Kriege“ sind.

3. Informiert euch unter *www.religionen-entdecken.de* über die Kreuzzüge gegen Juden und Muslime.

4. **Projektvorschlag:** Was heißt es für euch, andere Menschen und Religionen mit Respekt zu behandeln? Gestaltet dazu eine philosophische Talkshow*.

Widerstand braucht keine Gewalt

Der Salzmarsch

Im Hinduismus[1] hat das Prinzip der Gewaltlosigkeit eine lange Tradition. Vor diesem Hintergrund marschierte der indische Politiker und Rechtsanwalt Mahatma Gandhi[2] im Frühjahr 1930 mit 78 Gleichgesinnten in gut drei Wochen 241 Meilen von Ahmedabad nach Dandi. Er wollte mit diesem Marsch gegen eine von der britischen Besatzung erhobene, für alle Inder geltende Salzsteuer protestieren. Gandhi kritisierte, dass diese Steuer vor allem die Ärmsten träfe, weil sie einen höheren Salzbedarf als die Reichen hätten, die nicht unter der dörrenden Sonne auf den Reisfeldern arbeiten müssten. Die britische Verwaltung blieb hart, und so begann der Marsch, dem sich Tausende Inder anschlossen, begleitet von unzähligen Journalisten.

In vollständigem Schweigen marschierten die Gandhi-Leute auf und hielten etwa hundert Yards von der Einfriedung entfernt. Eine ausgewählte Schar löste sich aus der Menge, watete durch den Graben und näherte sich dem Stacheldrahtzaun […]. Plötzlich ein Kommando und Haufen von indischen Polizisten stürzten sich auf die herandrängenden Demonstranten und ließen Schläge mit ihren stahlbeschlagenen Lathis auf ihre Köpfe regnen. Nicht einer der Demonstranten erhob auch nur einen Arm, um die Schläge abzuwehren. Sie fielen um wie die Kegel. Dort, wo ich stand, hörte ich die krank machenden Schläge der Keulen auf ungeschützte Schädel. […] Die Niedergeschlagenen fielen mit ausgebreiteten Armen hin, bewusstlos oder sich krümmend mit gebrochenen Schädeln oder Schultern […]. Da gab es keinen Kampf, kein Handgemenge, die Demonstranten marschierten einfach vorwärts, bis sie niedergeschlagen wurden. […]
Das dauerte stundenlang, das dauerte tagelang. In diesem Satyagraha[3] verlor England das Gesicht. Es zeigte sich, dass seine Macht nicht unüberwindlich war und dass der Tag kommen würde, wo es die Regierung in die Hände derer würde abgeben müssen, die sich ohne Widerstand zu leisten seinen Stockschlägen stellten. Die Geschlagenen wurden die Sieger.

Heimo Rau

1: Der Hinduismus entstand vor ungefähr 3000 Jahren und gehört zu den ältesten Religionen der Welt. Es gibt aktuell etwa eine Milliarde Hindus, davon leben mindestens 90 Prozent in Indien.

2: Mahatma Gandhi (1869–1948) wurde im indischen Gujarat geboren. Er studierte in London Jura und wurde Politiker. Jahrelang kämpfte er gewaltlos für Indiens Unabhängigkeit. Im Jahr 1948 wurde Gandhi von einem fanatischen nationalistischen Hindu erschossen.

3: Moralische Grundhaltung der Gewaltlosigkeit

Aimsha: Wir dürfen nichts zerstören

Ich glaube, dass der Mensch, da ihm nicht gegeben ist, etwas zu erschaffen, nicht das Recht hat, auch nur die kleinste Kreatur, die da lebt, zu zerstören. Das Vorrecht der Vernichtung gehört einzig und allein dem Schöpfer alles Lebendigen. Ich nehme gerne die Auslegung vom *Aimsha* [Nicht-Gewalt] an, der zufolge *Aimsha* nicht bloß einen negativen Zustand bedeutet, nämlich Unfähigkeit, Böses zu tun, sondern einen positiven Zustand, das heißt Liebe zu erweisen und Gutes zu tun, sogar dem Missetäter. Doch bedeutet es nicht, den Übeltäter in seinem ungerechten Tun zu unterstützen oder es in schweigender Duldung hinzunehmen. Im Gegenteil, die Liebe als aktive Qualität von *Aimsha* verlangt, dem Übeltäter zu widerstehen, mag es ihn auch beleidigen oder seelisch oder körperlich treffen.
Fünf einfache Axiome[1] der Gewaltfreiheit, wie ich sie verstehe, sind:

1. Gewaltfreiheit schließt eine so völlige Selbstläuterung in sich, wie sie nur menschenmöglich ist.
2. Mensch für Mensch steht die Stärke der Gewaltfreiheit in genauem Verhältnis zu der Fähigkeit – nicht dem Willen – der gewaltfreien Person, Gewalt anzutun.
3. Gewaltfreiheit ist ausnahmslos der Gewalt überlegen, das heißt die einer gewaltlosen Person zu Gebote stehende Macht ist stets größer als jene, die er besäße, wenn er Gewalt anwendete.
4. Bei Gewaltfreiheit gibt es nicht so etwas wie Niederlage. Das Ziel der Gewalt ist sicherste Niederlage.
5. Das letzte Ziel der Gewaltfreiheit ist sicherster Sieg – wenn sich ein solcher Begriff bei Gewaltfreiheit anwenden lässt. In Wirklichkeit gibt es da, wo es keine Vorstellung von Niederlage gibt, auch keine Vorstellung von Sieg.

Mahatma Gandhi

1: Ein Grundsatz, der ohne Wenn und Aber als richtig erkannt wird

In Berlin gibt es ein zweisprachiges Informationszentrum über Mahatma Gandhi und seinen gewaltlosen Einsatz für Frieden: *www.nonviolent-resistance.info*

1. **Projektvorschlag:** Recherchiert im Internet weitere Einzelheiten zum Salzmarsch und haltet dazu Kurzreferate.
2. Überlegt, warum der gewaltlose Widerstand Gandhis zu einem so großen weltweiten Interesse und schließlich zur Unabhängigkeit Indiens geführt hat.
3. Deutet den Gedanken Gandhis, dass Aimsha sowohl einen negativen als auch einen positiven Zustand beschreibt.
4. Formuliert die fünf Axiome der Gewaltfreiheit in eigenen Worten und diskutiert über ihre Wirkungen. Welches Axiom haltet ihr für das wichtigste?

Stellt in Kleingruppen einen eigenen Katalog von Axiomen der Gewaltfreiheit zusammen und stellt ihn der gesamten Lerngruppe zur Diskussion.

Buddha und die Überwindung des Bösen

Chat

1: Es gibt ca. 500 Millionen Buddhisten auf der Welt.

Sumni: Hallo Freunde! Ich möchte euch von meiner kleinen Schwester Nuri erzählen, die letzte Woche weinend zu mir kam. Sie war verzweifelt, denn sie hatte einer Freundin aus Neid das Armband geklaut. Nun hatte sie ein schlechtes Gewissen und wusste nicht, wie sie ihre Tat wiedergutmachen könnte. Sie hatte Angst vor dem schlechten Karma, das auf sie zukommen würde – diese Vorstellung ist unter uns Buddhisten[1] ähnlich verbreitet wie bei den Hindus. So erzählte ich ihr diese Geschichte:

Der Räuber Angulimala

Das Leben des Buddha Gautama

- Als Siddharta Gautama 450 v. Chr. in Nepal geboren
- Führte im Palast des Vaters ein luxuriöses Leben
- Erkannte, dass das Leben mehr Leiden als Freude mit sich bringt
- Verließ mit 29 Jahren den Palast, um durch Askese und Einsamkeit den Lebenssinn zu finden
- „Erwachte" und erlangte mit 35 Jahren die „ewige Weisheit", meditierend unter einer Pappelfeige (Baum der Weisheit); wurde damit zum „Buddha" (zum Erwachten)

Zu Buddhas Zeiten lebte ein grausamer Räuber namens Angulimala. Er überfiel zahlreiche Menschen, raubte sie aus und tötete sie.

Eines Tages ging Buddha in den Wald, in dem der Räuber lebte. Als der Räuber den Buddha kommen sah, nahm er sein Schwert und folgte dem Erwachten. Der Buddha ging gemächlich und der Räuber folgte ihm schnell, um ihn einzuholen, doch er kam dem Buddha nicht näher. Also rief er: „Bleib stehen, Mönch, bleib stehen!" Der Buddha antwortete: „Ich stehe fest für immer, denn ich werde weder von Hass noch von Verlangen getrieben. Du aber wirst von Hass und Begehren getrieben. Deswegen stehst du niemals still."

Diese Worte berührten den Räuber tief. Er erkannte, dass er den falschen Weg eingeschlagen hatte und versprach, dass er sich ändern wolle. Der Buddha nahm ihn in seine Gemeinschaft auf und so wurde der Räuber ein Mönch und ging mit dem Buddha in ein Kloster.

Inzwischen hatte sich herumgesprochen, dass der berüchtigte Räuber im Kloster lebte, und die Menschen gingen voll Angst zum König. Da zog der König mit vielen Kriegern los, um den Räuber festzunehmen. Der König glaubte nicht, dass sich ein derart böser Mensch von Grund auf ändern könnte. Doch Angulimala erzählte ihm seine Geschichte und schließlich war dieser von der Bekehrung überzeugt und er sagte zum Buddha: „Ihr habt nicht nur das Böse überwunden, sondern ihr habt es verwandelt, so dass es gut geworden ist. Das ist der höchste Sieg."

Schließlich erreichte Angulimala die Erleuchtung.

Doch als Angulimala eines Tages unterwegs war, wurde er von Leuten, die ihn von früher kannten, aus Wut schwer verletzt. Mit letzter Kraft schleppte er sich zum Kloster, wo er starb und in das Reich ohne Geburt und Tod einging.

Der Buddha erklärte: „In den vergangenen Zeiten vollbrachte er alle diese bösen Taten, weil er die Lehre von der Wahrheit nicht kannte. Doch er verwandelte die Folgen seiner bösen Taten durch gute Taten und wurde dadurch erlöst."

Nacherzählt von **Helen Oppen**

Ethische Regeln im Buddhismus

Wenn wir eine Erfahrung – sei sie angenehm oder unangenehm – einfach als das nehmen, was sie ist, dann verursacht sie kein Leid. Wenn wir Trauer empfinden, ohne ein Ende dieses Zustands herbeizusehnen, dann können wir diese Trauer spüren, ohne unter ihr zu leiden. Und wenn wir Freude empfinden, ohne uns nach immer […] intensiverer Freude zu sehnen, dann können wir diese Freude erleben, ohne dabei unseren inneren Frieden zu verlieren.
Aber wie schaffen wir es, die Dinge so zu akzeptieren, wie sie sind? […] Dazu entwickelte Gautama eine Reihe von Meditationstechniken, die uns helfen sollen, uns auf eine einzige Frage zu konzentrieren: „Was spüre ich in diesem Moment wirklich?“ und nicht auf die Frage: „Was würde ich in diesem Moment lieber spüren?“ […]
Gautama verankerte diese Meditationstechniken in einer Reihe von ethischen Regeln, die es den Menschen erleichtern sollen, sich auf die Wirklichkeit zu konzentrieren statt sich Fantasien und Wunschdenken [dem Begehren] hinzugeben. […] Wenn das Feuer des Begehrens erloschen ist, tritt an dessen Stelle ein Zustand völliger Ruhe und Gelassenheit, der als Nirwana bezeichnet wird (Nirwana bedeutet wörtlich „das Erlöschen des Feuers“). Wer das Nirwana erreicht, lässt alles Leid hinter sich und erkennt die Wirklichkeit […] ohne jedes Wunschdenken. […] Unangenehme Erfahrungen verursachen kein Leid mehr. Ein Mensch, der nichts begehrt, kann nicht leiden.

Nach **Yuval Noah Harari**[1]

Buddhisten glauben, ähnlich wie Hindus, an das ewig gültige (kosmische) Gesetz des Karmas. Demnach folgt aus den Handlungen, die ein Mensch begeht, entweder ein gutes oder ein schlechtes Karma.

1: Yuval Noah Harari (geb. 1976) lehrt Geschichte an der Hebräischen Universität in Jerusalem. In seinem Buch „Eine kurze Geschichte der Menschheit“ beschäftigt er sich auch mit den großen Weltreligionen. Das Buch wurde in 40 Sprachen übersetzt.

Buddhas Lebensweisheit – der achtfache Pfad

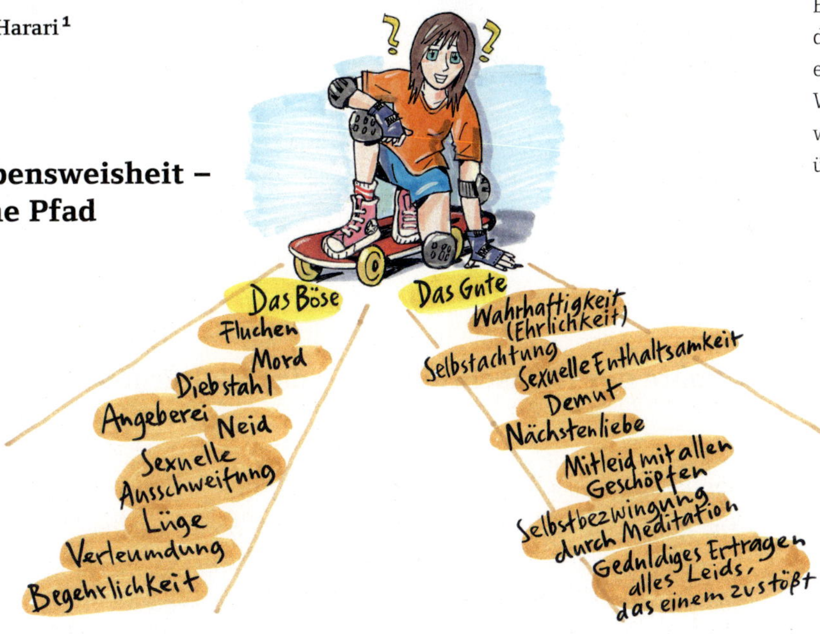

1. Diskutiert darüber, ob es möglich ist, dass sich eine Person so wandeln kann wie der Räuber Angulimala.

2. Informiert euch über die Karma-Lehre und bewertet das Zitat von Buddha „Doch er verwandelte die Folgen seiner bösen Taten durch gute Taten“. Begründet, ob ihr einen solchen Ausgleich für möglich haltet.

3. Interpretiert die ethischen Regeln des Buddhismus und diskutiert, ob der achtfache Pfad ein Weg zur Erleuchtung sein kann.

Deutet Buddhas Gedanken, dass ein Mensch, der nichts begehrt, auch nicht leiden kann. Positioniert euch dazu und begründet euren Standpunkt.

Haben Religionen einen gemeinsamen Kern?

Gebote der Menschlichkeit – das Weltethos

1989 erhielt der Schweizer Theologe Hans Küng von der UNESCO den Auftrag, eine Konferenz mit dem Titel „Kein Weltfriede ohne Religionsfriede“ zu organisieren. Daraus entwickelte sich ein „Parlament der Weltreligionen“, das versucht, einen gemeinsamen ethischen Kern aller großen Religionen herauszufinden.*

Haben die Religionen nicht total verschiedene und untereinander widersprüchliche theoretische und praktische Konzepte anzubieten? Unterschiede sowohl in ihren Lehren und Schriften wie in ihren Glaubenspraktiken und Institutionen wie schließlich auch in ihrer Ethik* und Disziplin? Die Angehörigen der verschiedenen Religionen wissen meist nur zu gut voneinander, worin sie gerade in der Praxis nicht miteinander übereinstimmen. Christen etwa wissen, dass Muslime

und Buddhisten sich des Alkohols in jeder Form enthalten sollen; diese wiederum wissen in der Regel, dass Alkohol bei den Christen erlaubt ist. Juden und Muslime wissen, dass Christen Schweinefleisch essen dürfen; diese aber wissen, dass Schweinefleisch bei Juden und Muslimen als unrein gilt. [...].
Ob aber die Angehörigen der verschiedenen Religionen auch ebenso gut um das wissen, was ihnen in ihrem ethischen Kern gemeinsam ist? [...]
So gibt es außer der Nächstenliebe fünf große Gebote der Menschlichkeit, die in allen Weltreligionen gelten: nicht töten, nicht lügen, nicht stehlen, den Partner nicht betrügen, die Eltern achten und die Kinder lieben. Diese Gebote mögen für viele allgemein klingen. Aber wie viel müsste sich ändern und sollte sich ändern, wenn etwa nur das Gebot „Du sollst nicht stehlen“ überall auf der Welt angewandt würde?
Nach **Hans Küng**[2]

2: Hans Küng 1928–2021) war Theologe, Priester, Hochschullehrer und Begründer des Projekts „Weltethos“ – hier vor dem Parlament der Weltreligionen in Barcelona, 2004.

Wissen und Merken: Worauf gründet sich das Projekt Weltethos?

Die Idee des Weltethos geht auf den Theologen Hans Küng zurück. Er stellte fest, dass alle Weltreligionen grundlegende Werte- und Moralvorstellungen teilen, zum Beispiel Gewaltlosigkeit, Gerechtigkeit oder die Goldene Regel[2]. Diesen „Wertekanon“ nannte Küng „Weltethos“. Um ein friedliches Zusammenleben zu ermöglichen, braucht eine Gesellschaft gemeinsame Grundwerte, Normen und Maßstäbe, an die sich ihre Angehörigen immer wieder erinnern müssen. Darum verfasste Hans Küng 1990 eine Programmschrift zu seinem „Projekt Weltethos“ – ihr Ziel ist der friedliche Dialog der Religionen.
1993 unterzeichneten Repräsentanten aller Weltreligionen auf einer Tagung des Parlaments der Weltreligionen die „Erklärung zum Weltethos“. Dieses „Parlament“ gibt es seit 1893. In ihm sind einflussreiche religiöse Führungskräfte vertreten, darunter der Dalai-Lama. Die 1995 gegründete Stiftung Weltethos will in allerlei Projekten die Werte des Weltethos fördern.

2: Der chinesische Philosoph Konfuzius* soll um 500 v. Chr. als Erster die Goldene Regel formuliert haben, die in fast allen Weltreligionen zu finden ist: „Was du selbst nicht wünschst, das tue auch nicht anderen an.“

1. Sucht im Anschluss an den Text von Hans Küng in Kleingruppen weitere ethische Gemeinsamkeiten der euch bekannten Religionen und haltet sie in einer Tabelle fest; bezieht dabei die schon erarbeiteten Doppelseiten zu den Weltreligionen mit ein. Findet ihr auch wichtige Unterschiede?

2. Beantwortet die letzte Frage aus dem Text in den Zeilen 16/17 von Seite 223). Schreibt dazu kleine Geschichten und lest sie einander vor.

3. Recherchiert im Internet zu den Begriffen „Weltethos“ und „Parlament der Weltreligionen“, zum Beispiel unter: *www.religionen-entdecken.de* oder *www.weltethos.com*

4. Diskutiert darüber, ob und warum das „Projekt Weltethos“ nach Hans Küng für unsere heutige Gesellschaft besonders wichtig ist.

Erklärt euch gegenseitig, was die Goldene Regel vom Einzelnen verlangt und tauscht euch darüber aus, warum sie in fast allen Weltreligionen ein Maßstab für das menschliche Handeln ist.

Wissen und Können: Ethische Grundsätze in Religionen

Das kann ich: Begriffe erklären und zuordnen

Regeln im Buddhismus
Zehn Gebote
Allah
Prophet
Projekt Weltethos
Ethik
Bergpredigt
Dschihad
Achtfacher Pfad
Fisch
Evangelische Kirche
Gott
Aimsha
Fünf Säulen des Islam
Gewissen
Holocaust
Adonaj
Heilige Kriege
Religionen
Werke
Kaaba
Katholische Kirche
Klöster
Kreuz
Kopftuch
Koran
Reich Gottes
Feindesliebe
Neues Testament
Glaube
Schabbat
Torah
Ablass
Nächstenliebe
Spuren
Sunna
Karma
Scharia
Gewaltverzicht

1. Bildet Arbeitspaare oder Kleingruppen und ordnet die Begriffe den verschiedenen Weltreligionen zu: Judentum, Christentum, Islam, Hinduismus, Buddhismus. Erklärt dabei die Begriffe.[1]

2. Anschließend nehmt ihr eine Zuordnung der folgenden Persönlichkeiten zu den fünf genannten Religionen vor und begründet sie mit eurem Wissen über diese Personen: Buddha Gautama, Mahatma Ghandi, Martin Luther, Jesus, Hans Küng, Mechthild von Magdeburg, Mohammed, Mose, Edith Stein.

Versucht möglichst viele der obenstehenden Begriffe den in Aufgabe 2 genannten Persönlichkeiten zuzuordnen. Erklärt bei den übrigbleibenden Begriffen, weshalb eine Zuordnung nicht möglich ist.

1: Wenn du bei der Erklärung eines Begriffs unsicher bist, kannst du im Anhang unter „Hilfen und Tipps“ (Seiten 226/227) nachschlagen, auf welcher Kapitelseite der Begriff im Mittelpunkt steht. Bearbeite diese Seite dann nochmals – am besten mit einer Partnerin oder einem Partner.

Das kann ich: Stellung nehmen und argumentieren[2]

- zur Frage, warum Religionen im Leben vieler Menschen eine wichtige Rolle spielen (siehe die Seiten 194/195).
- zur Frage, ob die Zehn Gebote bis heute eine Richtschnur für das Handeln von (auch nicht-religiösen) Menschen sein können (siehe die Seiten 196/197 und 202/203).
- zur Frage, inwieweit die Forderungen Jesu zu unbedingtem Gewaltverzicht und zur Feindesliebe in unserer Welt umsetzbar sind (siehe die Seiten 200–203).
- zur Frage, ob ein abgeschiedenes und Gott gewidmetes Leben im Kloster heute noch eine angemessene Lebensform sein kann (siehe die Seiten 204/205).
- zur Frage, ob das Kopftuch für muslimische Mädchen und Frauen ein angebrachtes Kleidungsstück ist (siehe die Seiten 214/215).
- zur Frage, weshalb im Namen von Religionen immer wieder Gewalt angewendet und Kriege geführt werden (siehe die Seiten 216/217).
- zur Frage, ob die großen Religionen genügend ethische Gemeinsamkeiten haben, um für alle Menschen auf der Welt den Frieden und eine gerechte Zukunft voranzubringen (siehe die Seiten 222/223).
- zur Frage, ob man, einmal angenommen es gäbe Gott, bei ihm eher durch den Glauben oder eher durch gute Taten Anerkennung findet (siehe die Seiten 202/203 und 208/209).
- zur Frage, welcher ethisch-religiöse Grundsatz der wichtigste ist.
- zur Frage, ob man auch ohne Religion ein moralischer Mensch sein kann.

2: Suche dir ein oder zwei dich interessierende Fragen aus und schreibe eine Stellungnahme dazu. Stütze deine Meinung durch Argumente und gehe auf Positionen ein, die du kennengelernt hast. Hinweise zum Abfassen von Stellungnahmen bzw. Erörterungen findest du im Anhang, Seite 233 (Eine Erörterung / einen Essay verfassen).

Das probiere ich aus: Martin Luthers Wege erforschen

Im Jahre 1483 beginnt in dem Städtchen Eisleben Luthers Lebensweg. Mit fünf Jahren geht er zur Schule, erst nach Mansfeld, später auch nach Eisenach. Von dort geht er zum Studieren nach Erfurt. Wenn Martin seine Eltern in Mansfeld besuchen will, ist er, immer noch zu Fuß natürlich, mehrere Tage unterwegs. Auf einem dieser Wege gerät er auf einem Feld in ein schweres Gewitter und verspricht Gott, ein Mönch zu werden, wenn er es überlebt. Er überlebt und tritt, obwohl er eine aussichtsreiche Karriere als Jurist vor sich hat, in den Augustinerorden ein, wo er täglich betteln gehen muss. Im Auftrag seines Ordens reist er einmal sogar nach Rom, auch wieder größtenteils zu Fuß. Später als Professor der Theologie in Erfurt besucht er Städte wie Augsburg, Worms oder Wittenberg. Da kann er aber mit einer Kutsche fahren.

Am Ende seines bewegten und Vieles bewegenden Lebens wird Martin Luther in der Kirche begraben, in der er mit dem Anschlag seiner 95 Thesen gegen den Ablass die Reformation in Deutschland ins Rollen gebracht hatte – in der Schlosskirche zu Wittenberg. Viele Lutherwege gibt es, insgesamt 900 km lang – Wanderwege, die Orte miteinander verbinden, an denen Luther Spuren hinterlassen hat.

1. Recherchiert unter *www.lutherweg.de*, was Luther auf dem einen oder anderen Weg erlebt hat. Sucht euch einen besonderen Weg aus und erzählt dazu eine Geschichte.

2017 wurde weltweit das 500-jährige Reformationsjubiläum gefeiert. Überlegt, warum die Reformation auch für unser Leben heute eine große Bedeutung hat. Recherchiert unter *www.luther2017.de*. Ihr könnt auch das Buch „Martin Luther“ von Maja Nielsen lesen, erschienen 2016 im Gerstenberg Verlag in Hildesheim.

Anhang:

Hilfen und Tipps

Wo steht etwas zu welchem Begriff?

Anhang: Minilexikon

1: Informationen zu weiteren wichtigen Personen findet ihr in den Kapiteln dieses Schulbuchs in zahlreichen Randspalten-Einträgen.

Wichtige Personen[1]

Arendt, Hannah (1906–1975)
war eine aus Deutschland stammende amerikanische Philosophin und Politikwissenschaftlerin, die in Hannover geboren wurde. Wegen ihrer jüdischen Herkunft flüchtete sie 1933 zunächst nach Frankreich und ab 1940 in die USA. Dort wurde sie Professorin und befasste sich in ihren Schriften besonders mit der Erforschung der Nazi-Zeit und dem Stellenwert politischen Handelns.

Aristophanes (ca. 444–385 v. Chr.)
war ein griechischer Komödiendichter aus Athen. Viele seiner Stücke wie zum Beispiel „Lysistrata" oder „Die Wolken" werden auch heute noch auf Bühnen gespielt.

Augustinus (354–430)
gilt als der bedeutendste Kirchenlehrer der Spätantike. Seine bekannteste Schrift sind die „Bekenntnisse" (*Confessiones*), in der Augustinus u. a. seine Bekehrung zum Christentum beschreibt. Später wurde er Bischof von Nordafrika. Als Philosoph ging er davon aus, dass die Seele des Menschen durch göttliche Erleuchtung zur Erkenntnis der Welt fähig ist.

Bacon, Francis (1561–1626)
war ein in London geborener englischer Philosoph und Staatsmann. Für ihn war die systematische Erfassung der Natur die einzig sichere Erkenntnisquelle, wodurch er zu einem wichtigen Wegbereiter der neuzeitlichen Naturwissenschaften wurde. Zweck der Naturerkenntnis war für ihn die Herrschaft über die Natur. In seinem unvollendet gebliebenen Roman „Nova Atlantis" beschreibt er einen technisch perfekten Zukunftsstaat, der dieser utopischen Vision entspricht.

Die Beatles
waren eine britische Rockband der 1960er Jahre, die sich 1970 aufgelöst hat. Die Gruppe verkaufte schätzungsweise über 1 Milliarde Tonträger. Zu ihren Mitgliedern gehörten John Lennon (1940–1980), George Harrison (1943–2001), Ringo Starr und Paul McCartney, der auch heute noch als Solomusiker auftritt. „All you need is love" (Seite 36) war einer ihrer bekanntesten Songs.

Goethe, Johann Wolfgang (1749–1831)
war der bis heute wohl berühmteste deutsche Dichter, der zahlreiche Gedichte, Balladen, Dramen sowie Romane schrieb und auch als Zeichner und Naturforscher in Erscheinung trat. Daneben wirkte er jahrelang als Minister in Weimar. In späteren Jahren verband ihn eine tiefe künstlerische Freundschaft mit dem Dichter Friedrich Schiller. In der Kunst sah Goethe die Möglichkeit, eine eigene Welt des schönen Scheins neben oder in die Realität zu stellen, die das Leben erst lebenswert macht.

Huxley, Aldous (1894–1963)
war ein britischer Schriftsteller. Sein bekanntestes Werk ist der 1932 erschienene Roman „Schöne neue Welt" (Brave new World). Im Sinn einer Dystopie kritisiert er dort den Missbrauch wissenschaftlicher Errungenschaften und zeigt, dass die Wissenschaft zwar Kriege und Hungersnöte besiegen, aber auch zur Versklavung des Menschen und zur Unterdrückung jeglicher Kreativität führen kann. Huxley wanderte 1937 in die USA aus.

Mill, John Stuart (1806–1873)
war ein britischer Philosoph und Vertreter des Utilitarismus. Nach dieser ethischen Theorie werden Handlungen als moralisch gut beurteilt, wenn sie überwiegend positive Folgen für die Mehrheit der Beteiligten haben (das größte Glück für die größte Anzahl der Menschen). Mill setzte sich auch für die Meinungsfreiheit ein und schrieb gemeinsam mit seiner Frau, der Philosophin Harriet Taylor-Mill, ein Buch über Frauenemanzipation.

Modersohn-Becker, Paula (1876–1907)
wurde in Dresden geboren. Sie lebte und arbeitete als Malerin in der ländlichen Künstlerkolonie Worpswede bei Bremen. In ihrem kurzen Künstlerleben – sie starb nach der Geburt ihrer Tochter Mathilde – hinterließ sie 750 Gemälde und über 1000 Zeichnungen, darunter viele Kinderporträts und Landschaftsgestaltungen.

Orwell, George (1903–1950)
war ein englischer Schriftsteller und Journalist. Bekannt wurde er besonders durch seine dystopische Fabel „Farm der Tiere" (Animal Farm, 1845), in der er auf satirische Weise den Kommunismus in der damaligen Sowjetunion kritisierte. Sein 1949 erschienener Roman „1984" machte ihn weltberühmt. Er beschreibt eine düstere Zukunftsvision von einem totalitären Staat, in dem die Menschen umfassend kontrolliert und unerwünschte Gedanken schon vorbeugend durch eine eingeschränkte Sprache verhindert werden.

Rawlinson, Graham (geb. im 20. Jh.)
ist ein englischer Sprachwissenschaftler, der in seiner Doktorarbeit von 1976 nachwies, dass die Reihenfolge der Buchstaben für das Erkennen von Wörtern und ihrer Bedeutung nur eine begrenzte Rolle spielt.

Schweitzer, Albert 1875–1965)
war Philosoph, Theologe, Arzt und Musiker. Den größten Teil seines Lebens verbrachte er in Afrika. Er gründete und führte dort als „Urwaldarzt" ein Krankenhaus in Lambaréné, mit dem er der armen einheimischen Bevölkerung mit der westlichen Medizin helfen wollte. Er veröffentlichte auch theologische und philosophische Schriften, in denen er das Recht aller Lebewesen auf Unversehrtheit begründete und Menschen, die leichtfertig Tiere töten, als gedankenlos kritisierte. 1953 erhielt er den Friedensnobelpreis.

Wichtige Begriffe

Aufklärung
kommt von dem Begriff der Klarheit (engl. *enlightenment*) und meint, dass nach einer Epoche der Dunkelheit, des Aberglaubens und der Unwissenheit im Mittelalter ab dem 17. Jahrhundert ein Zeitalter des eigenen Denkens und des wissenschaftlichen Fortschritts begann. Der Philosoph Immanuel Kant (1724–1804) forderte die Menschen auf, sich ihres eigenen Verstandes zu bedienen und nicht blind auf Autoritäten wie die Kirche oder Regierungen zu vertrauen. Berühmte Aufklärungsphilosophen waren neben Kant der französische Denker Voltaire (1694–1778) und der Schweizer Philosoph Jean-Jacques Rousseau (1712–1878), der sich für Bildung bereits ab dem Kindesalter einsetzte.

Begine
waren eine religiöse Frauengemeinschaft, die nicht im Kloster lebte. Sie legten kein Gelübde ab und kamen aus verschiedenen gesellschaftlichen Ständen. Zu ihnen gehörten Adlige wie Mechthild von Magdeburg (siehe Seite 205), Frauen aus dem Bürgertum, Witwen und sogar verheiratete Frauen. Beim Eintritt in die Gemeinschaft verpflichteten sie sich zur sexuellen Enthaltsamkeit und zu einem asketischen, d. h. ärmlichen Lebensstil.

Empathie
meint die Fähigkeit und Bereitschaft, sich in andere Menschen hineinzuversetzen, um ihre Empfindungen, Gefühle und Gedanken zu verstehen und nachzuerleben. Ein verwandter Begriff ist der des Mitgefühls. Voraussetzung von Empathie ist die Annahme, dass die meisten Menschen in vergleichbaren Situationen ähnliche Gefühle und Gedanken entwickeln. Ihre Grundlage ist die Fähigkeit, Gefühle und Gedanken bei sich selbst wahrzunehmen.

Ethik
wird von dem griechischen Wort *ethos* abgeleitet, was auf Deutsch so viel wie „Gewohnheit", „Sitte" oder „Regel" bedeutet. Die Ethik oder auch Moralphilosophie ist eine wichtige Disziplin der Philosophie. Sie beschäftigt sich mit der Frage nach dem moralisch guten Handeln, das durch Werte und Normen bestimmt wird: Ist es beispielsweise moralisch gut, andere Menschen zu belügen?
Ein weiterer Aspekt der Ethik ist die Frage nach dem guten Leben, die der griechische Philosoph Aristoteles (384–322 v. Chr.) als erster Philosoph systematisch zu beantworten versuchte: Welche Merkmale hat ein gutes Leben und wie kann ich es erreichen?

Evolution
meint die allmähliche Entwicklung des Lebens auf der Erde zu immer höheren Formen nach den Prinzipien von natürlicher Selektion und Mutation. Nach dem Begründer der modernen Evolutionstheorie, Charles Darwin, überleben nur die Lebewesen, die sich am besten an sich verändernde Umweltbedingungen anpassen können (Selektion); diese Anpassung geschieht durch zufällige Mutationen, d. h. durch geringe Veränderungen im Erbgut eines jeden neu geborenen Lebewesens, die an die nächste Generation weitergegeben werden, wenn sie einen Überlebensvorteil darstellen. Nach den Vertretern der Evolutionstheorie sind natürliche Selektion und Mutation für die Vielfalt der heute auf der Erde lebenden Arten verantwortlich.

Futorologie
Ist eine Zusammensetzung aus dem lateinischen *futurum* und dem altgriechischen *logos*. Sie bezeichnet die wissenschaftliche Erforschung möglicher oder wahrscheinlicher zukünftiger Entwicklungen auf technischem, wirtschaftlichem und gesellschaftlichem Gebiet. Die *Zukunftsforschung* entstand nach dem Zweiten Weltkrieg in den USA, wird aber heute auch in Europa betrieben. Genutzt werden sowohl spekulierende Prognosen aus dem Bereich der Science-Fiction als auch mathematische Modelle und Computersimulationen zur Berechnung zukünftiger Entwicklungen.

Hebräische Bibel
auch *Tanach* genannt, ist eine Sammlung heiliger Schriften des Judentums. Sie besteht aus den drei Teilen *Torah* (Weisung), *Propheten* und übrige *Schriften*. Alle drei Teile umfassen insgesamt 24 in hebräischer Sprache verfasste Bücher. Das Christentum hat alle Bücher der Hebräischen Bibel übernommen und – in etwas anderer Anordnung – als *Altes Testament* in seinen Kanon der heiligen Schriften aufgenommen.

Hypothese(n)
sind widerlegbare Vermutungen, die besonders in den Naturwissenschaften dazu dienen, zu vorläufig gesichertem Wissen zu gelangen. Zu diesem Zweck muss eine naturwissenschaftliche Hypothese nach dem Wissenschaftstheoretiker Karl R. Popper (1902–1994) so formuliert sein, dass sie „an der Wirklichkeit scheitern kann"; d. h., sie muss durch Daten, die in Experimenten erhoben werden, überprüft und als falsch erwiesen werden können. Gelingt das nicht, gilt sie als vorläufig wahr.

Künstliche Intelligenz (KI)
engl. *artificial intelligence*, ist ein Teilgebiet der Informatik, das sich mit der Automatisierung intelligenten Verhaltens und mit maschinellem Lernen beschäftigt. Eine genaue Definition ist schwierig, weil schon bei Menschen unklar ist, was Intelligenz genau meint. Häufig meint der Begriff eine bloß nachgeahmte Intelligenz, wobei durch bestimmte Algorithmen (festgelegte Schrittfolgen) intelligentes Verhalten von Menschen simuliert wird, etwa in Computerspielen.
Diese sog. schwache KI ist auf bestimmte Teilbereiche (zum Beispiel Schachspiel) beschränkt, kann in diesen die menschliche Intelligenz allerdings sogar übertreffen. Starke KI würde hingegen in verschiedenen Bereichen auf dem mindestens gleichen Niveau wie das menschliche Gehirn arbeiten und auch selbstständig Entscheidungen treffen und Probleme lösen (sog. *Deep Learning*). Obgleich es dazu schon Ansätze gibt (humanoider Roboter *Sophia*, *Sprachprogramm GPT-3*), ist unklar, ob es überhaupt möglich ist, eine solche Intelligenz zu entwickeln, und wenn ja, in welchem Zeitraum.

Märtyrer
Der Begriff kommt aus dem Altgriechischen und bedeutet „Zeuge" oder „Zeugnis". Märtyrer sind Menschen, die wegen des Bekenntnisses zu ihrem Glauben Verfolgung, Leid und sogar den gewaltsamen Tod in Kauf nehmen. Dieses Schicksal erlebte in der Antike eine Reihe von Christen, die in der katholischen Tradition oft als Heilige gelten.
In der philosophischen Tradition verwendete besonders der griechische Philosoph Epiktet (50–135 n. Chr.) diesen Begriff. Er forderte, dass ein Philosoph um der Wahrheit willen auch einem Herrscher widersprechen und dafür sogar den Tod erdulden müsse.

Moral
Die Wurzel des Begriffs „Moral" bildet das lateinische Wort *mos*. Es bedeutet auf Deutsch „Gewohnheit" oder „Sitte". Damit ist gemeint, dass sich die Menschen in ihren Handlungen nach bestimmten Handlungsnormen (Sitten) richten sollen. Im Gegensatz zum Handeln nach Gesetzen, etwa aus Angst vor Strafe, beruhen moralische

Handlungen auf inneren Überzeugungen.
Die Philosophin Annemarie Pieper (siehe Seite 180) ist der Ansicht, dass verschiedene Gemeinschaften von Menschen für ihr Handeln unterschiedliche Werte und Normen festlegen. Insofern gibt es beispielsweise eine (Gruppen)-Moral der Inuit [Volksgruppen in Kanada und Grönland] oder eine Moral in einer bestimmten Familie. Ob bestimmte Werte wie das Verbot zu lügen oder eine altruistische Einstellung universal, d. h. überall als moralisch gelten, untersucht die Ethik*.

Nobelpreis
wird seit 1901 jährlich auf den Gebieten der Physik, Chemie, Medizin, Literatur und für Friedensaktivitäten von der Schwedischen Akademie der Wissenschaften in Stockholm und vom norwegischen Nobelkomitee in Oslo (Friedensnobelpreis) vergeben. Mit dem Nobelpreis werden weltweit Menschen ausgezeichnet, die mit ihren Forschungen oder ihrem Engagement der Menschheit großen Nutzen gebracht haben. Der Preis wurde von dem schwedischen Erfinder des Dynamits Alfred Nobel (1833–1896) gestiftet. Deutsche Nobelpreisträger waren u. a. Albert Einstein für Physik (1921), Heinrich Böll und Peter Handke für Literatur (1972, 2019) sowie Willy Brandt für sein Engagement für Frieden (1971).

Symbol(e)
wird von dem griechischen Wort *sýmbolon* abgeleitet, das auf Deutsch Erkennungszeichen oder Merkmal bedeutet. Ein Symbol ist ein bildhaftes anschauliches Zeichen für einen Gegenstand oder einen Vorgang. Es fasst mehrere typische Eigenschaften dieses Gegenstandes oder Vorgangs als Sinnbild zusammen. Symbole lassen sich in Gruppen unterteilen: religiöse Symbole wie das Kreuz (siehe Seite 201), Symbole im Märchen, zum Beispiel Zauberdinge, oder Symbole des Alltags wie Verkehrszeichen.

Transhumanismus
Der Begriff ist zusammengesetzt aus lateinisch *trans* (jenseits, über) und *humanus* (menschlich); er meint eine philosophische Strömung, welche die natürlichen Grenzen des Menschen im Bereich des Geistigen, Seelischen und Körperlichen (zum Beispiel Sterblichkeit) durch den Einsatz technologischer Mittel überwinden will. Damit verpflichtet der Transhumanismus die Menschheit als Ganzes zum technischen Fortschritt in Richtung auf diese Überwindung, die heute meist durch Computertechnologie angestrebt wird. Dabei sind die Vorstellungen der Transhumanisten vom Ziel der Überwindung des Menschseins nicht einheitlich. Der gegenwärtig wohl bekannteste Vertreter des Transhumanismus ist Ray Kurzweil (siehe die Seiten 117 und 144/145).

Tugend(en)
wurde als Begriff von Platon (siehe Seite 163) in die Philosophie eingeführt und von seinem Schüler Aristoteles (siehe Seite 57) erweitert. „Tugend" bedeutet, dass Menschen durch fortwährende Übung eine bestimmte, für die Gemeinschaft taugliche Lebenshaltung entwickeln. Zum Erreichen dieses Zieles muss sich jeder aus eigenem Antrieb entschließen. Die Tugend umfasst nach der griechischen Tradition die drei Bestandteile: Wissen (jemand weiß, dass er Gutes tut und will es auch); Können (jemand weiß, wie man Gutes tut) und Handeln (jemand tut das Gute in einer konkreten Lebenssituation).
Zu einer moralischen Lebenshaltung gehören nach Platon drei Grundtugenden: Weisheit, Tapferkeit, Besonnenheit – und als höchste Tugend die Gerechtigkeit.

UNESCO
heißt auf Englisch „United Nations Educational, Scientific and Cultural Organization" (Organisation der Vereinten Nationen für Erziehung, Wissenschaft und Kultur). Sie wurde 1945 gegründet und hat ihren Sitz in Paris. Die UNESCO strebt „Bildung für alle" an und unterstützt zum Beispiel weltweit den Bau von Schulen. Für Schülerinnen und Schüler gibt es das Projekt „UNESCO-Schulen": Schulen, die Projekte im Bereich von Wissenschaft und Kultur durchführen, können sich um den Titel „UNESCO-Schule" bewerben und Fördermittel erhalten.
Das 1946 gegründete Kinderhilfswerk der Vereinten Nationen, UNICEF (United Nations Children's Emergency Fund), unterstützt heute Projekte in sogenannten Entwicklungsländern, die das Recht von Kindern auf ein menschenwürdiges Leben und Bildung fördern.

Anhang:
Methoden und Arbeitstechniken

Argumentieren
Das Begründen von Meinungen ist ein wichtiges methodisches Verfahren des Philosophierens. Jede geäußerte Meinung soll durch mindestens ein Argument (Grund) gerechtfertigt werden, durch das sie in sich schlüssig erscheint.
Die Argumente, mit denen eine Meinung gestützt werden kann, können unterschiedlich sein.
Die einfachste Möglichkeit des philosophischen Argumentierens ist die Bezugnahme auf *empirische Gründe*. Diese umfassen Tatsacheninformationen, die nachgeprüft werden können: „Ich bin glücklich, weil ich meinen verlorenen Schlüssel wiedergefunden habe."
Philosophinnen und Philosophen stützen ihre Meinungen und Theorien jedoch hauptsächlich durch nicht-empirische Argumente. Hierbei handelt es sich um Gedanken, die nicht an Fakten überprüft werden können. Sie dienen dazu, das Verständnis einer Handlung bzw. eines Urteils zu „verbessern" und erklären, warum jemand eine bestimmte Meinung oder Haltung vertritt: Menschen leben in Gemeinschaften, weil keiner alles allein machen kann.
Der Grund, „weil keiner alles allein machen kann", lässt sich nicht anhand von Fakten nachprüfen, denn wir sehen oder hören nicht, ob jemand alles allein machen kann. Darüber müssen Erfahrungen und Argumente ausgetauscht werden.
Das Schema einer einfachen philosophischen Argumentation lautet

M → A
(Meinung) → (Argument / Grund)

Menschen leben in Gemeinschaften
→ 1. Grund: *weil keiner alles allein machen kann*
→ 2. Grund: *weil Menschen Hilfe in der Not brauchen*

Ein Begriffsmolekül bauen
Ihr bildet kleine Gruppen und besorgt euch aus dem Bastelgeschäft Styroporkugeln. An eine zentrale große Styroporkugel wird der zu klärende Begriff mit einem selbstklebenden Zettel geheftet, zum Beispiel „Freundschaft".
Anschließend überlegt ihr, mit welchen Begriffen oder Symbolen ihr den zentralen Begriff klären wollt. Diese Begriffe schreibt ihr auf einen Zettel. Danach beratet ihr in der Gruppe, wie ihr diese Begriffe um die zentrale Kugel herum auf Kugeln mit selbstklebenden Zetteln postieren wollt. Die Verbindung zwischen den Kugeln verschiedener Größe erfolgt mit dünnen und spitzen Holzstäbchen (groß steht für wichtig und klein für nicht ganz so wichtig). Wenn alle Kugeln angebracht worden sind, entsteht ein Begriffsmolekül, das ihr dann den anderen Gruppen in der Klasse vorstellt.
Ihr braucht folgendes Material: Styroporkugeln in verschiedenen Größen; Holzstäbchen (Zahnstocher und Schaschlik-Stäbchen); selbstklebende Zettel (Notizblöcke) und dicke Filzstifte.

Dieses Begriffsmolekül zum Thema „Glück" wurde von einer Schulklasse entworfen.

Einen Begriffskreis gestalten
Ihr sucht nach Begriffen, durch die ein ethischer Begriff wie „Glück" bestimmt werden kann. In den

Innenkreis, den Begriffskern, schreibt ihr diejenigen Begriffe, die ganz wichtig für die Charakteristik des zu klärenden Begriffes sind; bei „Glück" wären das zum Beispiel *Wohlbefinden*, *Zufriedenheit* oder *Freude*.
In den Außenkreis, den Begriffsumfang, fügt ihr anschließend jene Begriffe ein, die auch zur Begriffsklärung beitragen, aber nicht ganz so wichtig sind: bei „Glück" gehören beispielsweise *Gesundheit*, *Freunde* oder *Familie* dazu.

Einen Blogeintrag schreiben
Ein *Blog*, auch *Weblog*, ist ein meist auf einer Website geführtes und damit öffentlich einsehbares Tagebuch, in dem der Blogger oder die Bloggerin Aufzeichnungen anlegt oder Gedanken niederschreibt bzw. postet. Die Beiträge sind häufig aus der Ich-Perspektive geschrieben. Für den Unterricht bietet dir die Form des Blogs die Möglichkeit, deine eigenen Erfahrungen sowie Meinungen zu bestimmten Fragen oder Themen zum Ausdruck zu bringen. Dabei kannst du subjektiv schreiben, solltest aber versuchen, andere von deinen Auffassungen zu überzeugen.

Eine Collage gestalten
Eine Collage ist ein Klebebild. Der Begriff kommt aus dem Französischen und bedeutet „leimen" oder „zusammenkleben".
Wenn ihr eine Collage zusammenkleben wollt, braucht ihr Fotos aus Zeitungen oder Zeitschriften, bunte Papiersorten, Schere, Klebestift, Buntstifte und vielleicht Pinsel und Wassermalfarben, ein DIN A3-Blatt. Und so wird es gemacht:
1. Ihr sucht zu einem Thema wie „Regeln in der Schule" einen Spruch oder einen Titel für eure Collage aus und schreibt ihn auf ein Blatt Papier, zum Beispiel: „Keiner kann machen, was er will."
2. Anschließend schneidet ihr Figuren oder Ähnliches aus den Zeitschriften aus, die ihr für eure Collage benötigt.
3. Nun beginnt ihr mit den Anordnungen: Zuerst legt ihr den Hintergrund. Danach probiert ihr mit euren Einzelteilen mehrere Anordnungen aus; ihr könnt die Teile hin- und herschieben; überlegt auch, an welche Stelle der Collage ihr den Titel anbringen wollt.
4. Ihr entscheidet euch für eine Anordnung und klebt sie auf. Dabei könnt ihr auch mal Flächen auf der Collage freilassen.
5. Wenn ihr alle Teile aufgeklebt habt, schreibt ihr den Titel auf. Ihr könnt eure Collage auch noch mit Buntstiften oder Pinsel und Farbe weiterzeichnen.

Einen fiktiven Brief schreiben
Ein fiktiver Brief wird an einen Philosophen oder eine Philosophin „adressiert", aber nicht wirklich abgeschickt. Er dient der Auseinandersetzung mit einem philosophischen Gedanken, zu dem der oder die Schreibende Stellung nimmt. Es muss u. a. begründet werden, ob der Gedanke als gut oder schlecht bewertet wird und warum.

Eine Gedankenkette aufreihen
Bei einer Gedankenkette äußert jeder von euch zu einem bestimmten ethischen Thema, zum Beispiel „Glück", einen Gedanken in Form eines Satzes: „Alle Menschen streben nach Glück". Keiner darf wiederholen, was vorher schon gesagt wurde. Wenn jemand keinen Gedanken äußern kann oder wiederholt, was schon gesagt wurde, bricht die Kette ab.

Eine Erörterung / einen Essay verfassen
Bei einer Stellungnahme zu einer philosophischen Frage, auch Erörterung genannt, notierst du zunächst, welche Meinung du selbst dazu hast beziehungsweise wie du die Frage selbst beantwortest. Dann suchst du nach Argumenten, die für deine Meinung sprechen. Da bei einer Erörterung meist auch Gegenargumente einbezogen werden (sog. dialektische Erörterung) schreibst du diese auch auf, so dass du zwei Spalten erhältst. Doppelte Argumente und Gedanken kannst du streichen, für die übrig gebliebenen suchst du Beispiele. Anschließend machst du aus deiner Sammlung einen zusammenhängenden Text, den du am besten so gliederst:

Einleitung: Kurze Erläuterung, wie du die Frage verstehst und Darstellung deiner eigenen Meinung dazu. (Hier kannst du auch erklären, warum du die Frage ausgewählt hast.)
Hauptteil: Ausführung der Argumente mit Beispielen, die deine Meinung stützen; dabei kommen zuerst die nicht so überzeugenden und am Ende die für dich besten Argumente.

Bei der dialektischen Erörterung gehst du auch auf wichtige Gegenargumente ein und verdeutlichst jeweils, warum sie dich nicht überzeugen. Achte hier darauf, dass die Gegenargumente zu deinen eigenen Argumenten passen. Verbinde die einzelnen Argumente gedanklich und gib an, wenn du sie von anderen übernommen hast.

Schluss: Du schreibst nochmals deine eigene Meinung auf – allerdings in anderen Worten als oben – und machst mit dem für dich wichtigsten Argument deutlich, warum du sie vertrittst.

Essay heißt in der französisch-englischen Originalbedeutung des Wortes „Versuch". Bei einem philosophischen Essay wird „versucht", ein philosophisches Problem von verschiedenen Seiten zu beleuchten. Diese Methode wendete 1580 als Erster der französische Philosoph Michel de Montaigne (1533–1592) an. Sie dient dazu, lebenspraktische Fragen wie Einsamkeit, Freundschaft oder Gerechtigkeit in Verbindung mit eigenen Erfahrungen philosophisch zu gestalten. Wie bei der Erörterung geht es auch beim Essay um die gedankliche Durchdringung eines (philosophischen) Problems, so dass die Regeln für das Schreiben einer Erörterung auch dort gelten. Besonders wichtig ist hier noch eine klare Unterscheidung zwischen den persönlichen Erfahrungen und Meinungen des Autors oder der Autorin (eigene Stellungnahme) und Aussagen sowie Argumenten von Philosophinnen und Philosophen.

Ein Gedankenexperiment durchführen

Bei einem Gedankenexperiment wägt ihr in eurem Kopf ab, was wäre, wenn die vorgestellte Situation Realität wäre; ihr denkt also über die möglichen Folgen einer nur ausgedachten Situation nach. Im Gegensatz zu einem wirklichen Experiment in den Naturwissenschaften wird das Gedankenexperment also nicht in der Realität, sondern nur im Kopf durchgeführt. Wichtig bei seiner Durchführung ist es, dass ihr die dargestellte Situation nicht verändert, sondern auf ihrer Grundlage erwägt und argumentiert. Häufig wird euch dadurch klar, welche grundlegende Überzeugung ihr zu einem Problem habt: zum Beispiel, ob euch ein Leben voller künstlicher positiver Erlebnisse wichtiger ist als ein reales Leben mit Glück und Leid.

Eine Gedankenlandkarte / Mindmap erstellen

Mithilfe einer Gedankenlandkarte oder einer Minmap gestaltet ihr einen philosophischen Begriff (zum Beispiel „Glück") oder ein ethisches Problem (zum Beispiel „Was ist ein glückliches Leben?") als Landkarte mit geografischen oder Natursymbolen oder auch nur durch die Zuordnung von wichtigen Aspekten des Begriffs.

Mindmap: Ihr stellt zunächst wichtige Aspekte des Begriffs bzw. des Problems zusammen, beim Begriff „Glück" zum Beispiel Freude, Zufriedenheit, Freunde, Familie usw. Mit Hilfe von Linien ordnet ihr diese Aspekte dem Begriff in der Mitte zu. An den Hauptästen wachsen weitere Nebenäste mit weiteren zum Problem oder Zentralbegriff gehörenden Punkten.

Gedankenlandkarte: Ihr überlegt, mit welchen Symbolen ihr diese Aspekte ausdrücken wollt. So kann zum Beispiel Wohlbefinden durch eine blühende Blumenwiese dargestellt werden. Anschließend legt ihr fest, wie ihr eure Symbole auf der Landkarte anordnen und miteinander verbinden wollt: Welche Wege oder Flüsse sollen beispielsweise zwischen den verschiedenen Symbolen entlanglaufen bzw. welche Farben wollt ihr verwenden? Am Schluss kontrolliert ihr die Gestaltung noch einmal und stellt eure Mindmaps oder Gedankenlandkarten einander vor.

Eine Gruppenarbeit durchführen

In einer Gruppenarbeit arbeitet ihr selbstständig an einer Aufgabe – zusammen mit einigen Mitschülerinnen und Mitschülern. Dabei kommt es auf jeden und jede von euch an (Teamwork). In der Gruppenarbeit gibt es drei Schritte:

- Planen: Was sollen, was wollen wir tun? Achtet darauf, dass die Arbeiten innerhalb der Kleingruppe einigermaßen gerecht auf alle verteilt werden.
- Erarbeiten: Auf los geht's los!
- Präsentieren: Wir zeigen's den anderen!

Gruppenarbeit – so oder so:
- themengleich: Die Kleingruppen arbeiten zur gleichen Zeit an der gleichen Aufgabe.
- themenverschieden: Die Kleingruppen ergänzen sich, weil sie zur gleichen Zeit an verschiedenen Aufgaben arbeiten. Das Ergebnis jeder einzelnen Kleingruppe ist ein Teil des Ergebnisses der gesamten Lerngruppe.

Gruppenarbeit als „Think-pair-share"
Hierbei arbeitet zuerst jeder für sich allein (*think*), dann tauscht Ihr euch zu zweit über die Ergebnisse aus (*pair*) und anschließend finden sich die Arbeitspaare zu einem erneuten Austausch oder einer Vorbereitung der Ergebnispräsentation in einer Vierergruppe zusammen.

Eine Kartenabfrage starten / Clustern
Kartenabfragen dienen dazu, für alle in einer Lerngruppe sichtbar zu machen, was die Einzelnen zu dem Problem oder Thema denken. Sie können in Unterrichtsphasen eingesetzt werden, in denen jeder sein Vorwissen zu einem Thema aufschreibt (*Brainstorming*), sein Verständnis eines Zusammenhangs oder eines Textabschnitts notiert oder einen wesentlichen Gedanken einbringt. Wichtig ist hierbei, dass die vorher an alle ausgeteilten Karten kurz und gut lesbar beschrieben werden und für alle zugänglich an der Tafel oder sonst wo im Klassenraum aufgehängt werden. Kartenabfragen können auch digital, etwa mit dem Tool *AnswerGarden*, durchgeführt werden.
Oft schließt sich eine Phase der Ordnung der Karten nach Oberbegriffen oder übergeordneten Aspekten an, bei der dann auch Dopplungen ausgesondert werden (Clustering).

Ein Lerntempo-Duett realisieren
Das Lerntempo-Duett ist eine Methode, die sich sowohl für die Aneignung von Wissen als auch zur selbstständigen Erarbeitung neuer Sachverhalte, etwa in einer Textarbeit, eignet. Die Methode wird euren unterschiedlichen Lern- und Arbeitsgeschwindigkeiten gerecht. Dabei erarbeitet jede(r) zuerst im eigenen Tempo ein Ergebnis und schließt sich dann mit einer Partnerin oder einem Partner zusammen, die/der im gleichen Tempo zu einem Resultat gekommen ist. Nun vergleicht ihr die Ergebnisse und berichtigt sie, wenn nötig. In einer weiteren Phase können wiederum zwei Paare mit ähnlichem Arbeitstempo zusammenkommen, um wiederum ihre Ergebnisse auszutauschen.

Einen Miniaturtext schreiben
Diese Textform besteht aus höchstens 10 Sätzen. In einem solchen Text könnt ihr zum Beispiel einen schwierigen Begriff wie Freundschaft klären, eine Meinung zu einem philosophischen Problem abgeben oder auch eine kurze Geschichte erzählen.

Mit der Placemat-Methode nachdenken
Die Placemat-Methode ist eine Form des kooperativen Lernens. Ihr entwickelt zu einer philosophischen Fragestellung wie „Muss ich immer die Wahrheit sagen?" zunächst eigene Gedanken. Dazu wird ein Bogen Papier in vier gleich große Teile geteilt. Jede(r) von euch schreibt in ihren/seinen Teil des Bogens eine Idee. In der Mitte des Papiers wird Platz gelassen für die gemeinsame Antwort der gesamten Gruppe, die ihr aus eurer Diskussion ermittelt. Danach kann in der gesamten Philosophiegruppe weiterdiskutiert werden.

Eine philosophische Talkshow durchführen
Zu einem vorher festgelegten Thema, zum Beispiel „Glück", werden vor dem Spiel die Positionen verschiedener Philosophinnen und Philosophen behandelt.
1. Phase: Ihr bildet drei Gruppen (nach der Anzahl der Philosophinnen und Philosophen) und wiederholt zunächst die Gedanken „eures Philosophen" oder „eurer Philosophin" zum Thema. Ihr schreibt Fragen auf, die ihr den anderen Philosophen stellen könntet. Vorher wird noch ein Moderator oder eine Moderatorin ausgewählt. Er oder sie erhält vor Beginn des Gesprächs zur Vorbereitung die Zettel der Gruppen mit den Fragen.
2. Phase: Die Gruppe wählt einen Schüler oder eine Schülerin aus, welche(r) die Rolle des Philosophen übernimmt. Er oder sie legt vor der Gruppe noch einmal seine Position dar; die anderen Gruppenmitglieder ergänzen seine oder ihre Stellungnahme.
3. Phase: Die Philosophinnen und Philosophen nehmen im Plenum Platz; der Moderator sitzt zwischen ihnen in der Mitte. Er beginnt und stellt einem der Philosophen die erste Frage. Dieser antwortet darauf. Danach folgt die nächste Frage an eine andere

Philosophin. Wenn jeder zumindest eine Frage beantwortet hat, können die Philosophen auch untereinander diskutieren. Erst danach wird die Diskussion auch für das Publikum (die Philosophiegruppe) geöffnet.
4. Phase: Nach der Talkshow erfolgt eine Auswertung im Plenum: Welche der Positionen war die überzeugendste, aus welchem Grund?

Einen philosophischen Dialog schreiben
Der Dialog ist ein philosophisches Gespräch zwischen mindestens zwei Personen, das von dem griechischen Philosophen Platon in die philosophische Tradition eingeführt wurde. Ein philosophischer Dialog kann auch zwischen zwei philosophischen Begriffen gestaltet werden, die miteinander darum „ringen", wer eine wichtigere Bedeutung hat.

Tod: Du bist mein Bruder, Schlaf, hast du darüber schon einmal nachgedacht?
Schlaf: Warum sollte ich dein Bruder sein?
Tod: Wenn du da bist, handeln und fühlen die Menschen nicht, und so ist es auch, wenn ich bei ihnen bin.
Schlaf: Ich komme jeden Tag, und die Menschen wachen wieder auf, du aber lässt sie für immer ruhen.
Tod: Aber sie ruhen auch, wenn du da bist, und üben schon für die ewige Ruhe, die ich ihnen bringe.
Schlaf: Du führst sie ins Nichts, ich aber führe sie in den Tag.
Tod: Du führst sie aber, genauso wie ich. Sie sind nicht aktiv, wenn du da bist.
Schlaf: Auf mich, oh Tod, da freuen sich Menschen, vor dir aber haben sie Angst. […]

Dialog von **Barbara Brüning**

Ein Portfolio gestalten
Ein Portfolio wird auch Philosophisches Tagebuch genannt. Es ist eine Sammlung von Gedanken, Fotos, Bildern, Zeichnungen oder Gedichten zu einem bestimmten philosophischen Thema, die entweder von euch selbst erstellt oder von anderen übernommen werden. Ihr müsst das Thema zunächst in verschiedene Problembereiche untergliedern, zu denen ihr dann verschiedene Gedanken zusammenstellt.

Ein Standbild bauen
Ein Standbild ist eine eingefrorene Szene, die meist von einer Gruppe erarbeitet und dargestellt wird. Ihr gestaltet mit eurem Körper einen Begriff, einen Gedanken oder ein Gefühl. Dabei dürft ihr die Hände und die Füße benutzen, aber nicht sprechen. Jeder von euch muss innerhalb der Gruppe eine spezielle Aufgabe übernehmen: Einer stellt zum Beispiel eine Pflanze dar und ein anderer ein Tier. Alle Darstellungen ergeben zusammen ein feststehendes Bild. Einer von euch sollte dabei Regie führen und das Bild zusammenstellen. Danach können verschiedene Standbilder in Bezug auf ihre Aussagekraft verglichen werden.

Eine Vierecken-Abstimmung durchführen / einen Standpunkt sichtbar machen
Bei einer schwierigen Entscheidung über ein philosophisches Problem, zum Beispiel, ob es eine Kleiderordnung in der Schule geben sollte (siehe die Seiten 16/17), könnt ihr im Voraus ein Meinungsbild erstellen, indem ihr euch in die vier Ecken des Klassenraums aufteilt:
1. Ecke: Ich bin dafür.
2. Ecke: Ich bin unentschieden, aber eher dafür.
3. Ecke: Ich bin unentschieden, aber eher dagegen.
4. Ecke: Ich bin dagegen.

Vor der Abstimmung schreibt jeder Schüler und jede Schülerin auf, wie er oder sie denkt und notiert einen Grund dafür. Dann erfolgt die Abstimmung mit der Vier-Ecken-Methode. Während der Abstimmung notieren zwei Beobachter/innen die Abstimmungsergebnisse an der Tafel. Danach beginnt die Diskussion in der Philosophiegruppe, wobei die Entscheidungen mithilfe der vorher schriftlich fixierten Begründungen gerechtfertigt werden sollen.
Nach der Diskussion wird erneut eine Vierecken-Abstimmung durchgeführt. Diejenigen, die ihre Meinung geändert haben, begründen, warum sie sich anders entschieden haben.
Statt einer Abstimmung in vier Ecken kann das Meinungsbild auch dadurch erhoben werden, dass ihr euch auf einem (gedachten oder mit einer Schnur gekennzeichneten) Strahl an einer Stelle aufstellt, die eure Nähe oder Ferne zu einer von zwei Extrempositionen zeigt.

Anhang:

Text- und Bildnachweis

Textnachweis

9 Mark Forster: Wir sind groß (Auszug). In: TAPE. Four Music Productions GmbH 2016. In: https://www.golyr.de/mark-forster/songtext-wir-sind-gross-751257.html – Aufruf: 4.8.2020 (© 2000–2020 Golyr.de)[K] **10** Cora: Im Kreislauf der Jahreszeiten. Aus: Barbara Brüning (Hrsg.): Lebenslicht. Wie Jugendliche über das Sterben denken. Bad Münder: Leibniz-Bücherwarte 2017, S. 36 **11** Hermann Hesse: Mit der Reife wird man immer jünger. Betrachtungen und Gedichte über das Alter. Frankfurt/Main: Suhrkamp 1990, S. 87 (Auszug)[K] **13** Konstantin Kolenda: Ethik für die Jugend. Hrsg. u. übersetzt v. Barbara Brüning. Hamburg: Verlag für Kinder und Eltern 1986, S. 44 (Auszug)[K] **16** o.: Nach BM: Schüler wollen keine Hotpants. Aus: Hamburger Abendblatt v. 7.7.2016 (https://www.abendblatt.de/nachrichten/article207796693/Schueler-wollen-keine-Hotpants.html – Aufruf: 5.8.2020)[K/Ä]; u.: Barbara Brüning: Ilva. Originalbeitrag 2019 **17** o.: Konstantin Kolenda: Ethik für die Jugend. Hrsg. u. übersetzt v. Barbara Brüning. Hamburg: Verlag für Kinder und Eltern 1986, S. 18 (Auszug)[K]; u.: Barbara Brüning: Marvin. Originalbeitrag 2019 **18** o. li.: Zitat Johann Wolfgang von Goethe. Aus: Eberhard Puntsch (Hrsg.): Das neue Zitatenhandbuch. Augsburg: Weltbild Verlag 1995, S. 301[K]; o. re.: Barbara Brüning: Ynola. Originalbeitrag 2020 **19** o.: Barbara Brüning: Marius. Originalbeitrag 2019 **20/21** Spitzensport und Schule – wie passt das zusammen? Schülerinnen und Schüler befragen die Tennisspielerin Sibel Demirbaga (Exklusiv-Interview mit freundlicher Genehmigung von Sibel Demirbaga, 2018) **23** o.: Hannah Ratjen: Ich träume. Originalbeitrag (mit freundlicher Genehmigung von Hannah Ratjen, 2018); u.: Fernando Savater: Tu, was du willst. Ethik für die Erwachsenen von morgen. Übersetzt v. Wilfried Hof. Frankfurt/Main: Campus Verlag 1998, S. 63f. (Auszüge)[K] **25, 29** Charlotte Casiraghi u. Robert Maggiori: Archipel der Leidenschaften. Kleine Philosophie der großen Gefühle. Übersetzt v. Grit Fröhlich, André Hansen und Ruth Karzel. München: Beck Verlag 2019, S. 13 u. 256 (Auszüge)[K] **26** li.: Dick Swaab: Wir sind unser Gehirn: wie wir denken, leiden und lieben. Übersetzt von Bärbel Jänicke und Marlene Müller-Haas. Droemer-Knaur, München 2013, S. 311 (Auszug)[K]; u.: Nach David Hume: Eine Untersuchung über die Prinzipien der Moral. Übersetzt v. Gerhard Streminger. Stuttgart: Reclam 1984 (2. Aufl. 1996), S. 216 (Auszüge)[K/Ä] **27** o.: Arthur Schopenhauer: Über die Freiheit des menschlichen Willens. Über die Grundlage der Moral. Hrsg. v. Peter Welsen. Zürich: Diogenes 1977, S. 266f. (Auszüge)[K]; u.: Nach Edith Stein: Individuum und Gemeinschaft. Auszüge aus: Edith Stein: Beiträge zur philosophischen Begründung der Psychologie und der Geisteswissenschaften. Eine Untersuchung über den Staat. Tübingen: Niemeyer 1970 (2. Aufl.), S. 6f.; 119–126[K/Ä] **28** Barbara Brüning: Ich möchte schön sein! Originalbeitrag 2020 **30/31** Holger Grimm: Was ist, wenn … Kleine Gedankenspiele zu großen Themen. Würzburg: Königshausen & Neumann 2019, S. 101ff. (Auszüge)[K] **31** Fernando Savater: Die Fragen des Lebens. Fernando Savater lädt ein in die Welt der Philosophie. Übersetzt v. Andreas Simon. Frankfurt/Main u. New York: Campus Verlag 2000, S. 50 (Auszug)[K] **33** Nach Annemarie Pieper: Einführung in die Ethik. Tübingen u. Basel: A. Francke Verlag 2003 (5. Aufl.), S. 185 (Auszug)[K/Ä] **35** Roger-Pol Droit: Fünf Minuten Ewigkeit. 101 philosophische Alltagsexperimente. Übersetzt v. Hainer Kober. München: Heyne TB 20063, S. 71f. (Auszüge: © 2002 der deutschsprachigen Ausgabe by Hoffmann und Campe, Hamburg)[K] **38** Nach Mechthild von Magdeburg: Das fließende Licht der Gottheit. Hrsg. u. übersetzt v. Margot Schmidt. Frommann-Holzboog: Stuttgart-Bad Cannstatt 1995, S. 34 (Auszüge)[K/Ä] **39** Richard David Precht: Liebe: Ein unordentliches Gefühl. München: Goldmann 2009, S. 13 (Auszug)[K] **40** o. re.: Liz Engel: „Bei uns geht's hoch her." Originalbeitrag 2018; li.: Konstantin Kolenda: Ethik für die Jugend. Hrsg. u. übersetzt v. Barbara Brüning. Hamburg: Verlag für Kinder und Eltern 1986, S. 33 (Zitat)[K] **41** Peter Singer: Wie sollen wir leben? Übersetzt v. Hermann Vetter. München: dtv 1999, S. 108 (Auszug)[K] **42** o.: Liz Engel: Mia schweigt. Originalbeitrag 2018; mi.: Christabel: Falsche Freunde. Originalbeitrag (mit freundlicher Genehmigung von Christabel Opohu, 2018) **43** Björn Vedder: Neue Freunde. Über Freundschaft in Zeiten von Facebook. Bielefeld: Transscript Verlag 2017, S. 8 u. 45 (Auszüge)[K] **44** Nach Aristoteles: Die Nikomachische Ethik. Hrsg. v. Günther Bien. Übersetzt v. Eugen Rolfes. Hamburg 1985 (4. Aufl.): Felix Meiner Verlag, S. 184; 188 (Auszüge)[K/Ä] **45** Nach Michel de Montaigne: Die Essais. Ausgewählt, übertragen u. eingeleitet v. Arthur Franz. Reclam: Stuttgart 1984, S. 101 u. 103 (Auszüge)[K/Ä] **47** o.: Nach Ina Schmidt: Auf die Freundschaft. Eine philosophische Begegnung oder Was Menschen zu Freunden macht. München: Ludwig 2014, S. 27 u. 117ff. (Auszüge)[K/Ä]; u.: Aristoteles: Die Nikomachische Ethik. Hrsg. v. Ernst Grumach und übersetzt v. Franz Dirlmeier, Berlin-Ost: Akademie Verlag 1983 (6. Aufl.), S. 174 (Auszüge)[K] **48** Platon: Das Gastmahl. Übersetzt u. hrsg. v. Thomas Paulsen. Reclam: Stuttgart 2008, S. 29–32 (Auszüge)[K] **49** Markus Tiedemann: Liebe, Freundschaft und Sexualität: Fragen und Antworten der Philosophie. Hildesheim: Olms Verlag 2014, S. 54 (Auszüge)[K] **50** o. li.: Mechthild von Magdeburg: Das fließende Licht der Gottheit. Frommann-Holzboog: Stuttgart-Bad Cannstatt 1995, S. 25 (Auszug)[K] **51** o.: Peter Prange mit Frank Baasner u. Johannes Thiele: Werte. Von Plato bis Pop. München: Droemer 2006, S. 281 (Auszug)[K]; u.: Arthur Schopenhauer, zitiert nach Hans Joachim Hoof (Hrsg.): Philosophie für den Alltag. Arthur Schopenhauer. Waltrop u. Leipzig: Manuscriptum 1997, S. 268f. (Auszüge)[K] **52, 53** o.: Sappho-Zitat und Gedicht. Aus: Raoul Schrott: Die Erfindung der Poesie. Gedichte aus den ersten viertausend Jahren. Frankfurt/Main: © Eichborn Verlag 1997 (Auszüge zitiert nach der dtv-TB-Ausgabe 1999, S. 116 u. 125)[K] **53** u.: Nach Markus Tiedemann: Liebe, Freundschaft und Sexualität. Fragen und Antworten der Philosophie. Hildesheim: Olms Verlag 2014, S. 113 u. 114f. (Auszüge)[K/Ä] **54/55** Adrian Bechtold: „Ich muss mich täglich verleugnen". In: Fluter. Magazin der Bundeszentrale für politische Bildung. Themenausgabe „Wie geil ist das denn. Thema Sex". Mörfelden-Walldorf: Westdeutsche Verlags- und Druckerei GmbH, Ausgabe 44, 2012, S. 33ff. (Auszüge)[K] **56** Barbara Brüning: Von München nach Köln. Originalbeitrag 2020 **58** Hans Magnus Enzensberger: Die Große Wanderung. 33 Markierungen. Frankfurt/Main: Suhrkamp 1993 (6. Aufl.), S. 11–15 (Auszüge)[K] **59** o.: Andreas Brenner u. Jörg Zirfas: Lexikon der Lebenskunst. Leipzig: Reclam 2002, S. 118 (Auszüge)[K]; u.: Michel de Montaigne: Von der Kunst, das Leben zu lieben. Übersetzt v. Hans Stilett. München: dtv 2007, S. 89f.[K] **60/61** Ali Can: Mehr als eine Heimat – Wie ich Deutschsein neu definieren. Berlin: Dudenverlag 2019, S. 89 u. 107f. (Auszüge)[K] **61** u.: Simone Weil: Die Verwurzelung. Vorspiel zu einer Erklärung der Pflichten dem Menschen gegenüber. Übersetzt v. Marianne Schneider. Zürich: diaphanes 2011, S. 43 (Auszug)[K] **62** mi.: Barbara Brüning: Intoleranz gestern und heute – zwei Beispiele. Originalbeitrag 2021 **62/63** Nach Joachim Gauck in Zusammenarbeit mit Helga Hirsch: Toleranz: einfach schwer. Freiburg: Herder Verlag 2019 (5. Aufl.), S. 52 u. 193f.[K/Ä] **66** Hannah Arendt: Vita activa oder vom tätigen Leben. München: Piper Verlag 1960 (12. Aufl. 2001), S. 34f. (Auszug)[K/Ä] **68** Marie Eichholz: Spaß muss sein, aber … Originalbeitrag (mit freundlicher Genehmigung von Marie Eichholz, 2018) **69** Nach Theano von Kroton: Briefe einer antiken Philosophin. Hrsg. u. übersetzt v. Kai Brodersen. Stuttgart: Reclam 2010, S. 83f. (Auszüge)[K/Ä] **70** o.: Jugendliche Statements. Aus: Marc Calmbach u. a.: Wie ticken Jugendliche? Lebenswelten von Jugendlichen im Alter von 14 bis 17 Jahren in Deutschland. Sinus-Studie 2016. Wiesbaden: Springer Fachmedien Wiesbaden GmbH 2016, S. 101 u. 325ff. (Auszüge)[K] **71** Roland W. Henke: Erst die Arbeit, dann das Vergnügen? Originalbeitrag 2020 **72** Jean-Jacques Rousseau: Émile oder Über die Erziehung. Hrsg. u. übersetzt v. Ludwig Schmidts. Paderborn: Schöningh Verlag 1971, S. 191ff. (Auszüge)[K] **73** Bertrand Russell: Lob des Müßiggangs. Übersetzt v. Elisabeth Fischer-Wernecke. München: dtv 2002 (© 1957 Zsolnay Verlag Wien), S. 9ff. (Auszüge)[K/Ä] **74** o.: 5. Buch Mose (Deuteronomium) 23, 25f. Aus: Bibel in gerechter Sprache. Hrsg. v. Ulrike Bail u. a. Gütersloher Verlagshaus: Gütersloh 2006 (3. Aufl. 2007), S. 348 (Auszug)[K]; u.: Nach Adam Smith: Theorie der ethischen Gefühle. Auf der Grundlage der Übersetzung v. Walther Eckstein neu hrsg. v. Horst D. Brandt. Hamburg: Felix Meiner 2010, S. 132f.[K/Ä] **75** mi.: Albert Einstein: Wie ich die Welt sehe. In: Mein Weltbild. Berlin: Ullstein TB 2010, S. 9 (Auszug)[K] **76** mi.: Immanuel Kant: Metaphysik der Sitten, Tugendlehre §30. Werke in 12 Bänden, Bd. 8. Hrsg. v. Wilhelm Weischedel. Frankfurt/Main: Suhrkamp Verlag 1977, S. 589 (Auszug)[K] **76/77** Roland W. Henke: Vernunft als moralischer Maßstab. Originalbeitrag 2020 **77** u.: Adam Smith: Über die Selbstliebe. In: Adam Smith: Theorie der ethischen Gefühle. Übersetzt v. Walther Eckstein. Hamburg: Felix Meiner 1985, S. 4 (Auszüge)[K] **79** Helmut Schmidt u. Hans Küng: Was heißt Pflicht? In: Helmut Schmidt (Hrsg.): Allgemeine Erklärung der Menschenpflichten. Ein Vorschlag. München/Zürich: Piper Verlag 1997, S. 42f. (Auszug)[K] **80** Nach Lutz Schrader: Was ist ein Konflikt? In: Bundeszentrale für politische Bildung (Hrsg.): Dossier „Innerstaatliche Konflikte" v. 17.1.2012 (https://www.bpb.de/internationales/weltweit/innerstaatliche-konflikte/54499/konfliktdefinition – Aufruf: 3.9.2020)[K/Ä] **81** Karl Jaspers: Psychologie der Weltanschauungen. München: Piper Verlag 1994 (2. Aufl.), S. 258f. (Auszüge)[K] **82/83** William Golding: Herr der Fliegen. Übersetzt v. Hermann Stiehl. Frankfurt/Main: Fischer Verlag 1977, S. 87ff. (Auszüge)[K] **83** Andreas Brenner u. Jörg Zirfas: Lexikon der Lebenskunst. Leipzig: Reclam 2002, S. 196 (Auszüge)[K] **84** Andreas Brenner u. Jörg Zirfas: Lexikon der Lebenskunst. Leipzig: Reclam 2002, S. 196–199 (Auszüge)[K] **85** Nach Erich Fromm: Anatomie der menschlichen Destruktivität. Übersetzt v. Lieselotte u. Ernst Mickel. Reinbek bei Hamburg: Rowohlt 1977 (26. Aufl. 2017), S. 245 u. 325 (Auszüge)[K/Ä] **86** o.: Konrad Lorenz: Das sogenannte Böse. Zur Naturgeschichte der Aggression. dtv: München 1974, S. 36f. u. 48f. (© Dr. G. Borotha-Schoeler Verlag: Wien 1963); u.: Doris Wolf: Aggression. In: Psychologielexikon (digital). Hrsg. vom PAL Ratgeber Verlag, Mannheim (https://www.palverlag.de/lebenshilfe-abc/aggressionen.html – Aufruf: 16.7.2020)[K] **87** Richard David Precht: Die Kunst, kein Egoist zu sein. Warum wir gerne gut sein wollen und was uns davon abhält. München: Goldmann 2010, S. 196f. u. 206 (Auszüge)[K] **88** Martin Luther King: „Ich habe einen Traum". Zitiert nach der Übersetzung der US-Botschaft in Berlin (https://usa.usembassy.de/etexts/soc/traum.htm, Aufruf: 4.9.2020)[K] **89** Brigitte Labbé u. Michel Puech: Was verbindet die Welt? Ethik für Kinder. Übersetzt v. Anne Braun. Bindlach: Loewe 2005, S. 105f. (Auszüge)[K] **90/91** Was tun gegen Mobbing und Gewalt in der Schule? Exklusiv-Interview mit der Mediatorin Manette Kayser (mit freundlicher Genehmigung von Manette Kayser, 2019) **94, 97** Nach Judith N. Shklar: Über Ungerechtigkeit. Übersetzt v. Christiane Goldmann. Frankfurt/ Main: Fischer Taschenbuchverlag 1997, S. 14 (Zitat) u. 87ff. (Auszüge)[K/Ä] **98** Nach Eberhard Eichenhofer: Gerechtigkeit und Gleichheit. In: JuristenZeitung v. 14.2.2005[K/Ä] **100** Zitat Marcus Aurelius: Selbstbetrachtungen. Übersetzt v. Wilhelm Capelle. Stuttgart: Kröner Verlag 2001, S. 123[K] **101** Susan Schädlich: Wenn Menschen flüchten. Hamburg: Carlsen Verlag 2016, S. 4f. (Auszug)[K] **102/103** Was macht eine Menschenrechtsanwältin? Fragen an Yetnebersh Nigussie (Exklusiv-Interview mit freundlicher Genehmigung von Yetnebersh Nigussie, 2018) **105** Stefan Handel: Recht. Was geht mich das an? München: Hanser Verlag 2006, S. 139f. (Auszug)[K] **107** Nicola Lindner: Jura für Kids. Eine etwas andere Einführung in das Recht. München: C. H. Beck 2013, S. 50f. (Auszug)[K] **108** li.: Zitat Oscar Wilde: Der Sozialismus und die Seele des Menschen. Übersetzt v. Gustav Landauer u. Hedwig Lachmann. Zürich: Diogenes Verlag 1970 (1904). Zitiert nach Julian Nida-Rümelin u. Klaus Kufeld (Hrsg.): Die Gegenwart der Utopie. Zeitkritik und Denkwende. Freiburg: Verlag Karl Alber 2011, S. 172[K]; re.: Thomas Morus: Utopia (Auszüge). In: Der utopische Staat: Utopia – Sonnenstaat – Neu-Atlantis. Mitwirkender Autor: Tommaso Campanella. Übersetzt u. hrsg. v. Klaus J. Heinisch. Reinbek: Rowohlt Verlag 1960, S. 48–60[K] **109** Karl Marx: Die deutsche Ideologie (1846). In: Marx-Engels-Werke (MEW) Bd. 3. Hrsg. v. Institut für Marxismus-Leninismus beim ZK der SED. Berlin-Ost: Dietz Verlag 1969, S. 33 (Auszug)[K] **110/111** Mohamed Amjahid: Kinder an der Macht. In: ZEITmagazin, Nr. 38, 7. 10. 2016, S. 68–78 (https://www.zeit.de/zeit-magazin/2016/38/budapest-staatsgruendung-gaudiopolis-kinder (Auszüge) – Aufruf: 1. 10. 2020[K] **112** Barbara Brüning: Stress und Einsamkeit. Originalbeitrag 2018 **114/115** Arnulf Zitelmann: Hypatia. Weinheim: Beltz & Gelber 1988 (5. Aufl. 2002), S. 246f. (Auszug)[K] **116** Aldous Huxley: Schöne neue Welt. Übersetzt v. Eva Walch. Berlin-Ost: Verlag Das Neue Berlin 1978, S. 211–219[K] **117** Max Tegmark: Leben 3.0. Mensch sein im Zeitalter Künstlicher Intelligenz. Übersetzt v. Hubert Mania. Berlin: Ullstein 2017 (3. Auflage), S. 232f.[K] **118** o.: Josephine Matz: Du hast es in der Hand! In: Jemandes Zeitung. Schülerzeitung des Europäischen Bertha-von-Suttner Gymnasiums in Berlin. Nr. 2, 2017, S. 8f.K; u.: Frei nach Til Knipper: Neue Ideen. Die Kreativ-Techniken der Thinktanks. In: Karriere.de (Handelsblatt Media Group) v. 11. 9. 2011 (www.karriere.de/neue-ideen-die-kreativ-techniken-der-thinktanks/23049894.html – Aufruf: 2. 10. 2020)[K/A] **119** Nach Ernst Bloch: Abschied von der Utopie? Vorträge. Hrsg. v. Hanna Gekle. Frankfurt/Main: Suhrkamp 1980, S. 77f., 80 (Auszüge)[K/A] **122** Albert Schweitzer: Kulturphilosophie. München: Verlag C. H. Beck 2007, S. 33 (Zitat)[K] **124** o.: N. N.: Unzertrennlich. In: Hamburger Abendblatt v. 27. 9. 2016 (Auszug). Aus: https://www.abendblatt.de/ratgeber/wissen/article208301845/Mein-Freund-der-kleine-Pinguin.html (Aufruf: 19. 10. 2020)[K]; u.: Nach Mary Wollstonecraft: Über den Umgang mit Tieren. In: Dies.: Plädoyer für die Rechte der Frau. Übersetzt v. Irmgard Hölscher. Weimar: Verlag Hermann Böhlaus Nachfolger 1999, S. 223 u. 237 (Auszug)[K/A] **125** Nach Immanuel Kant: Schriften zur Geschichtsphilosophie. Hrsg. v. Otfried Höffe. Berlin: De Gruyter 2011 (Auszug)[K/A] **126** René Descartes: Discours de la méthode. Von der Methode des richtigen Vernunftgebrauchs und der wissenschaftlichen Forschung. Hrsg. u. übersetzt v. Lüder Gäbe. Hamburg: Felix Meiner Verlag 1990, S. 32 (Auszüge)[K] **127** Plutarch: Darf man Tiere essen? Gedanken aus der Antike. Übersetzt v. Marion Giebel. Stuttgart: Reclam 2015, S. 25f. (Auszug)[K] **128** Barbara Brüning: Auf Bäume verzichten? Originalbeitrag 2020 **129** Nach Esther Bisset u. Martin Palmer: Die Regenbogenschlange. Übersetzt v. Doris Halter u. Hedi Wyss. Bern, Bonn u. Wien: Zytglogge 1987, S. 9[K/A] **130/131** Fernando Savater: Die Fragen des Lebens. Übersetzt v. Andreas Simon. Frankfurt/Main: Campus Verlag 2000, S. 181f.[K] **132** Indianischer Schöpfungsmythos. Aus: Peter Baumann: Die Erde braucht Freunde. Stuttgart: Franckh-Kosmos 1995, S. 60 (Auszug)[K] **133** Ernst Schwarz (Hrsg.): So sprach der Weise. Chinesisches Gedankengut aus drei Jahrtausenden. Übersetzt v. Ernst Schwarz. Berlin-Ost: Rütten & Loening 1981, S. 97f. (Auszug)[K] **134** Platon: Sämtliche Werke 1/Apologie, Kriton, Protagoras, Hippias II, Charmides, Laches, Ion, Euthyphron, Gorgias, Briefe. Rowohlts Klassiker. Übersetzt v. Friedrich Schleiermacher. Reinbek bei Hamburg: Rowohlt 1977, S. 62f. (Auszug)[K] **135** Hans Moravec: Mind Children. Der Wettlauf zwischen menschlicher und künstlicher Intelligenz. Übersetzt v. Hans Kober. Hamburg: Hoffmann und Campe 2001, S. 9f. (Auszüge)[K] **136** o.: Platon: Die Gesetze. Erstes Buch. Übersetzt v. Franz Susemihl. Stuttgart 1862, S. 16. Aus: Ders.: Die Werke. Gesamtausgabe im vollständigen Text in deutscher Sprache mit beigefügten griechischen und lateinischen Textfassungen. Zusammengestellt v. Rudolf Haller. Markgröningen: Edition Opera-Platonis 2017 (Online-Edition: Auszug in http://www.opera-platonis.de/Platon_Werke.pdf, hier: http://opera-platonis.de/Nomoi.pdf) – Aufruf: 4. 1. 2021[K] **136/137** Fernando Savater: Die großen Fragen des Lebens. Übersetzt v. Andreas Simon u. Silke Henßel. Frankfurt/Main: Campus Verlag 2000, S. 230f. (Auszüge)[K] **139** o.: Hsiang Hsiu: Die natürliche Bestimmung der Dinge. Aus: Ernst Schwarz (Hrsg.): So sprach der Weise. Chinesisches Gedankengut aus drei Jahrtausenden. Übersetzt v. Ernst Schwarz. Berlin-Ost: Rütten & Loening 1981, S. 377 (Auszug)[K]; mi.: Francis Bacon: Novum Organon. In: Rolf Günter Renner (Hrsg.): Denken, das die Welt veränderte (Bd. 6). Übersetzt v. Rolf Günter Renner. Erftstadt: Hohe Verlag 2007, S. 197 (Auszug)[K] **140** Al Gore: Die Zukunft. Sechs Kräfte, die unsere Welt verändern. Übersetzt v. Anne Emmert, Thomas Pfeiffer u. Werner Roller. München: Siedler Verlag 2014 (zitiert nach der PB-Ausgabe: Pantheon 2015, S. 22f.)[K] **141** Barbara Brüning: Was ist Technikethik? Originalbeitrag 2018 **143** Julian Nida-Rümelin u. Nathalie Weidenfeld: Digitaler Humanismus. Eine Ethik für das Zeitalter der Künstlichen Intelligenz. München: Piper 2018, S. 87f. (Auszug)[K] **144** Max Tegmark: Leben 3.0. Mensch sein im Zeitalter künstlicher Intelligenz. Übersetzt v. Hubert Mania. Berlin: Ullstein 2017, S. 246ff. (Auszüge)[K] **146/147** Menschen oder Roboter? Exklusiv-Interview mit dem Philosophen Julian Nida-Rümelin (mit freundlicher Genehmigung von Julian Nida-Rümelin, 2019) **147** u.: Julian Nida-Rümelin u. Nathalie Weidenfeld: Digitaler Humanismus: Eine Ethik für das Zeitalter der Künstlichen Intelligenz. München: Piper Verlag 2018, S. 83 (Auszug)[K] **150** Johann Wolfgang von Goethe. Aus: J. W. Goethe: Clavigo. Vierter Akt. In: Ders.: Sämtliche Werke in 18 Bänden, Bd. 4. Hrsg. v. Ernst Beutler. Zürich: Artemis-Verlags-AG 1949, S. 787[K] **152** li.: Hildegard von Bingen: Welt und Mensch. Das Buch „De Operatione Die". Aus dem Genter Kodex übersetzt u. erläutert v. Heinrich Schipperges. Salzburg: Otto Müller Verlag 1965, S. 156 (Auszüge)[K]; re.: Nach Immanuel Kant: Schriften zur Anthropologie, Geschichtsphilosophie, Politik und Pädagogik, Bd. 2. Hrsg. von Wilhelm Weischedel. Frankfurt/Main: Suhrkamp 1977 (16. Aufl. 2015), S. 445, 447, 448, 450 u. 451 (Auszüge)[K/A] **154** Bertrand Russell: Probleme der Philosophie. Übersetzt v. Eberhard Bubser. Frankfurt/Main: Suhrkamp 1967, S. 9–13 (Zitat)[K] **155** Richard L. Gregory: Auge und Gehirn. Psychologie des Sehens. Übersetzt v. Monika Niehaus. Reinbek bei Hamburg: Rowohlt 2001, S. 186 (Auszüge)[K] **156** Gottfried August Bürger: Wunderbare Reisen zu Wasser und Lande, Feldzüge und lustige Abenteuer des Freiherrn von Münchhausen. Zürich: Manesse 2002 (Erstveröffentlichung 1788), S. 19f. (Auszüge)[K] **157** Nach Adolph Freiherr Knigge: Über den Umgang mit Menschen. Werke Bd. 2. Hrsg. v. Pierre André Bois u. a. Göttingen: Wallstein 2010, S. 406 (Auszug)[K/A] **158** Manfred Geier: Was konnte Kant, was ich nicht kann? Reinbek bei Hamburg: Rowohlt 2006, S. 39f. (Auszug)[K] **159** o.: Nach René Descartes: Discours de la méthode. Von der Methode des richtigen Vernunftgebrauchs und der wissenschaftlichen Forschung. Hrsg. u. übersetzt v. Lüder Gäbe. Hamburg: Felix Meiner Verlag 1990, S. 18f. (Auszug)[K/A]; mi. re.: Nach Thomas von Aquin: Von der Wahrheit. De veritate. Ausgewählt, übersetzt u. hrsg. v. Albert Zimmermann. Lateinisch – Deutsch. Hamburg: Felix Meiner Verlag 1986, S. 19[K/A]; u.: Fernando Savater: Die Fragen des Lebens. Fernando Savater lädt ein in die Welt der Philosophie. Übersetzt v. Andreas Simon. Frankfurt/Main / New York: Campus Verlag 2000, S. 49f. (Auszüge)[K] **160** Gregory N. Derry: Wie Wissenschaft entsteht. Ein Blick hinter die Kulissen. Übersetzt v. Elke Bauer. Darmstadt: Primus/ Wissenschaftliche Buchgesellschaft 2001, S. 365 (Auszüge)[K] **161** o.: Fragen an Stefan Rahmstorf: Aus: Nikolaus Gelpke: Eine Idee der Wahrheit. In: Mare. Die Zeitschrift der Meere. Nr. 93, August/September 2012, S. 7 (Auszüge); ©2012 by mareverlag GmbH & Co. oHG, Hamburg[K]; re. u.: Zitat v. Henry Poincaré. Aus: Gregory N. Derry: Wie Wissenschaft entsteht. Ein Blick hinter die Kulissen. Übersetzt v. Elke Bauer. Darmstadt: Primus/ Wissenschaftliche Buchgesellschaft 2001, S. 43[K] **162/163** Platon: Lysis (207d–209c). Übersetzt v. Ekkehard Martens. In: Ders.: Zwischen Gut und Böse. Elementare Fragen angewandter Philosophie. Stuttgart: Reclam 1997, S. 17–20 (Auszüge)[K] **163** u.: Roger-Pol Droit: Wie ich meiner Tochter die Philosophie erkläre. Übersetzt v. Hainer Kober. Hamburg: Hoffmann und Campe 2006, S. 18f. (Auszug)[K] **165** li.: Barbara Brüning: Täuschen uns die schönen Bilder? Originalbeitrag 2021; re.: Andreas Brenner u. Jörg Zirfas: Lexikon der Lebenskunst. Leipzig: Reclam 2002, S. 306 (Zitat)[K] **166** Ulrich Schnabel: Was ist Realität? (Auszüge) In: Zeit Online v. 20. 12. 2008 (http://www.zeit.de/zeit-wissen/2009/01/Titelstrecke-Frage1-Realitaet – Aufruf: 23. 10. 2020)[K] **167** Nach Sherry Turkle: Leben im Netz. Übersetzt v. Thorsten Schmidt. Reinbek bei Hamburg: Rowohlt 1999, S. 382 u. 385 (Auszüge)[K/A] **168** o.: N. N.: Allgemeine Infos über Fake News (Infokasten). In: faz.net, ohne Datumsangabe (www.faz.net/aktuell/politik/thema/fake-news – Aufruf: 23. 10. 2020)[K] **169** mi.: Christiane Toyka-Seid: Fake News (Auszüge). In: Gerd Schneider u. Christiane Toyka-Seid: Das junge Politik-Lexikon von www.hanisauland.de, Bonn: Bundeszentrale für politische Bildung 2020 (https://www.bpb.de/nachschlagen/lexika/das-junge-politik-lexikon/239951/fake-news – Aufruf v. 23. 10. 2020)[K] **170/171** Kann das Fernsehen manipulieren? Fragen an Volker Herres. Exklusiv-Interview (mit freundlicher Genehmigung von Volker Herres, Programmdirektor Das Erste, 2018) **173** Nach Florian Rötzer: Megamaschine Wissen. Frankfurt/Main: Campus Verlag 2000, S. 27 (Auszüge)[K/A] **174** Diana Zinkler: Ein Unterwäsche-Bild zerstörte alles. In: Hamburger Abendblatt v. 1. 6. 2016, S. 3 (bearbeitet und gekürzt). Nach https://www.abendblatt.de/politik/article207627481/Ein-Unterwaesche-Bild-zerstoerte-alles.html (Aufruf: 27. 10. 2020)[K/A] **175** „Erfahrungen mit dem Internet". Daten aus „Jugendliche im Web: Positive Erfahrungen überwiegen". In: Bitcom v. 29. 10. 2014 (https://www.bitkom.org/Presse/Presseinformation/Jugendliche-im-Web-Positive-Erfahrungen-ueberwiegen.html – Aufruf: 25. 01. 2021)[K] **178** Friedrich Hölderlin: Kleines Hölderlin-Lesebuch. Hameln: Verlag Fritz Seifert 1940, Titelseite (Zitat)[K] **180** Annemarie Pieper: Was also ist das Glück? In: Dieselbe: Glückssache – Die Kunst, gut zu leben. Hamburg: Hoffmann und Campe 2001, S. 289ff. (Auszug)[K] **182** Christian Morgenstern: Glück ist wie Blütenduft. In: Ders.: Werke und Briefe, Band I. Lyrik 1887–1904, hrsg. v. Martin Kießig. Stuttgart: Verlag Urachhaus 1988, S. 413 (Auszüge)[K] **183** Brigitte Labbé: Denk dir die Welt. Philosophie für Kinder. Übersetzt v. Anne Braun. Bindlach: Loewe 2003, S. 106f (Auszug)[K] **184** Testimonials von SuS der 7. u. 8. Klasse mit freundlicher Genehmigung: Alia Imaankaf, Kadija El-Jomaa, Niels Gladbach (leicht bearbeitet) und Noah Gladbach (leicht gekürzt), 2018[K] **185** Jürgen Wiebicke: Zu Fuß durch ein nervöses Land: Auf der Suche nach dem, was uns zusammenhält. Kiepenheuer & Witsch: Köln 2016, S. 33f. (Auszug)[K] **186** Nach Aristoteles: Nikomachische Ethik, Buch I. Übersetzt u. hrsg. v. Ursula Wolf. Reinbek b. Hamburg: Rowohlt Taschenbuch Verlag 2006, S. 46f. (Auszug)[K/A] **187** Gabrielle-Emilie du Châtelet: Über das Glück. Aus: Gabrielle-Emilie du Châtelet, Lettres inedites a. M. le Comte d'Argen tai. Xurouet, Paris 1806, S. 337–360. Übersetzt v. Eva Maria Rüther. München: ©Deutscher Taschenbuch Verlag 1998 (Auszüge)[K] **188** o.: Marc Calmbach u. a.: Wie ticken Jugendliche 2016? Lebenswelten von Jugendlichen im Alter von 14 bis 17 Jahren in Deutschland (SINUS-Studie) Springer: Wiesbaden 2016, S. 63, 77, 152, 93 u. 151 (Zitate)[K]; u.: Thomas Nagel: Was bedeutet das alles? Eine ganz kurze Einführung in die Philosophie. Aus dem Engl. übersetzt v. Michael Gebauer. Reclam: Stuttgart 1990, S. 82 (Auszüge)[K] **189** mi.: Albert Camus: Der Mythos des Sisyphos. Übersetzt v. Vincent von Wroblewsky. Reinbek bei Hamburg: Rowohlt Taschenbuch Verlag 2014, S. 24f. (Auszug)[K]; u.: Fernando Savater: Die Fragen des Lebens. Übersetzt v. Andreas Simon. Frankfurt/Main u. New York: Campus Verlag 1999, S. 271 (Auszug)[K] **190** Janne Teller: Nichts. Was im Leben wichtig ist. Romanauszug. Übersetzt v. Sigrid Engeler. dtv: München 2012, S. 9f. (©Hanser Verlag 2010)[K] **191** Richard Taylor: Was ist sinnlos? In: Christoph Fehige u. a. (Hrsg.): Der Sinn des Lebens. Übersetzt v. Cornelius Wertmüller. München: dtv 2000 (4. Aufl. 2002), S. 87 (Auszug)[K] **193** Nach Robert Nozick: Anarchie, Staat, Utopia. Übersetzt v. Hermann Vetter: Olzog: München 2011, S. 74f.[K/A] **194** Margaret Fishback Powers: Spuren im Sand (1964). Ein Gedicht, das Millionen bewegt, und seine Geschichte. Übersetzt v. Eva-Maria Busch. Gießen: Brunnen-Verlag, 33. Aufl. 2020 (Auszug)[K] **195** Joachim Gauck: Winter im Sommer – Frühling im Herbst. München: Siedler Verlag 2009, S. 105 (Auszug)[K] **196** Deuteronomium 6, 4–5 und 7; Exodus 20, 2–17 (gekürzt und frei übertragen) sowie Levitikus 19, 17f. Aus: Bibel in gerechter Sprache. Hrsg. v. Ulrike Bail u. a. Gütersloher Verlagshaus: Gütersloh 2006 (3. Aufl. 2007), S. 319f., 146f. u. 219 (Auszüge)[K/A] **197** Nach Catherine Clément: Theos Reise. Roman über die Religionen der Welt. Übersetzt v. Uli Aumüller u. Tobias Scheffel. München: Carl Hanser Verlag 1998, S. 41f. (Auszüge)[K/A] **198** Fragen an Margot Käßmann. Exklusiv-Interview (mit freundlicher Genehmigung von Margot Käßmann, c/o BirnsteinsBüro, Wittenberg 2017) **199** Margot Käßmann: Sehnsucht nach Leben. Asslar: Adeo Verlag 2011, S. 165 (Auszüge)[K] **200** Sprüche 25, 21f.; Matthäus 5, 17 u. 38–46; 7, 1–3 u. 5. Aus: Bibel in gerechter Sprache. Hrsg. v. Ulrike Bail u. a. Gütersloher Verlagshaus: Gütersloh 2006 (3. Aufl. 2007), S. 1229, 1841ff. u. 1845 (Auszüge)[K] **202/203** Nach Heiner Geißler: Was würde Jesus heute sagen? Die politische Botschaft des Evangeliums. Rowohlt: Berlin 2005 (4. Aufl.), S. 43ff. (Auszüge)[K/A] **203** u.: Der Appell des Dalai Lama an die Welt: Ethik ist wichtiger als Religion. Hrsg. v. Franz Alt. Salzburg: Benevento 2015 (13. Aufl. 2016), S. 9ff. (Auszüge)[K] **205** u.: Geschichte nach Mechthild von Magdeburg: Das fließende Licht der Gottheit. Stuttgart-Bad Cannstatt: frommann-holzboog 1995, S. 85 (Auszug)[K/A] **206/207** Elisabeth Endres: Edith Stein. Christliche Philosophin und jüdische Märtyrerin. München: Piper 1987, S. 9f. (Auszug)[K] **208** Nach Jane Baer-Krause u. Jan von Holleben: Wie heißt dein Gott eigentlich mit Nachnamen? Kinderfragen zu fünf

Weltreligionen. Stuttgart: Gabriel Verlag 2016, S. 21 (Auszüge)[K/Ä] **209** o.: Zitiert nach Martin Treu: Martin Luther in Wittenberg. Ein biografischer Rundgang. Hrsg. v. der Stiftung Luthergedenkstätten in Sachsen-Anhalt. Wittenberg 2006 (2. Aufl.), S. 49ff. (Auszug)[K/Ä]; u.: Martin Luther: Von der Freiheit eines Christenmenschen (1520). Auszüge aus: Stiftung Luthergedenkstätten in Sachsen-Anhalt u. a. (Hrsg.): Martin Luther. Texte & Quellen. In: https://www.luther2017.de/de/martin-luther/texte-quellen/lutherschrift-von-der-freiheit-eines-christenmenschen/ (Aufruf: 3. 11. 2020)[K] **210** Nach Melanie Miehl: Basiswissen Mohammed. Gütersloh: Gütersloher Verlagshaus 2000, S. 21f. (Auszug)[K/Ä] **211** Nach Lamya Kaddor: Muslimisch, weiblich, deutsch. Mein Weg zu einem zeitgemäßen Islam. München: dtv 2011, S. 30 u. 26 (Auszüge © C. H. Beck 2010)[K/Ä] **212/213**, **216** Tahar Ben Jelloun: Papa, was ist der Islam? Übersetzt v. Christiane Kayser. Berlin: Berliner Taschenbuchverlag 2003, S. 36–40 u. 102 (Auszüge)[K] **214** o. li.: Zitat nach Nawal El Saadawi: Fundamentalismus gegen Frauen. Übersetzt v. Aminta Dallas-Mahmoud. München: Diederichs Verlag 2002, S. 85[K/Ä]; o. re.: Der Koran, Sure 24, Vers 30, in der Übersetzung v. Adel Theodor Khoury, unter Mitwirkung von Salim Abdullah, Gütersloh: Gütersloher Verlagshaus 1987 (2. Aufl. 1992), S. 267 (Auszüge)[K] **214** u.: Firhana: Das Kopftuch gibt mir Selbstbewusstsein. Originalbeitrag (mit freundlicher Genehmigung von Firhana Ahmed, 2018) **215** o.: Hosna: Warum ich kein Kopftuch trage. Originalbeitrag (mit freundlicher Genehmigung von Hosna Sidiqi, 2018) **217** Nach Jane Baer-Krause u. Jan von Holleben: Wie heißt dein Gott eigentlich mit Nachnamen? Kinderfragen zu fünf Weltreligionen. Stuttgart: Gabriel Verlag 2016, S. 23 (Auszüge)[K/Ä] **218** Heimo Rau: Gandhi. Reinbek bei Hamburg. Rowohlt 1970, S. 136ff. (Auszüge)[K] **219** Mahatma Gandhi: My life is my message: Das Leben und Wirken von M. K. Gandhi. Hrsg. v. Gandhi-Informations-Zentrum, Kassel: Verlag Weber, Zucht & Co. 1988, S. 135 (Auszug)[K] **220** Helen Florentine Oppen: Der Räuber Angulimala. Originalbeitrag 2019 **221** Nach Yuval Noah Harari: Eine kurze Geschichte der Menschheit. Übersetzt v. Jürgen Neubauer. München: Deutsche Verlags-Anstalt 2013, S. 275 (Auszüge)[K/Ä] **222** o.: Der Appell des Dalai Lama an die Welt: Ethik ist wichtiger als Religion. Hrsg. v. Franz Alt. Salzburg: Benevento 2015 (13. Aufl. 2016), S. 13[K] **222/223** Nach Hans Küng: Projekt Weltethos. München: Piper 1990, S. 80 u. 82 (Auszüge)[K/Ä]

Erläuterungen zur Kenntlichmachung von Änderungen:

K: Dieser Text ist aus didaktischen Gründen gekürzt.
Ä: Einzelne Formulierungen wurden aus didaktischen Gründen vereinfacht.

Bildnachweis

Titelbild LOOK-foto/Blend Images **2** PEFC Deutschland e. V. **8** bpk/Roman Beniaminson/bpk/© VG Bild-Kunst, Bonn 2021; Marc Chagall: Der Spaziergang, 1917 **9** Adobe Stock/Julien Leblay **10** (4) Jessica Kronefeld **11** o. li.: akg-images/Erich Lessing; mi. re.: Imago Stock & People GmbH/Sven Simon **12** v. li. n. re.: Adobe Stock/farbkombinat; stock.adobe.com/Sergey Novikov; Adobe Stock/LIGHTFIELD STUDIOS; Adobe Stock/Christian Schwier **16** o. li.: Adobe Stock/mma23; o. re.: Adobe Stock/K.- P. Adler **18** Imago Sportfotodienst GmbH/POOL/firo Sportphoto/Jürgen Fromme/firo Sportphoto/POOL **19** mi.: akg-images/Album/Domingo J. Casas; mi. re.: mauritius images/Max Halberstadt/JT Vintage/JT Vintage/Max Halberstadt **20** Holger Suhr **22** o. li.: Adobe Stock/Africa Studio; o. re.: Adobe Stock/Markus Bormann; u. li.: Adobe Stock/Africa Studio; u. re.: Adobe Stock/kegfire **23** o.: Shutterstock.com/Oleksandr_U; mi. re.: Imago Stock & People GmbH/ZUMA Press **25** o. re.: mauritius images/alamy stock photo/Ovidiu Hrubaru; mi. re.: Bridgeman Images/Robert MAGGIORI – Date: 20050217 **28** Shutterstock.com/miroslavmisiura **31** re.: Holger Grimm **35** mi. re.: Imago Stock & People GmbH/Leemage; u.: Adobe Stock/magele-picture **36** Imago Stock & People GmbH/imagebroker **37** Zarni Myo Win **38** o. li.: Shutterstock.com/LStockStudio; o. re.: Shutterstock.com/Guas; mi. li.: Adobe Stock/Jenny Sturm; mi. re.: Adobe Stock/jolopes **39** o. re.: Imago Stock & People GmbH/ STAR-MEDIA; mi. re.: Shutterstock.com/Katty2016 **40** Adobe Stock/Monkey Business **41** o. re.: Bridgeman Images/2005 THE PHILOSOPHER PETER SINGER/09/PORDENONE 23; u. re.: Shutterstock.com/Yanik Chauvin **43** o.: Imago Stock & People GmbH/MITO; mi. re.: Robert Carruba **45** o.: mauritius images/blickwinkel; mi. re.: stock.adobe.com/Georgios Kollidas **47** Gaby Bohle **49** o. li.: Österreichische Galerie Belvedere, Vienna, Austria / Bridgeman Images; o. re.: bpk/adoc-photos; u. re.: privat **50** Shutterstock.com/MRProduction **51** mi. re.: Imago Stock & People GmbH/Sven Simon **52** Shutterstock.com/bogdan ionescu **53** o.: Bridgeman Images/Paul Freeman; mi.: bpk/RMN – Grand Palais/Hervé Lewandowski **54** Adobe Stock/DragonImages **55** mi. re.: Imago Sportfotodienst GmbH/Apress; u. li.: Shutterstock.com/Berdnyk Olexandra **57** o. re.: bpk/Scala – courtesy of the Ministero Beni e Att. Culturali; mi. re.: Adobe Stock/caifas **58** u. li.: dpa Picture-Alliance/Marcus Brandt **59** o. re.: Philosophisches Seminar, Universität Basel; mi. re: Jörg Zirfas **60** o.: Shutterstock.com/michaeljoestphotography; mi. li: Milena Schlösser; **61** dpa Picture-Alliance/Whiteimages/Leemage **62** Shutterstock.com/asiandelight **68** o. li.: Adobe Stock/grafikplusfoto; o. re.: Adobe Stock/JackF; mi. li.: Adobe Stock/yanlev; mi. li.: Adobe Stock/grafikplusfoto; mi. re.: Shutterstock.com/wavebreakmedia **69** o. re.: mauritius images/alamy stock photo/Scott Hortop; mi. re.: akg-images/Hervé Champollion **71** mauritius images/alamy stock photo/Julien Tromeur **73** mi. re.: interfoto e. k./Archiv Friedrich **74** u. li.: Shutterstock.com/Everett Historical; u. re.: Adobe Stock/Thomas Reimer **75** o.: Brot für die Welt – Evangelischer Entwicklungsdienst Evangelisches Werk für Diakonie und Entwicklung e. V., Berlin; mi. re.: akg-images **79** o. re.: mauritius images/Stefan Kiefer; mi. re.: Imago Stock & People GmbH/epd; li.: Freie Kunstakademie Farbenfroh, Mirjam Wilson **81** Imago Stock & People GmbH/United Archives International **82** o. li.: Bridgeman Images/AGIP; u. re.: Der Herr der Fliegen von William Golding / © 2003 S. Fischer Verlag GmbH, Frankfurt/Main **84** mauritius images/Peter Widmann/blickwinkel **86** Imago Stock & People GmbH/Frank Sorge **87** Imago Stock & People GmbH/Kai Horstmann **88** o. li.: Imago Stock & People GmbH/Cinema Publishers Collection; mi. li.: Imago Stock & People GmbH/UPI Photo; re.: akg-images/AP **90** motionphotos/Arnd Nolte **96** o. li.: dpa Picture-Alliance/dpa – Bildarchiv; re.: bpk/Sprengel Museum Hannover/Stefan Behrens **100** Adobe Stock/Jonathan Stutz **101** Imago Stock & People GmbH/ZUMA Press **102** Imago Stock & People GmbH/Eibner Europa **104** mi. li.: stock.adobe.com/orion_eff **106** mi. li.: Imago Stock & People GmbH/Leemage; u.: Shutterstock.com/Photographee.eu **107** u. re.: Mit freundlicher Genehmigung von Nicola Lindner **108** Bridgeman Images/Granger **109** dpa Picture-Alliance/Romain Fellen **110/111** Mit freundlicher Genehmigung von Laszlo Kevehazi **112** Adobe Stock/Sabphoto **114** mi. li.: akg-images/Album; re.: akg-images **115** Beltz Verlag **116** mi. li.: Bridgeman Images **119** akg-images **121** Imago Stock & People GmbH/Leemage **122** stock.adobe.com/Steffen Herre/HERREPIXX **123** Shutterstock.com/Kristina Bessolova **124** o. li.: Imago Stock & People GmbH/Future Image; mi. li., mi: Guido Daniele/AC Event Management; mi. re.: Guido Daniele; u. li.: bpk/Jochen Remmer **125** Cornelsen/Burkhart Brüning **126** o. li.: Jindřiška Jiráková; u. li.: stock.adobe.com/Georgios Kollidas; u. re.: Panther Media GmbH/Sandra Dombrovsky **127** mi. re.: akg-images/UIG/Universal History Archive **129** Shutterstock.com/Eric Isselee **130** Guido Daniele/AC Event Management **132** Theresa Hochhard **133** u. li.: Adobe Stock/mathisa; o. re.: bpk **134** mi. li.: stock.adobe.com/matiasdelcarmine **135** mi. re.: © Seegrid Corporation. All rights Reserved **136** o.: mauritius images/alamy stock photo/Tatiana Egorova; u. li.: Shutterstock.com/Prachaya Roekdeethaweesab **137** Foto: Burkhart Brüning; Zeichnung: Janika Roth **140** o. li: Shutterstock.com/Celso Diniz; o. re.: stock.adobe.com/Mak; mi. re.: Shutterstock.com/Phonlamai Photo; u. li.: Imago Stock & People GmbH/imago images/Mary Evans **142** dpa Picture-Alliance/Jan Haas **143** mauritius images/alamy stock photo/AF archive **144** o. li.: stock.adobe.com/illustrart; u. li.: mauritius images/alamy stock photo/ES Tech Archive **146** o. li.: dpa Picture-Alliance/Sven Simon; mi. li.: Julian Nida-Rümelin und Nathalie Weidenfeld: Digitaler Humanismus © 2018 Piper Verlag GmbH, München **147** Shutterstock.com/conrado **149** stock.adobe.com/Kmat **150** stock.adobe.com/Paul Fleet **152** mi. li.: Adobe Stock/thomaslerchphoto; mi. re.: Adobe Stock/nyiragongo; u.: Adobe Stock/An-T **157** akg-images **160** Shutterstock.com/wavebreakmedia **161** o.: dpa Picture-Alliance/ Zentralbild/Martin Schutt **162** bpk/Alfredo Dagli Orti **163** stock.adobe.com/Dimitrios **164** u. li.: Shutterstock.com/Ilgouroux **165** imago images / Panthermedia **167** u. re.: dpa Picture-Alliance/ZUMAPRESS.com/Javier Rojas **168** mi. li.: Imago Stock & People GmbH/imago images/CHROMORANGE **169** Shutterstock.com/Lightspring **170** li.: Bild: ARD/WDR/Herby Sachs; re.: Shutterstock.com/IvaFoto **171** NDR/Thorsten Jander **172** o. li.: Mariusz Siergiejew; o. re.: © noistromo / Siergiejew, all rights reserved **173** dpa Picture-Alliance/ZB – Fotoreport **174** Mauritius Images/AJ PHOTO/BSIP **175** u.: Shutterstock.com/Andrey Mertsalov **177** mi., mi. re.: Adobe Stock/martialred; re.: Adobe Stock/yummytime **178/179** Foto: Burkhart Brüning; Zeichnung: Anton Panka **179** o. li. (Kirche, Synagoge, Moschee): Shutterstock.com/MysticaLink **180** u. li.: dpa Picture-Alliance/dpa-Zentralbild/Karlheinz Schindler **181** akg-images **182** o.: Adobe Stock/olly; mi. li.: dpa Picture-Alliance/dpa – Bildarchiv/dpa **185** o.: Adobe Stock/LIGHTFIELD STUDIOS; mi. re.: Imago Stock & People GmbH/Horst Galuschka **186** o.: Imago Stock & People GmbH/imagebroker; u. li.: bpk/Scala – courtesy of the Ministero Beni e Att. Culturali **187** o.: Shutterstock.com/Billion Photos; mi. re.: Bridgeman Images/Collection Gregoire **189** mi. re.: akg-images/Fototeca Gilardi **190** mi. li.: Imago Stock & People GmbH/Sven Simon **193** Shutterstock.com/VECTORWORKS_ENTERPRISE **194** Imago Stock & People GmbH/100 life **195** o. li.: akg-images/Jean-Claude Varga; o. re.: stock.adobe.com/Fabrizio Bensch/REUTERS **196** Imago Stock & People GmbH/Gerhard Leber **198** dpa Picture-Alliance/Eventpress **199** Shutterstock.com/Robert Kneschke **201** o. re.: akg-images/Album/Prisma **202** akg-images/Bible Land Pictures/Jerusalem Photo by: Zev Radovan **203** o. re.: Imago Stock & People GmbH/Müller-Stauffenberg; mi. re.: Imago Stock & People GmbH/Future Image **205** epd-bild/Steffen Schellhorn **206** o. li.: akg-images **207** akg-images **208** o. li.: Shutterstock.com/Everett Historical; mi.: Wartburg-Stiftung Eisenach Fotothek **209** o.: akg-images; mi. li.: Imago Stock & People GmbH/epd **210** stock.adobe.com/Nurlan **211** o. re.: Imago Stock & People GmbH/Müller-Stauffenberg **212** mi. li.: mauritius images/alamy stock photo/GARY DOAK **213** Adobe Stock/Jasmin Merdan **214** li.: dpa Picture-Alliance/Svenska Dagbladet/TT NEWS AGENCY/Staffan Lowstedt; re.: Shutterstock.com/Odua Images **217** o. li.: Adobe Stock/Frank Wagner; o. re.: Shutterstock.com/Black Duck Style **218** o. li.: Imago Stock & People GmbH/UIG; o. re.: Imago Stock & People GmbH/United Archives International **221** o. re.: dpa Picture-Alliance/NurPhoto/Jonathan Nicholson **223** o. re.: dpa Picture-Alliance/dpa – Fotoreport/epa efe Vannucchi **225** Adobe Stock/Henry Czauderna **232** Burkhart Brüning, Hamburg **234** Fotoausschnitt: Burkhart Brüning; Zeichnung: Anton Panka

Comics, Grafiken und Illustrationen
Cornelsen/Roland Beier, Berlin: **221** u.; Cornelsen/Bernd Kissel, Überherrn: **3**, **4** (alle), **6** (alle), **7** o. re., **14**, **15**, **16** u., **24**, **25** o. li., **26**, **29**, **30**, **32**, **44**, **46**, **48**, **51** o., **56**, **58** o., **93**, **104** o., u., **107** o., **127** o., **128**, **138**, **141**, **151**, **156**, **158**, **180** o., **183**, **184**, **188**, **190** u., **204**, **212** o., **216**, **240/U3**; Cornelsen/Jörg Peter, Würzburg: **5** o. re., **7** u. re., **66/67**, **70**, **72**, **73**, **80**, **117**, **131**, **134** o., **135** o., **164** o., **166**, **167** o. re., **168** o., **219**; Cornelsen/Ungermeyer, Berlin **1**, **78**, **87** mi. re., **103**, **154** (alle), **177**, li., mi. li; Cornelsen/Hans Wunderlich, Berlin: **5** mi, u. re., **13**, **65** (alle), **75** o., **76**, **83**, **91**, **94/95**, **97**, **98**, **99**, **113**, **116** o. re., **155** (alle), **161** u., **172** u., **175** o., **189** o., **191**, **200**, **201** mi. re., **220**, **222**

Philosophieren lernen – Kompass durch das Labyrinth der Welt

Gegenstände beschreiben

Gegenstände zu einem Thema mitbringen

Gegenstände beschreiben, Fragen stellen

Eigene Erlebnisse dazu erzählen

Gegenstände in Gruppen zusammenlegen

Eine Begriffsleiter gestalten

1. Stufe:
Abstrakter Begriff: Glück

2. Stufe:
Konkretion: Menschen können glücklich sein

3. Stufe:
Beispiel: Gestern war ich glücklich

4. Stufe:
Detail des Beispiels: Ich bekam eine Eins in Mathe